Klaus Backhaus · Rolf Weiber

Entwicklung einer Marketing-Konzeption mit SPSS/PC⁺

Mit 99 Abbildungen

Springer-Verlag
Berlin Heidelberg New York
London Paris Tokyo

Professor Dr. Klaus Backhaus
Direktor des Betriebswirtschaftlichen Instituts
für Anlagen und Systemtechnologien
Universität Münster
Universitätsstraße 14-16
D-4400 Münster

Dr. Rolf Weiber
IBM Deutschland GmbH
Abraham-Lincoln-Straße 26
D-6200 Wiesbaden

ISBN 3-540-51019-2 Springer-Verlag Berlin Heidelberg New York
ISBN 0-387-51019-2 Springer-Verlag New York Heidelberg Berlin

CIP-Kurztitelaufnahme der Deutschen Bibliothek

Backhaus, Klaus:
Entwicklung einer Marketing-Konzeption mit SPSS/PC360
[SPSS PC] / Klaus Backhaus; Rolf Weiber. - Berlin;
Heidelberg; New York; London; Paris; Tokyo: Springer,
1989
ISBN 3-540-51019-2 (Berlin...) brosch.
ISBN 0-387-51019-2 (New York...) brosch.
NE: Weiber, Rolf:

Dieses Werk ist urheberrechtlich geschützt. Die dadurch begründeten Rechte, insbesondere die der Übersetzung, des Nachdrucks, des Vortrags, der Entnahme von Abbildungen und Tabellen, der Funksendungen, der Mikroverfilmung oder der Vervielfältigung auf anderen Wegen und der Speicherung in Datenverarbeitungsanlagen, bleiben, auch bei nur auszugsweiser Verwertung, vorbehalten. Eine Vervielfältigung dieses Werkes oder von Teilen dieses Werkes ist auch im Einzelfall nur in den Grenzen der gesetzlichen Bestimmungen des Urheberrechtsgesetzes der Bundesrepublik Deutschland vom 9. September 1965 in der Fassung vom 24. Juni 1985 zulässig. Sie ist grundsätzlich vergütungspflichtig. Zuwiderhandlungen unterliegen den Strafbestimmungen des Urheberrechtsgesetzes

© Springer-Verlag Berlin. Heidelberg 1989
Printed in Germany

Die Wiedergabe von Gebrauchsnamen, Handelsnamen, Warenbezeichnungen usw. in diesem Werk berechtigt auch ohne besondere Kennzeichnung nicht zu der Annahme, daß solche Namen im Sinne der Warenzeichen-und Markenschutz-Gesetzgebung als frei zu betrachten wären und daher von jedermann benutzt werden dürften.

Druck: Druckerei Schmidt & Sohn GmbH, Mannheim 61
Bindearbeiten: T. Gansert GmbH, Weinheim-Sulzbach
2142/7130-543210

Statt eines Vorwortes: Zur Verwendung dieses Arbeitstextes

Das vorliegende Buch ist ein Arbeitsbuch, mit dem das Ziel verfolgt wird, den Leser an die Gestaltung einer konkreten Marketingkonzeption unter Einsatz moderner statistischer Datenauswertungsmethoden heranzuführen. Um dieses Ziel möglichst konkret umsetzbar zu machen, erfolgt die gesamte Analyse und Umsetzung in ein Marketingkonzept anhand einer Fallstudie. Diese Fallstudie basiert auf realen Gegebenheiten, wurde jedoch für die vorliegenden Zwecke verändert. Vor allem wurde das Datenmaterial so reduziert, daß die gesamte Analyseseite überschaubar und transparent bleibt.

Das Buch erschließt sich logischerweise nicht, wenn der Leser sich nicht zunächst intensiv mit der Fallstudie vertraut macht. Dann jedoch wird in Einzelschritten dargelegt, wie er auf der Basis eines konkreten Datenerhebungsdesigns das erhobene Datenmaterial multivariat strukturieren und auf Basis der Marktanalyse eine Marketingkonzeption entwickeln kann. Neben einer inhaltlichen Diskussion geht es dabei stets auch um die Handhabung des Computerprogramms SPSS/PC+ Version 2.0. Aus diesem Grunde ist das Buch zweigeteilt, was sich auch im Satzbild manifestiert. Die SPSS/PC+-spezifischen Teile sind jeweils kursiv gesetzt. Damit erkennt der Leser unmittelbar, wann er sich in SPSS/PC+ und wann er sich in inhaltlichen bzw. Interpretationsüberlegungen bewegt.

Obwohl in umfangreichem Ausmaß statistische Verfahren zur Datenanalyse eingesetzt werden, ist dieses Buch kein Lehrbuch mit Statistikschwerpunkt. Überlegungen über Einsatzbedingungen und Interpretation der Verfahren dominieren deutlich vor erklärenden Ausführungen zu den mathematisch-statistischen Verfahren. Für den Leser, der sich intensiver mit der methodisch-statistischen Seite auseinandersetzen möchte, verweisen wir auf das Lehrbuch von

> Backhaus, Klaus/Erichson, Bernd/Plinke, Wulff/Schuchard-Ficher, Christiane/Weiber, Rolf, Multivariate Analysemethoden, 5. Aufl., Berlin, Heidelberg, New York, Paris, Tokyo 1989.

Sowohl das Werk von Backhaus et al. als auch das vorliegende Arbeitsbuch sind unmittelbar inhaltlich und sprachlich aufeinander abgestimmt. Sie können als sich jeweils ergänzende Werke herangezogen werden. Im Gegensatz zu dem Buch von Backhaus et al. über Multivariate Analysemethoden ist das vorliegende Werk jedoch in seiner programmtechnischen Umsetzung ausschließlich auf die PC-Version von SPSS (SPSS/PC+) abgestellt.

Herrn cand. rer. pol. Bernd Rütgers, Westfälische Wilhelms-Universität Münster, danken wir für sein großes Engagement um eine druckfähige Vorlage für dieses Buch. Er hat uns gezeigt, daß der Einsatz von Textverarbeitungsprogrammen für die Erstellung von druckfertigen Vorlagen zwar möglich ist, die Realisierung aber enormen Aufwand erfordert.

Münster und Mainz im Dezember 1988   Klaus Backhaus   Rolf Weiber

Inhaltsverzeichnis

Seite

I. Marketing im Spannungsfeld von Kreativität und Systematik ... 1

II. Fallstudie: CAD-CORP, Switzerland ... 11

III. Qualitative Analysen als Voraussetzung für die Entwicklung einer Marketing-Konzeption für CAD ... 25

1. Beschreibung der Zielgruppe

1.1. Charakteristika der befragten Unternehmen ... 25

1.2. Geplante Investitionen in CAD ... 28

1.3. Zusammenfassung ... 34

1.4. SPSS/PC+ Programme zur Beschreibung der Zielgruppe

1.4.1. Verwendete SPSS/PC+ Prozeduren und genereller Programmaufbau ... 35

1.4.2. SPSS/PC+ Programm FREQUENC.INC ... 36

1.4.3. SPSS/PC+ Programm CHART.INC ... 38

2. Analyse der Nachfragersituation

2.1. Evoked Set-Analyse zur Bestimmung zentraler Kaufwiderstandsdimensionen ... 41

2.1.1. Zielsetzungen der Evoked Set-Analyse ... 41

2.1.2. Einsatz der explorativen Faktorenanalyse zur Bestimmung des Evoked Set

2.1.2.1. Ausgangspunkt der explorativen Faktorenanalyse ... 42

2.1.2.2. Kriterien zur Bestimmung der Faktorenanzahl ... 43

2.1.2.3. Interpretation der Ergebnisse auf Basis der rotierten Faktorladungsmatrix ... 48

2.1.2.4. Einschätzung der Faktoren durch die befragten Personen ... 51

2.2. Segmentierungs-Analyse zur Bestimmung homogener Käufergruppen

2.2.1. Zielsetzungen der Segmentierungs-Analyse 54

2.2.2. Einsatz der Clusteranalyse zur Segment Bestimmung

2.2.2.1. Ablaufschritte der Clusteranalyse 54

2.2.2.2. Bestimmung der Nachfrager-Segmente 55

2.2.2.3. Prüfung der Güte der 4-Cluster-Lösung 59

2.3. Identifikation der gefundenen Marktsegmente

2.3.1. Ansatzpunkte zur Identifikation der Marktsegmente 61

2.3.2. Einsatz der Diskriminanzanalyse zur Buying Center-spezifischen Relativierung der gefundenen Marktsegmente

2.3.2.1. Zielsetzungen und Ausgangspunkte der Diskriminanzanalyse 62

2.3.2.2. Die diskriminatorische Bedeutung der einzelnen Diskriminanzfunktionen 63

2.3.2.3. Die diskriminatorische Bedeutung einzelner Entscheidungshilfen 64

2.3.2.4. Güte der Klassifizierungsergebnisse und Neuklassifikationen 69

2.3.2.5. Konsequenzen aus den Ergebnissen der Diskriminanzanalyse für die Identifikation der Marktsegmente 71

2.3.3. Einsatz von Kreuztabellen zur Identifikation der Marktsegmente

2.3.3.1. Zielsetzungen der Kreuztabellierungen 78

2.3.3.2. Ergebnisse der Kreuztabellierungen 78

2.4. Zentrale Ergebnisse der Nachfrageranalysen 83

2.5. SPSS/PC+ Programme zur Nachfrageranalyse

2.5.1. Verwendete SPSS/PC+ Prozeduren und genereller Programmaufbau ... 90

2.5.2. SPSS/PC+ Programm zur Evoked Set-Analyse (FACTOR.INC) 91

2.5.3. SPSS/PC+ Programm zur Nachfrager-Segmentierung (CLUSTER.INC) 97

2.5.4. SPSS/PC+ Programm zur Prüfung der Segmentierungsergebnisse (CACHECK.INC) 103

2.5.5. SPSS/PC+ Programme zur Identifikation der Marktsegmente

2.5.5.1. Programm zur Diskriminanzanalyse (DSCRIM.INC) 104

2.5.5.2. Programm zur Erstellung von Kreuztabellen (CROSSTAB.INC) 108

2.5.6. SPSS/PC+ Programm zur Positionierung der Nachfrager (CHART2.INC) 110

2.5.7. SPSS/PC+ Programm zur Potentialabschätzung (TABLES.INC) 112

3. Analyse der Anbietersituation

3.1. Die Beurteilung der Anbieter 117

3.1.1. Die faktoranalytische Verdichtung der Beurteilungsdimensionen 117

3.1.2. Der Einsatz der Clusteranalyse zur Anbietersegmentierung 123

3.1.3. Fazit der Anbieteranalyse 125

3.2. SPSS/PC+ Programme zur Anbieteranalyse

3.2.1. Verwendete SPSS/PC+ Prozeduren und genereller Programmaufbau .. 127

3.2.2. SPSS/PC+ Programm zur Aggregation des Datenfiles (AGGREGAT.INC) 128

3.2.3. SPSS/PC+ Programm zur Faktorenanalyse (AFACTOR.INC) 131

3.2.4. SPSS/PC+ Programm zur Gruppierung der Anbieter (ACLUSTER.INC) 132

3.2.5. SPSS/PC+ Programm zur Positionierung der Anbieter (APLOT.INC) 134

IV. ENTWICKLUNG EINES MARKETING-KONZEPTES FÜR CAD AUF BASIS DER QUANTITATIVEN UND QUALITATIVEN ANALYSEN

1. Das Ergebnis der Situationsanalyse 137

2. Die Marketing-Ziele bestimmen die Marketing-Strategie 139

3. Die strategische Marketing-Ausrichtung 140

3.1. Das Timing (Wann?) 140

3.2. Der Inhalt des KKV (Wer?) 141

3.3. Die Marktarealstrategie (Wo?) 142

3.4. Die Kooperationsstrategie (mit Wem?) 142

4. Das Marketing-Mix

4.1. Das Produkt (Product) 142
4.2. Das Vertriebssystem (Place) 143
4.3. Das Personal (Personnel) 144
4.4. Die Kommunikation (Promotion) 145
4.5. Der Preis (Price) 148

V. DER UMGANG MIT SPSS/PC+ V2.0

1. Umfang und Installation der Statistik-Software SPSS/PC+ V2.0

1.1. Einzelpakete von SPSS/PC+ 149
1.2. Installation der Programmpakete von SPSS/PC+ 152
1.3. Kommunikationsmöglichkeiten mit $SPSS^x$ und früheren SPSS/PC Versionen 155

2. Besonderheiten der Statistik-Software SPSS/PC+

2.1. Arbeitsmodi von SPSS/PC+ 155
2.2. Start von SPSS/PC+ und grundlegender Befehlsaufbau 158
2.3. Typen von Dateien bei SPSS/PC+ 159

3. Komponenten eines SPSS/PC+ Programms

3.1. Grundlegende Befehle im System- und Ausgabesteuerungs-Teil 161
3.2. Grundlegende Befehle im Datendefinitions-Teil 162
3.3. Grundlegende Befehle im Datenmodifikations- und Datenselektions-Teil 164
3.4. Grundlegende Befehle im Datenauswertungs-Teil (Prozeduren) 164

4. In diesem Buch verwendete SPSS/PC+ Programme 164

4.1. Das Basisprogramm der vorliegenden Fallstudie 165

4.2. Zusammenhang zwischen den in diesem Buch verwendeten Daten- und Programmfiles 168

5. Grundlegende Bedienfunktionen des Grafikprogramms GRAPH-IN-THE-BOX 171

6. Grundlegende Bedienfunktionen des REVIEW-Editors (SPSS/PC+ Editier-Modus) 173

7. Integrierte Daten- und Systemfile-Erstellung mit dem Programmpaket SPSS/PC+ DATA ENTRY II

7.1. Zielsetzungen von SPSS/PC+ DATA ENTRY II 176

7.2. Grundlegender Aufbau von SPSS/PC+ DATA ENTRY II 177

7.3. Ablaufschritte zur Erstellung einer Eingabemaske für die vorliegende Fallstudie mit SPSS/PC+ DATA ENTRY II 181

Anhang

1. Fragebogen der Fallstudie 187

2. Basisdatenfile (AUSGANG.DAT) für die Nachfrageranalysen und die Charakterisierung der Nachfrage 189

3. Datenfile (MITTEL.DAT) für die Anbieteranalysen 192

Literaturverzeichnis 193

Stichwortverzeichnis 196

Abbildungsverzeichnis

Abb. 1: Das Marketing-Dreieck

Abb. 2: Die Vertriebsorganisation von Nixdorf in der BRD

Abb. 3: Die strategischen Ansätze von Nixdorf/Olivetti im Vergleich

Abb. 4: Der Kreislauf von der Situationsanalyse bis zum Controlling

Abb. 5: Praktiker-Statements zur Marketing-Analyse

Abb. 6: Die Einschätzung von Auftragsvergabekriterien durch Kunden und Anbieter im Vergleich

Abb. 7: Marketing-Ziele, Strategien und Marketing-Mix

Abb. 8: Alternative Konzeptionierungsmuster einer Marketingkonzeption

Abb. 9: CIM, Verknüpfung von CAD, CAP, CAQ und PPS durch ein integriertes EDV-System

Abb. 10: CAD-Markt Welt, nach Branchen, Europa

Abb. 11: CAD/CAM-Marktübersicht - nach Anwendungen für Standalone Workstations

Abb. 12: CAD/CAM-Prognosen weltweit in Milliarden Dollar

Abb. 13: Weltweiter CAD-Markt nach Umsatz im Jahr 1981

Abb. 14: Weltweiter CAD-Markt nach verkauften Systemen im Jahr 1981

Abb. 15: Einsatz von CAD im Maschinenbau nach Firmengröße

Abb. 16: Geschätzte Marktanteile von CAD-Anbietern

Abb. 17: Widerstände beim Kauf von CAD-Systemen

Abb. 18: Fälle und Variable der Stichprobe

Abb. 19: Branchenstruktur der Unternehmen

Abb. 20: Funktion der Befragten im Unternehmen

Abb. 21: Unternehmensgrößen der befragten Unternehmen

Abb. 22: Geplanter Beschaffungszeitpunkt eines CAD-Systems

Abb. 23: Zahl der geplanten CAD-Systeme

Abb. 24: Geplante Ausgaben für ein CAD-System

Abb. 25: Geplantes Investitionsvolumen pro Arbeitsplatz

Abb. 26: Erwartetes Investitionsvolumen nach Beschaffungszeitpunkten

Abb. 27: SPSS/PC+ Programm FREQUENC.INC

Abb. 28: SPSS/PC+ Programm CHART.INC

Abb. 29: Korrelationsmatrix der Kaufhemmnisse über alle Befragten

Abb. 30: Kommunalitäten und Eigenwerte der Faktorenanalyse bei Extraktion von neun Faktoren

Abb. 31: Darstellung der Eigenwerte für den Scree-Test

Abb. 32: Kommunalitäten und Eigenwerte der 3-Faktor-Lösung

Abb. 33: Reproduzierte Korrelationsmatrix

Abb. 34: Rotierte Faktorladungsmatrix für die Nachfrageranalyse

Abb. 35: Graphische Darstellung der rotierten Faktorladungen

Abb. 36: Matrix der Regressionskoeffizienten zur Errechnung der Faktorwerte

Abb. 37: Faktorwerte für die ersten 20 Befragten

Abb. 38: Entwicklung des Varianz-Kriteriums beim WARD-Verfahren

Abb. 39: Zugehörigkeit der Nachfrager zu einzelnen Segmenten

Abb. 40: Klassifikations-Matrix der Diskriminanzanalyse zur Überprüfung der Ergebnisse der Clusteranalyse

Abb. 41: Gütemaße für die Diskriminanzfunktionen

Abb. 42: Erwartete Entscheidungshilfen und Informationen

Abb. 43: Segment-Mittelwerte für die Entscheidungshilfen

Abb. 44: Streuungen der Beurteilungswerte in den vier Segmenten

Abb. 45: Trennstarke Entscheidungshilfen im Rahmen der stufenweisen Diskriminanzanalyse

Abb. 46: Standardisierte und unstandardisierte Diskriminanzkoeffizienten

Abb. 47: Gewichtete Diskriminanzkoeffizienten der Entscheidungshilfen

Abb. 48: Individuelle Klassifizierungsergebnisse

Abb. 49: Klassifikationsmatrix

Abb. 50: Darstellung der Gruppen im Diskriminanzraum

Abb. 51: Gebietsaufteilung der Marktsegmente

Abb. 52: Klassifikationsfunktionen der vier Marktsegmente

Abb. 53: Gruppenmittelwerte für die Entscheidungshilfen und die Diskriminanzfunktionen

Abb. 54: Ablauf der Diskriminanzanalyse als Datenreduktions-Verfahren

Abb. 55: Kreuztabelle für Marktsegmente und Beschaffungsphasen

Abb. 56: Kreuztabelle für Marktsegmente und geplante Beschaffungszeitpunkte

Abb. 57: Kreuztabelle für Marktsegmente und Funktionen

Abb. 58: Segmentbezogene Beurteilung der Entscheidungshilfen

Abb. 59: Positionierung der Nachfrager nach den Kaufwiderstandsdimensionen Unsicherheiten und Technische Probleme

Abb. 60: Investitionsvolumen nach Marktsegmenten

Abb. 61: Verwendete SPSS/PC+ Programme im Rahmen der Nachfrageranalysen

Abb. 62: SPSS/PC+ Programm FACTOR.INC zur Evoked Set-Analyse

Abb. 63: SPSS/PC+ Programm CLUSTER.INC zur Segmentierung der Nachfrager-Gesamtheit

Abb. 64: SPSS/PC+ Programm CACHECK.INC zur Prüfung der gefundenen 4-Cluster-Lösung

Abb. 65: SPSS/PC+ Programm DSCRIM.INC

Abb. 66: SPSS/PC+ Programm CROSSTAB.INC

Abb. 67: SPSS/PC+ Programm CHART2.INC

Abb. 68: SPSS/PC+ Programm TABLES.INC

Abb. 69: Beurteilung der Anbieter

Abb. 70: Ausgangsstatistiken zur Faktorenanalyse

Abb. 71: Statistiken zur Faktorenextraktion

Abb. 72: Rotierte Faktorladungs-Matrix und Faktorwerte

Abb. 73: Bedeutung der Faktorladungen

Abb. 74: Positionierung der CAD-Anbieter nach den ersten beiden Faktoren

Abb. 75: Ergebnisse der Clusteranalyse

Abb. 76: Die Anbieterposition im Wahrnehmungsraum der Nachfrager

Abb. 77: Verwendete SPSS/PC+ Programme im Rahmen der Anbieteranalysen

Abb. 78: SPSS/PC+ Programm AGGREGAT.INC zur Verdichtung des Datenfiles

Abb. 79: SPSS/PC+ Programm AFACTOR.INC zur Evoked Set-Analyse

Abb. 80: SPSS/PC+ Programm ACLUSTER.INC zur Gruppierung der Anbieter

Abb. 81: SPSS/PC+ Programm APLOT.INC zur Positionierung der Anbieter

Abb. 82: Das Marketingkonzept im Überblick

Abb. 83: CAD als "Einstiegsschleuse" zu CIM

Abb. 84: Die Strategierichtungen

Abb. 85: Anzeige der Fa. IBM

Abb. 86: Zielgruppenspezifische Argumente in der IBM-Anzeige

Abb. 87: Speicherplatzbelegung durch die Programmpakete von SPSS/PC+ Version 2.0

Abb. 88: Installationsprozeduren für SPSS/PC+ V2.0

Abb. 89: Testprogramme zu den Programmpaketen von SPSS/PC+ V2.0

Abb. 90: Hauptmenü von SPSS/PC+ Version 2.0

Abb. 91: Basisprogramm für die Nachfrageranalysen und die Charakterisierung der Erhebungsgesamtheit

Abb. 92: Ergebnis des SHOW-Befehls

Abb. 93: Zusammenhänge zwischen den SPSS/PC+ Programmen zur Entwicklung einer Marketing-Konzeption

Abb. 94: LAYOUT-Schirm von Graph-in-the-Box

Abb. 95: Aufruf der Editierfunktionen im REVIEW-Editor mit Hilfe der Funktionstasten

Abb. 96: Bedeutung der Funktionstasten bei DATA ENTRY II

Abb. 97: Auswahlmenü zur Plazierung der Variablen bei DATA ENTRY II

Abb. 98: Eingabemasken für die vorliegende Fallstudie

Abb. 99: Fehlerprotokoll von DATA ENTRY II

I. Marketing im Spannungsfeld von Kreativität und Systematik

Marketing, verstanden als ein marktorientiertes Konzept der Unternehmensführung1), bedeutet die Ausrichtung aller Unternehmensfunktionen auf den Markt. Marketing ist daher kein eigener Funktionalbereich, sondern ein Unternehmenswert im Sinne eines shared value für alle Mitarbeiter mit der Verpflichtung, marktorientiert zu denken und zu handeln. Wie wichtig der funktionsübergreifende Charakter des Marketing ist, macht folgendes Beispiel deutlich:

Man konnte es fast täglich in der neuen Zürcher Zeitung lesen: Die Schweizer Seilbahnbetriebe stöhnten unter der Last des ständig wachsenden Skifahrervolkes. Ein Wengener Seilbahnbetreiber beschrieb es so: "Eigentlich benötigen wir dringend mehr Kapazität, aber die Umweltschützer lassen es nicht zu."

Nachdem die Akquisiteure zweier führender Schweizer Seilbahnbauer mehrfach ähnliches ihrem Management berichteten, wurde der Markt genau untersucht. Unabhängig voneinander erkannten die Geschäftsleitungen einen wachsenden Markt für Seilbahnen mit großer Beförderungskapazität. Sie beauftragten ihre Entwicklungsabteilungen, neue, leistungsfähigere Seilbahnsysteme zu entwickeln. Beide Firmen kamen mit jeweils excellenten technischen Lösungen an den Markt.

Marktführer wurde jedoch die Firma, bei denen die Entwicklungsingenieure aufgrund von Kundengesprächen einen Nutzenvorteil als Entwicklungsrestriktion besonders beachtet hatten: Ihr technisches Lösungskonzept war **in den bestehenden Gebäuden** realisierbar.

Ein Kunde: "Wir haben gar nicht mehr über den Preis geredet. Für uns hat nur gezählt, daß wir keine neuen Baugenehmigungen brauchten. Für uns Zeitersparnis und kein Ärger."

Bei der Definition von Kundenproblemen spielen aber nicht nur vordergründige rationale Faktoren eine Rolle, sondern auch die psychologischen Faktoren, die Kaufentscheidungen in erheblichem Maße beeinflussen können, sind für die Problemdefinition relevant. Das folgende Beispiel belegt dies.2)

Einem Anbieter hochauflösender Graphikcomputer gelang es nicht, bei Großkunden Fuß zu fassen. Im Gegensatz zur üblichen Branchenpraxis, bei der sich die Wettbewerber durch großzügige Rabattgewährung gegenseitig aus dem Markt zu drängen versuchten, versuchte die betrachtete Firma den Markteinstieg über extrem niedrigere Listenpreise bei rigider Rabattpolitik. Trotz des niedrigen Einstiegspreises konnte die Firma in diesem Marktsegment keine Erfolge erzielen. Die Erklärung lag im fehlinterpretierten Beschaffungsverhalten durch die Kunden. Die Einkäufer der Großkunden erzielten Prämien in Abhängigkeit der erreichten Rabattsätze. Die Politik des Graphikcomputeranbieters hatte dieses Anreizsystem nicht richtig

---

1) MEFFERT, Heribert: Marketing, 7. Aufl., Wiesbaden 1986, S. 29.
2) BONOMA, Thomas V.: Wie man Marketingstrategien in die Praxis umsetzt, in: Harvard manager, 1985, Heft 2, S.74

erkannt und daher seine Preispolitik falsch ausgerichtet.

Schließlich geht es bei der Definition des Kundenproblems auch darum, **alle** am Kaufprozeß Beteiligten bei der Problemdefinition zu berücksichtigen. Gerade bei Konsumgütern fällt die Kaufentscheidung häufig aufgrund von Präferenzen einzelner Personen. Je komplexer der Entscheidungsprozeß wird und dies gilt in besonderem Maße für Investitionsgüter, sind häufig mehrere Personen an der Definition des Kundenproblems und der Beschaffungsentscheidung beteiligt. Wir sprechen von einem Buying-Center als gedankliche Zusammenfassung all derjenigen, die den Kaufentscheidungsprozeß beeinflussen.3) Welche Bedeutung die zutreffende Definition des Buying-Centers und das Erkennen von Machtstrukturen in diesem Buying-Center hat, zeigt das folgende Beispiel.

"Unter vielen Städten tickt eine Umweltbombe", berichtete "de Volkskrant", eine bekannte holländische Tageszeitung. Gemeint war, daß Überprüfungen in vielen europäischen Städten ergeben hatten, daß deren Abwasserkanalsysteme hoffnungslos überaltert waren. Die verlegten Zementrohre wiesen zum Teil erhebliche Bruchstellen auf, so daß Teile des Abwassers vor der Klärung ins Grundwasser gelangen konnten.

Formaplast - ein holländischer Anbieter von Kunststoffrohren - hatte die Situation erkannt und deshalb in Kooperation mit einem Zementrohr-Hersteller und einem Maschinenbauer ein neues Rohr entwickelt. Dieses Rohr bestand aus einem sehr viel dünneren Zementkern, der beiderseitig mit Kunststoff überzogen wurde (Sandwich-Rohr). Diese Neuentwicklung - und das hatte man den städtischen Straßenbauämtern auch sehr schnell klarmachen können - wies erhebliche Nutzenvorteile auf. Das Sandwich-Rohr war

- deutliche bruchsicherer als die Zementrohre,
- billiger,
- einfacher und damit kostengünstiger zu verlegen, da man wegen der
  höheren Flexibilität kein Kiesbett mehr benötigte.

Mit einem Wort: Man hatte den idealen Produktvorteil gefunden. Das Produkt war besser und preiswerter.

Das einzige Problem war: Die Kunden orderten nicht. Was war der Grund? Die Formaplast-Manager hatten übersehen, daß die örtlichen Bauunternehmer bei der Verlegung des Sandwich-Rohres weniger Umsatz machten, da das Kiesbett überflüssig war. Deshalb nutzten die lokalen Bauunternehmer alle Möglichkeiten, ihren Einfluß gegen die Verwendung von Sandwich-Rohren geltend zu machen. Erst nach einer Weiterentwicklung des Sandwich-Rohres, bei der die Wandstärken deutlich reduziert wurden, so daß wieder ein Verlegebett notwendig wurde, stellte sich der Markterfolg ein.

Als Ergebnis läßt sich festhalten: Marketing ist die Ausrichtung **aller** Unternehmensfunktionen am **Kundennutzen** mit dem Ziel, das eigene Leistungsangebot so zu gestalten, daß der Kunde es als besser beurteilt als das der Konkurrenz.

---

3) BACKHAUS, Klaus: Investitionsgüter-Marketing, München 1982, S.39

Es geht also um die Erzielung eines **komparativen Konkurrenzvorteils (KKV)**. Denken in und Handeln im Hinblick auf KKVs heißt, in Relationen zu denken (vgl. Abbildung 1).

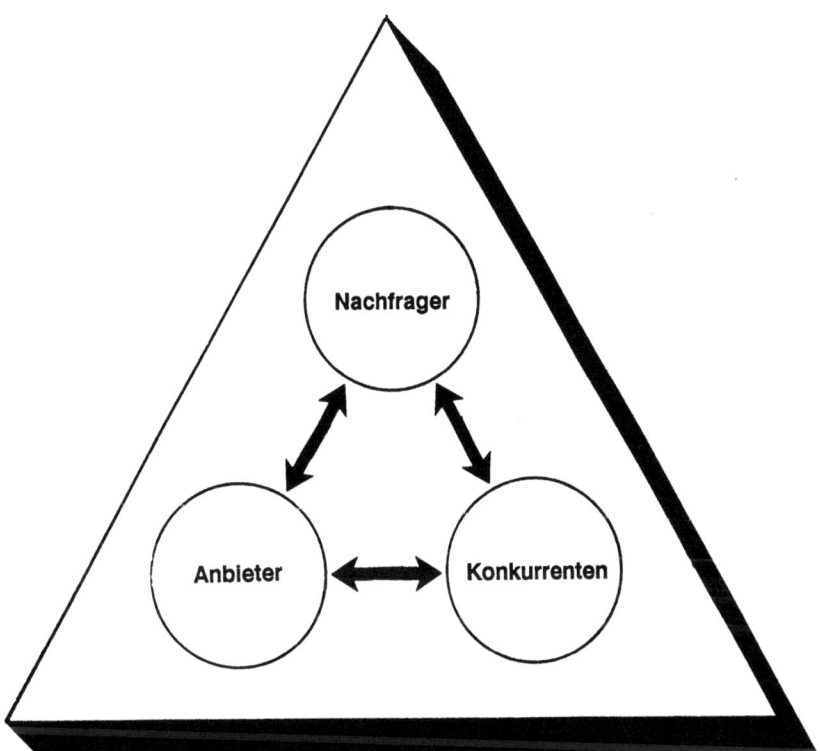

Abb. 1: Das Marketing-Dreieck

Ausgehend von den Bedürfnissen bzw. Problemen der Nachfrager ist stets zu fragen, wie beurteilt der Nachfrager das eigene Problemlösungsangebot im Vergleich zu dem der Konkurrenz. Es kommt also immer darauf an, nicht nur die eigene Position im Hinblick auf das Nutzenpotential der Kunden zu beurteilen, sondern stets die relative Wettbewerbsposition im Auge zu haben. Denn nur dann, wenn man in den Augen der Nachfrager besser ist als die Konkurrenz, wird man am Markt erfolgreich sein.

Damit wird aber auch deutlich, daß Marketing ein kreativer Prozeß ist. Zwei Unternehmen können in einem Markt mit unterschiedlichen Marktkonzeptionen, d.h. mit unterschiedlichen KKVs erfolgreich sein. Das Beispiel Nixdorf und Olivetti belegt dies in eindrucksvoller Weise.

Heinz Nixdorf hat seine gesamte Marketing-Strategie einmal in einem Satz zusammengefaßt, der wie folgt lautet: "Wir sind ein Dienstleistungsbetrieb wie ein Friseur, und dabei spezialisiert auf eine bestimmte Zielgruppe: den Mittelstand". Das bedeutet in der Umsetzung folgendes:

- der Kunde muß nicht weit laufen (Ortsnähe)
- der Lieferant diskutiert mit den Kunden die passende Frisur. Er berät ihn in bezug auf sein individuelles Problem (Problemstärke)
- er stimmt sein Leistungsangebot auf das bekannte Kundenproblem ab (Leistungsnähe)

Abbildung 2 zeigt die vertriebliche Umsetzung dieser Marktstrategie. Sie zeigt, daß Nixdorf ein Vertriebssystem aufgebaut hat, mit dem in der ganzen Bundesrepublik Deutschland der Kunde im Prinzip nicht länger als eine Stunde im Umkreis der nächsten Nixdorf-Vertriebsniederlassung entfernt war.

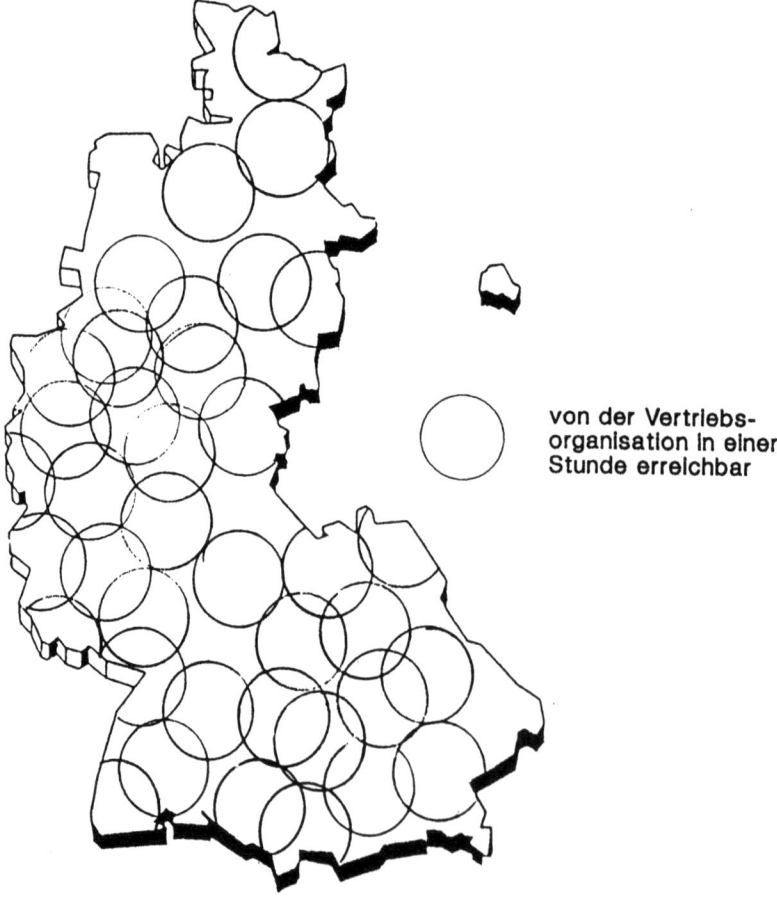

Abb. 2: Die Vertriebsorganisation von Nixdorf in der BRD

Ganz anders die Strategie von Olivetti. Olivetti's KKV bestand darin, auf Basis der IBM-Kompatibilität einen preisgünstigen dezentralen Rechner in den Markt zu bringen. Zentraler Fokus war daher das hohe Produktionsvolumen mit hoher Auslastung der Fabriken, also eine Mengenstrategie. Für Olivetti resultierte daraus der strategische Ansatz einer globalisierten Konzeption, um die eigenen Kapazitäten zu füllen. Das hieß für Olivetti auch ein Eingehen von strategischen Allianzen (z.B. mit AT&T) und das Nutzen aller geeigneten Vertriebswege. Olivetti hatte eine relativ abstrahierte Vorstellung davon, was der Kunde im einzelnen braucht. Sein KKV ist eindeutig der Preis, gekoppelt mit der Marktstandardkompatibilität.

Verdeutlicht man sich die unterschiedlichen geschäftsfeldspezifischen Marketing-Strategien, so läßt sich Abbildung 3 heranziehen.

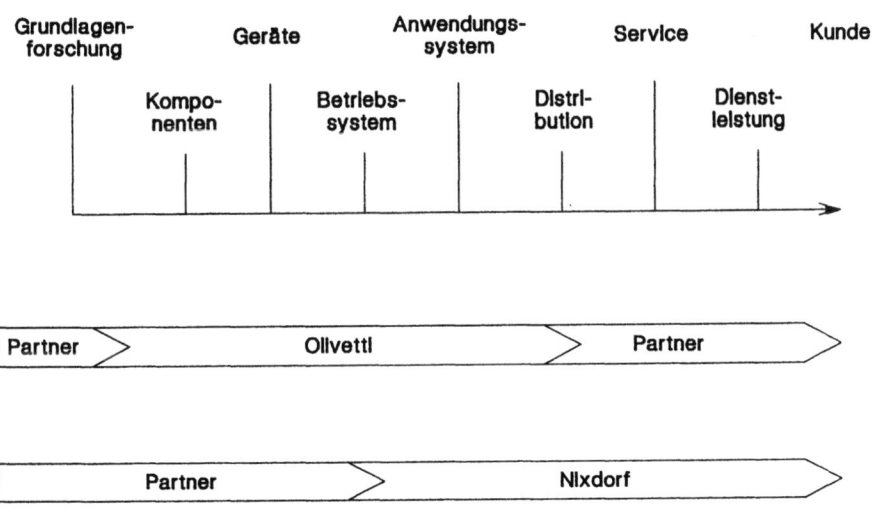

Abb. 3: Die strategischen Ansätze von Nixdorf/Olivetti im Vergleich

Im Gegensatz zu Nixdorf setzt Olivetti also in der Wertschöpfungskette hin zum Kunden auf den letzten Stufen Partner ein, während Nixdorf auf den weiter vorgelagerten Stufen sich umfangreicher strategischer Allianzen bedient. Die unterschiedlichen Schwerpunktlegungen werden deutlich. Es zeigt sich auch, was Marketing letztlich heißt: stets die gesamte Wertschöpfungskette betrachtend alle Funktionsbereiche in die marktorientierte Gestaltung einzubinden. Dabei können durchaus unterschiedliche Schwerpunkte gelegt werden und die Erfolge der Vergangenheit geben beiden Firmen Recht.

Die Betonung liegt nicht umsonst auf den Erfolgen der **Vergangenheit**, weil es natürlich notwendig ist, den KKV als ein dynamisches, sich im Zeitablauf änderndes Phänomen zu sehen, und immer wieder zu hinterfragen, ob der einmal definierte KKV auch für die Zukunft Gültigkeit haben wird. Das ist ein sehr **systematischer Prozeß**. Und dieser systematische Prozeß muß in den Marketing-Aktivitäten Berücksichtigung finden.

Das Grundgerüst eines systematischen Marketing-Planungskonzeptes zeigt Abbildung 4.

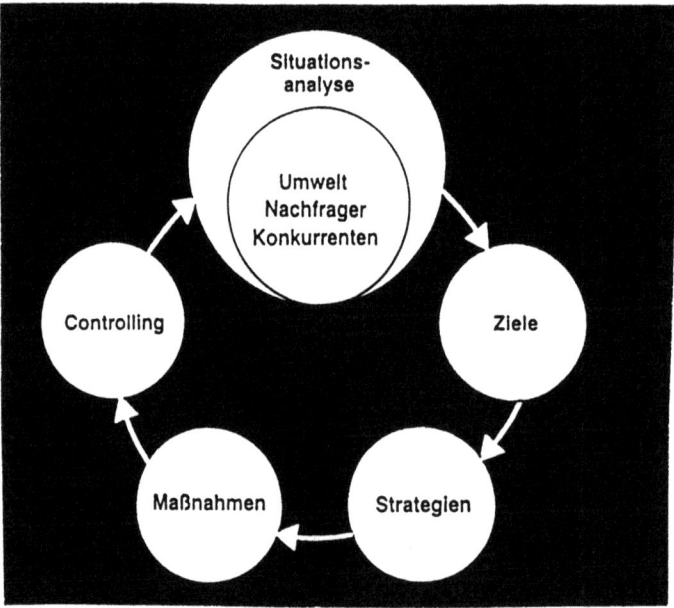

Abb. 4: Der Kreislauf von der Situationsanalyse bis zum Controlling

Von ganz zentraler Bedeutung für ein effizientes Marketing ist eine umfassende und differenzierte Situationsanalyse. Häufig ist es noch so, daß die Situationsanalyse etwas mit der "linken Hand" betrieben wird. Deutlich wird dies in den in Abbildung 5 aufgezeigten Statements.

> "... wir wissen doch genau, was unsere Kunden wollen."
>
> "... an unserer Technik kann niemand vorbei."
>
> "... das machen wir schon 20 Jahre so, wir haben da so unsere Erfahrung."

Abb. 5: Praktiker-Statements zur Marketing-Analyse

Einerseits muß deutlich werden, daß die Nutzung der Informationen des Außendienstes eine wichtige Quelle für Informationen über Kunden und Problemlösungsbedürfnisse ist. In vielen Unternehmen ist es sicherlich notwendig, diese stärker systematisch zu nutzen. Andererseits ist aber auch stets zu hinterfragen, inwieweit die Informationen, die aus der Vertriebsorganisation generiert werden, "gefärbt" sind. In bestimmten Zeitabständen ist es daher notwendig, die Informationen direkt beim Kunden zu erfragen. Abbildung 6 zeigt, daß bei der Einschätzung der Wichtigkeit bestimmter Verhandlungspunkte deutliche Abweichungen zwischen der Einschätzung von Kunden und der Einschätzung von Akquisiteuren beim gleichen Sachverhalt gegeben sind. Das kann zu schwerwiegenden Fehlern im Marktverhalten führen.[4]

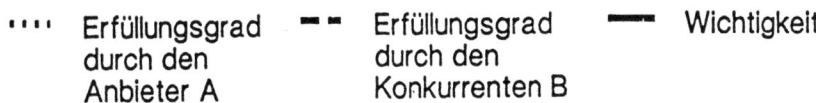

Abb. 6: Die Einschätzung von Auftragsvergabekriterien durch Kunden und Anbieter im Vergleich

---

[4] KÖHLER, Richard/UEBELE, Herbert: Marktsegmentierung in der Industrieelektronik, Würzburg 1983, S. 2.

Erst auf der Basis einer eingehenden und zutreffenden Situationsanalyse, die eine Nachfrageranalyse, Konkurrenz- und eigene Stärken- und Schwächenanalyse sowie eine Betrachtung der zukünftigen Umweltsituationen umfaßt, ist es möglich, Marketing-Ziele und Strategien sowie deren Umsetzung im Marketing-Mix anzugehen.

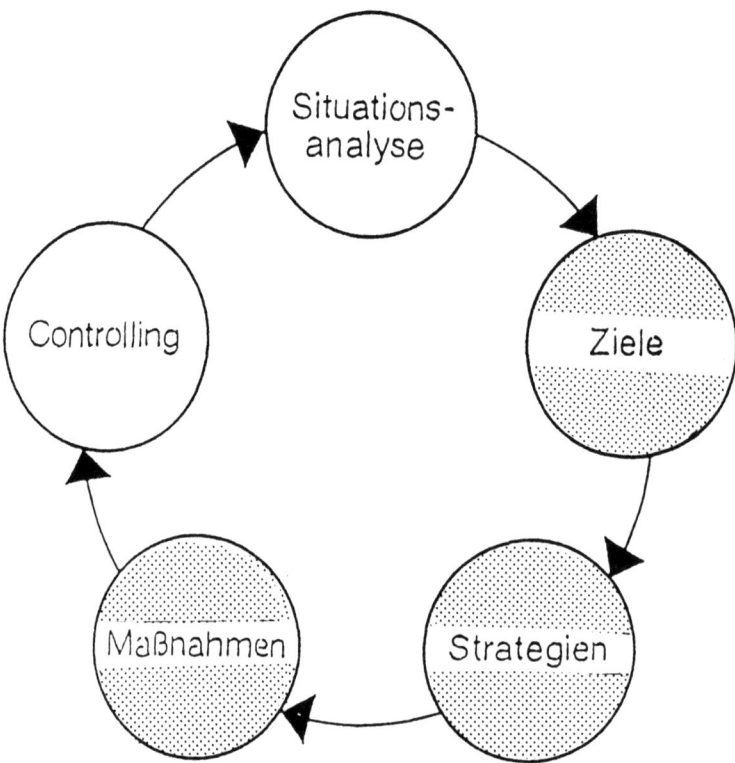

Abb. 7: Marketing-Ziele, Strategien und Marketing-Mix

Alle drei Bausteine sind eng miteinander verknüpft, wobei die in unserer Darstellung deutlich werdende Reihenfolge von Zielen, Strategien und Mix-Entscheidungen eher einer theoretischen Idealvorstellung entspricht, aber durchaus nicht zwangsläufig ist. Der Konzeptionsprozeß muß nicht notwendigerweise mit der Zielebene beginnen, sondern nicht selten kommen die konzeptionellen Anstöße von bestimmten Strategieansätzen oder zum Teil sogar von bestimmten bewährten operationalen Maßnahmen auf der Instrumentalebene, so daß die Kette der Zielebene erst danach über entsprechende Rückkopplungen geschlossen wird. Abbildung 8 verdeutlicht dies.[5]

---

[5] BECKER, Jochen: Marketing-Konzeption, 2. Aufl., München 1988, S. 5.

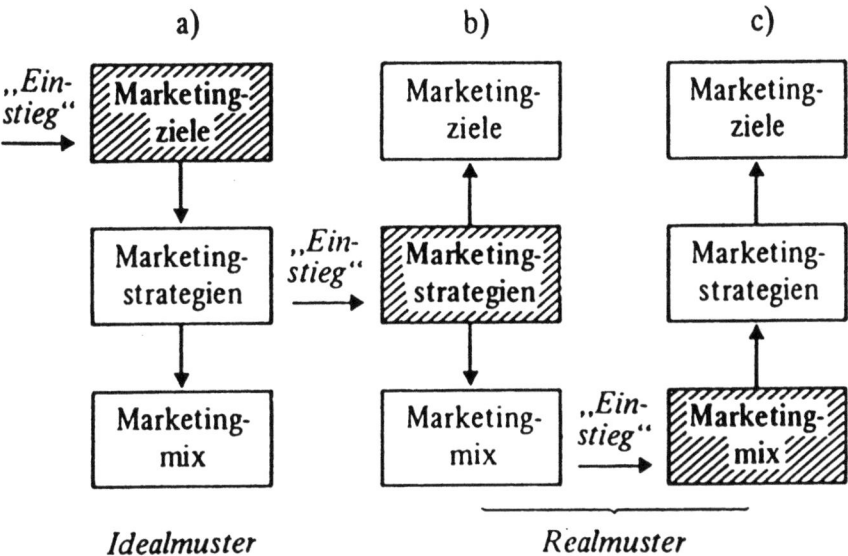

Abb. 8: Alternative Konzeptionierungsmuster einer Marketingkonzeption

Konzeptionelle Überlegungen (Ideen) müssen also **nicht** zwangsläufig zuerst an Zielen und Zielvorstellungen anknüpfen, sondern können sich auch an bestimmten strategischen Grundmustern entzünden ("Wir setzen immer auf Qualität und nicht auf Preis" oder "Wir sind ein Hochtechnologie-Unternehmen") oder an ganz konkreten instrumentalen Maßnahmen (wenn etwa ein Produkt, z.B. ein stufenlos regelbarer Motor als Waschmaschinenantrieb auch Verwendung in anderen Marktbereichen finden kann, z.B. bei Bohrmaschinen). Von diesen Initialstufen aus erfolgt dann jeweils retrograd die konzeptionelle Anbindung an die Zielebene. Allerdings ist es für die Gestaltung von Marketing-Konzeptionen zwingend, die Zielbindung herzustellen (zielorientiertes Handeln statt "Durchwursteln").

Von ausschlaggebender Bedeutung ist es, die Marketing-Aktivitäten im Sinne einer laufenden Überwachung getätigter Marktinvestitionen sowie einer rechtzeitigen Erkennung von Frühindikatoren zu überwachen, um steuernd eingreifen zu können. Über das Controlling wird sichergestellt, daß Marketing im Sinne einer KKV-Orientierung als dynamischer Prozeß verstanden wird und eventuelle Gefahren aus Marktveränderungen frühzeitig erkannt werden. Ganz offenbar war es bei der bereits zitierten Firma Nixdorf so, daß das Marketing-Controlling nicht so ausgebaut war, daß es rechtzeitig Hinweise geben konnte, um zu erkennen, daß die bisher angestrebten Zielsegmente und die daraus abgeleiteten Marktstrategien deutlichen Veränderungen entgegengingen. Frühsignale aus dem Marketing-Controlling müssen zwangsläufig neue Situationsanalysen einleiten, die dann sicherstellen, daß der KKV auch in Zukunft gesichert werden kann.

Die bisherigen Überlegungen sollten zeigen, daß Marketing sich im Spannungsfeld zwischen Kreativität und Systematik bewegt. Die folgenden Ausführungen sollen deutlich machen, daß für eine systematische Marktanalyse ein interessantes Methodenarsenal zur Verfügung steht, das in der Lage ist, auch Hinweise für die Generierung kreativer Umsetzungsideen im Marketing zu liefern. Um die Überlegungen möglichst konkret und praxisnah gestalten zu können, basieren die folgenden Ausführungen auf einer realen Fallstudie, deren Informationen zum Teil verändert wurden, ohne aber die Grundsatzstruktur des Problems zu verändern. Die Daten wurden an die didaktisch-methodischen Ziele angepaßt.

II. Fallstudie: CAD-CORP, Switzerland

Die Automatisierungs-AG, kurz AUTAG, war 1985 einer der Weltmarktführer im Bereich der Produktionsautomatisierung mit einem umfassenden Know-how in allen Bereichen der Fertigungsautomatisierung. AUTAG besitzt auf verschiedenen Gebieten auch eine Reihe von selbst entwickelten Patenten, die einen deutlichen Vorsprung vor der Konkurrenz sichern. So galt z.B. das frei programmierbare Steuerungssystem STEU-FP bei den Kunden weltweit als das wartungsfreundlichste und ausfallsicherste. Die Strategie der AUTAG im Rahmen der Produktionsautomatisierung basierte jahrelang auf einem Zentralrechnerkonzept, bei dem alle Steuerungsaufgaben über einen sogenannten Host-Rechner abgewickelt wurden.

In den letzten Jahren hatte man jedoch aufmerksam beobachtet, daß bei den Kunden offenbar eine Änderung der Automatisierungsphilosophie eingetreten war. Die stärker zentralisierten Konzepte wurden zunehmend durch dezentrale Konzepte abgelöst. Das war sicherlich zum großen Teil dadurch bedingt, daß die kleineren, dezentralen Rechner immer leistungsfähiger wurden und gleichzeitig die Flexibilität des Anwenders erhöhten. Man hatte beobachtet, daß zunehmend mehr der Einsatz von PCs auch im Rahmen der Produktionsautomatisierung eingesetzt wurde. Vor allem aber setzten sich die sogenannten Workstations wie die Rechner von Sun und Apollo immer stärker im Bereich der Produktionsautomatisierung durch.

Daneben bewirkte eine andere Entwicklung die Philosophieänderung. Die überall propagierten Veränderungen unter dem Stichwort "Fabrik der Zukunft" führten zu einer deutlichen Tendenz, die einzelnen, bisher weitgehend isoliert operierenden Systeme zu integrieren. Das Ganze vollzog sich unter dem Schlagwort "Computer Integrated Manufacturing (CIM)". Abbildung 9 verdeutlicht, daß CIM eine Vielzahl von Planungsaufgaben integriert. Die Erfüllung dieser Aufgaben erfolgt jeweils durch separate Subsysteme, die aber über Schnittstellen miteinander verbunden sind und so das übergeordnete CIM-System ausmachen.

Als Subsysteme von CIM sind insbesondere die folgenden Systeme anzusehen:

1. **CAD (Computer Aided Design):**
   CAD ist der Sammelbegriff für den Einsatz von Software-Produkten zur Erledigung der Konstruktionsaufgaben.

2. **CAP (Computer Aided Planning)**
   CAP ist der Sammelbegriff für den Einsatz von Software-Produkten bei Planungsaufgaben und umfaßt die Funktion Fertigungs- und Prüfvorbereitung.

3. CAE (Computer Aided Engineering)
CAE ist der Sammelbegriff für den Einsatz von Software-Produkten im Ingenieurbereich und umfaßt alle Aufgaben von CAD und CAP.

4. CAM (Computer Aided Manufacturing)
CAM ist der Sammelbegriff für den Einsatz von Software-Produkten im Fertigungsbereich und deckt die Werkstattsteuerung und -überwachung sowie die eigentliche Fertigung ab.

5. CAQ (Computer Aided Quality)
CAQ ist der Sammelbegriff für den Einsatz von Software-Produkten in der Qualitätssicherung und -kontrolle.

6. PPS (Produktions-Planung und Steuerung)
PPS ist der Sammelbegriff für den Einsatz von Software-Produkten bei der mengen- und terminmäßigen Planung, Steuerung und Überwachung der Fertigungsabläufe, des Material- und Maschineneinsatzes sowie der Lager-, Auftrags- und Bestellbestände.

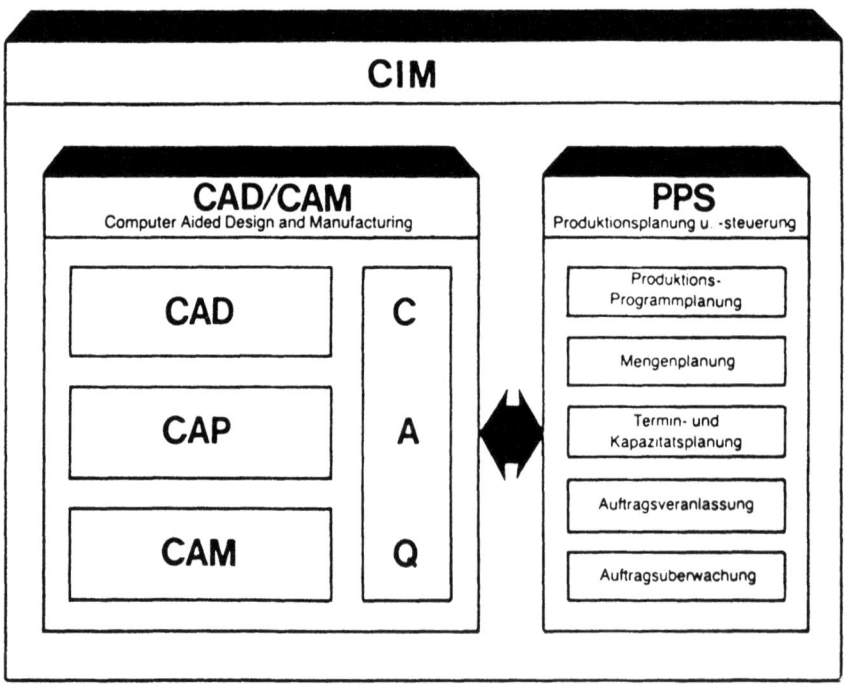

Abb. 9: CIM, Verknüpfung von CAD, CAP, CAQ und PPS durch ein integriertes EDV-System

Vor dem Hintergrund dieser Integrationstendenzen war man bei AUTAG zu der Überzeugung gelangt, daß wohl kaum eine Unternehmung CIM in einem Schritt realisieren würde. Vielmehr gab es offenbar verschiedene Einstiegsschleusen zu CIM, mit denen die Nachfrager Erfahrungen sammeln wollten, um dann schrittweise die einzelnen Subsysteme miteinander zu verbinden und auszubauen.

Da man CAD als eine der zentralen Einstiegsschleusen betrachtete, hatte die AUTAG in der Schweiz eine selbständige Tochtergesellschaft, die CAD-CORP, gegründet, um im dynamischen CAD-Markt auch mit einem dezentralen CAD-System positioniert zu sein. CAD-CORP war als selbständige Tochtergesellschaft gegründet worden, um weitgehend unabhängig von den organisatorischen Gegebenheiten der AUTAG flexibel am Markt agieren zu können. Zum Geschäftsführer der CAD-CORP hat man Herrn Dr. Gehr ernannt, der für AUTAG bisher die USA-Aktivitäten koordiniert hatte und mit amerikanischen Marketing-Praktiken bestens vertraut war. Die Aufgabenstellung von Herrn Dr. Gehr lautete daher auch, für CAD-CORP eine Marketing-Kultur aufzubauen, die es auf Dauer erlauben würde, in dem sich sehr dynamisch entwickelnden CAD-Markt nicht nur "mitzumischen", sondern eine führende Position einzunehmen.

Der Geschäftsführer Dr. Gehr

Dr. Gehr war ein Mann von 42 Jahren, den neue Aufgaben enorm reizten. Er hatte an einer der amerikanischen Business Schools in Abendkursen die modernen Konzeptionen des Marketing kennengelernt und sich dabei klargemacht, daß der Aufbau einer Marketing-Kultur **der** Erfolgsfaktor in dynamischen Märkten sein muß. Deshalb hielt er seine Mitarbeiter immer wieder dazu an, darüber nachzudenken, mit welchem Leistungsangebot CAD-CORP einen komparativen Konkurrenzvorteil erzielen könne. "Wenn wir auf die Dauer Markterfolge erzielen wollen, dann geht dies nur, wenn wir in den Augen der Kunden besser oder billiger sind als die Konkurrenz. Am besten, so meinte er, sei es, wenn man am besten und billigsten sei." Diese Meinung äußerte er auf allen Sitzungen, in denen die langfristige Strategie der CAD-CORP besprochen wurde.

Die Aufgabenverteilung

Um die Wettbewerbssituation eingehend zu analysieren, hatte Dr. Gehr als erstes ein kleines Projekt-Team gegründet, das eine Situationsanalyse durchführen sollte. Dabei ging es weniger um quantitative Daten - diese hatte man schon aus vielen Quellen zusammengetragen -, sondern es ging vor allem um eine qualitative Analyse der Wettbewerbssituation. Die Ergebnisse der quantitativen Analysen und die marketingspezifischen Besonderheiten des CAD-Marktes sind auf den Seiten 14-20 zusammengefaßt.

Die quantitative Analyse

Bemerkenswert ist, daß es über die Diffusion von CAD-Systemen keine klaren, eindeutigen Angaben gibt. Dies gilt sowohl für Ist- als auch für Prognosewerte! Dies liegt vor allem daran, daß die entsprechenden Größen statistisch noch nicht erfaßt werden und daher verschiedene Quellen jeweils auf verschiedenen Angaben basieren.

Wie jedoch aus Abbildung 10 hervorgeht, liegen die regional relevanten Märkte vor allen Dingen in den USA, Japan und Europa, also in der Triade der Hochtechnologieländer. Die Einsatzschwerpunkte zeigen sich deutlich mit über der Hälfte der Einsatzfälle im Bereich der Mechanik, mit 30 % in der Elektronik, 11% im Engineering und in einem Sondersegment der Kartographie mit 5 %.

Innerhalb von Europa ergeben sich die Schwerpunktmärkte in der Bundesrepublik, Großbritannien, Frankreich und Skandinavien.

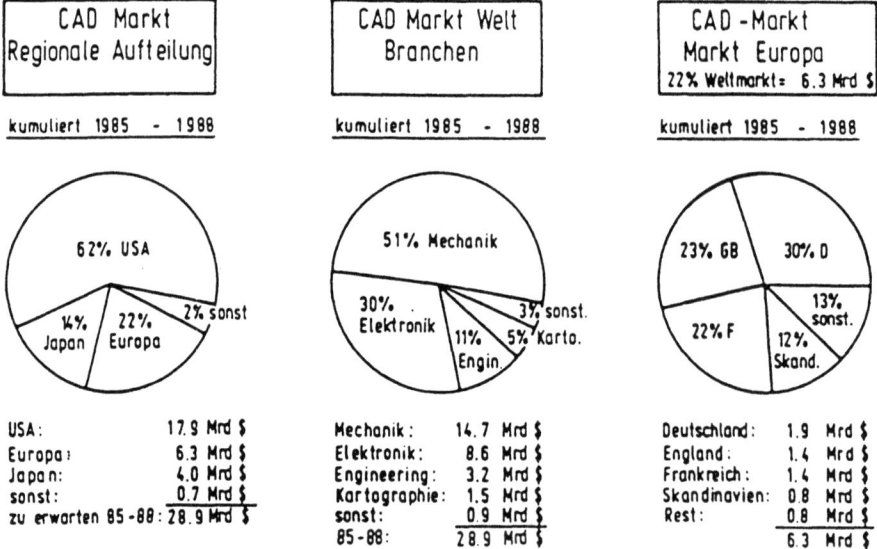

Abb. 10: CAD-Markt Welt, nach Branchen, Europa

Betrachtet man die erwartete Entwicklung von dezentralen Workstations beim Einsatz von CAD, dann wird aus Abbildung 11 deutlich, daß in allen großen Einsatzbereichen enorme Wachstumsraten im zweistelligen Bereich zu erwarten sind. Allerdings zeigt Abbildung 12, daß diese Erwartungen bisher nicht erfüllt worden sind, sondern jeweils nach unten korrigiert werden mußten.

	geschätzter Umsatz in Millionen Dollar						Zuwachs / Jahr
	1983	1984	1985	1986	1987	1988	1983-1988
Mechanik	1.184	1.661	2.308	3.178	4.243	5.608	36 %
Engineering	262	379	531	736	1.017	1.392	40 %
Elektronik	495	801	1.192	1.709	2.410	3.354	47 %
Mapping	106	148	199	261	340	442	33 %
Summe:	2.047	2.989	4.230	5.884	8.010	10.796	

Abb. 11: CAD/CAM-Marktübersicht - nach Anwendungen für Standalone Workstations

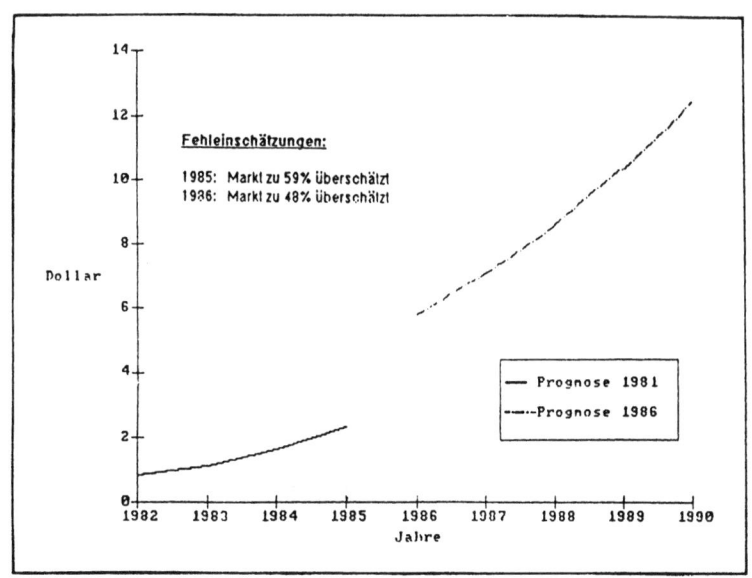

Abb. 12: CAD/CAM-Prognosen weltweit in Milliarden Dollar

Die Abbildungen 13 und 14 zeigen die weltweit relevanten Wettbewerber im CAD-Markt getrennt nach wertmäßigen Größen und Zahl der verkauften Systeme. Im Jahr 1982 ist der Weltmarktführer damit eindeutig Computervision. Relevante Konkurrenten sind IBM, Calma, Intergraph, Applicon, Autotrol und Gerber Scientific.

Bezogen auf die Situation in Deutschland zeigt sich im Hinblick auf die Zahl der installierten Systeme gerechnet ein leicht verändertes Bild. Zwar ist auch hier Computervision der Marktführer. Daneben treten aber auch andere Firmen auf wie Hewlett Packard, Logotec oder Matradivision. Dennoch wird deutlich, daß die US-Anbieter für CAD-Systeme offenbar weltweit operieren.

Angesichts der extrem hohen Wachstumsschätzungen ist zu konstatieren, daß im Jahre 1982 der Marktdurchbruch für den Einsatz der CAD-Systeme offenbar noch nicht geschafft ist und vor allen Dingen der Integrationsverbund in CIM noch nicht stattgefunden hat. Größte Verbreitung finden CAD-Systeme im Maschinenbau, allerdings zeigt Abbildung 15, daß hier vor allen Dingen die Großfirmen CAD eingesetzt haben. Außerdem zeigen Marktstudien, daß die CIM-Integration noch nicht sehr weit vorangeschritten ist. Vor allem sind Insellösungen installiert mit ausgewählten Vernetzungen, die überwiegend zum Bereich der numerischen Steuerung und zur Stücklistenverwaltung bestehen.

Ein großes internationales Marktforschungsinstitut hat z.B. folgendes festgestellt:

- Eine Kopplung zwischen CAD- und rechnergestützter NC-Programmierung ist bei ca. 20 % aller von diesen CAD-Anbietern installierten Systeme realisiert.

- Berechnungsprogramme mit Hilfe der finiten Elementenmethode sind in ca. 10 % aller CAD-Anwendungen dieser Anbieter mit der CAD-Datenbasis informationstechnisch verknüpft.

- Eine automatische Stücklistenerstellung kann über einen mit dem CAD-System verbundenen Stücklistenprozessor in ca. 30 % der CAD-Anwendungsfälle erfolgen.

- Systeme der rechnergestützten Arbeitsplanerstellung sind in ca. 1 % der CAD-Anwendungen mit der CAD-Datenbasis verbunden.

- Produktionsplanungs- und -steuerungssysteme können ebenfalls nur in einem Prozent der Fälle mit den CAD-Systemen Daten austauschen.

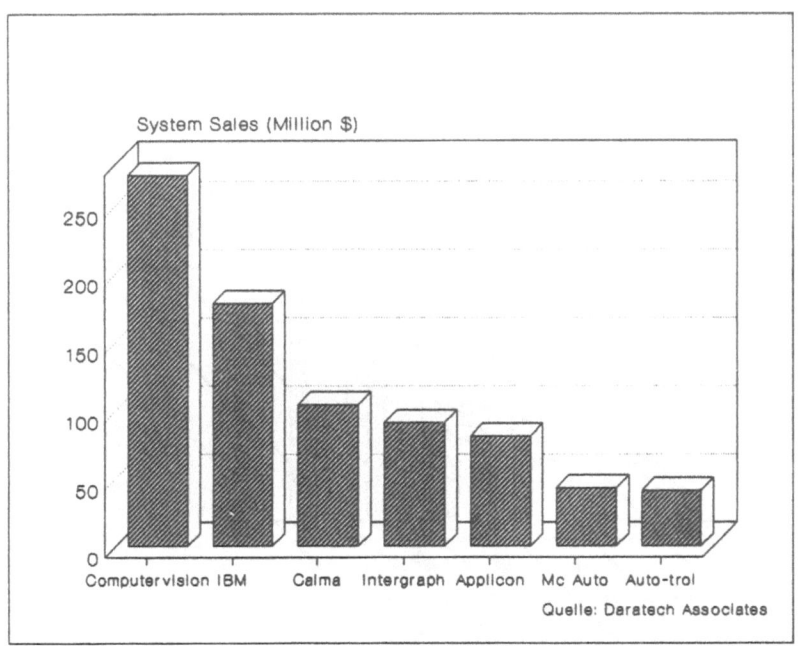

Abb. 13: Weltweiter CAD-Markt nach Umsatz im Jahr 1981

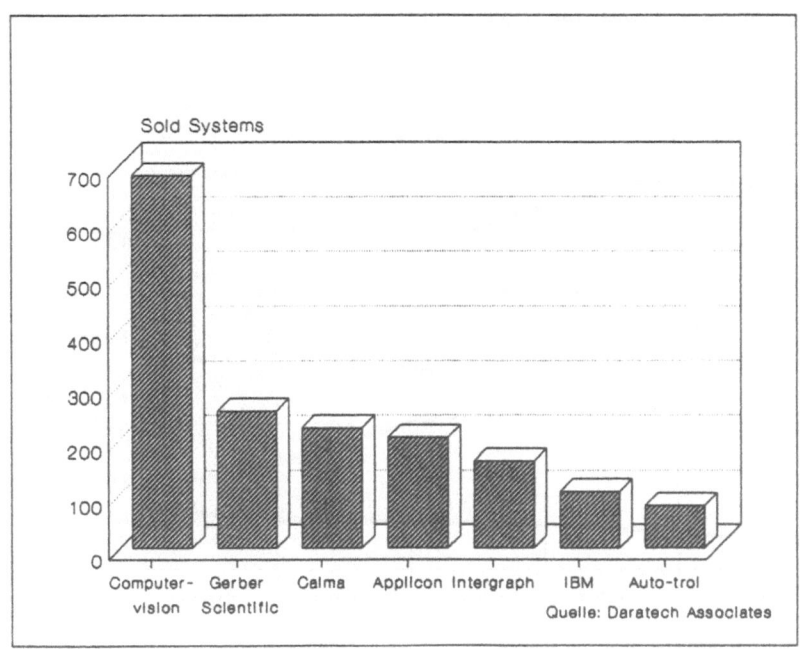

Abb. 14: Weltweiter CAD-Markt nach verkauften Systemen im Jahr 1981

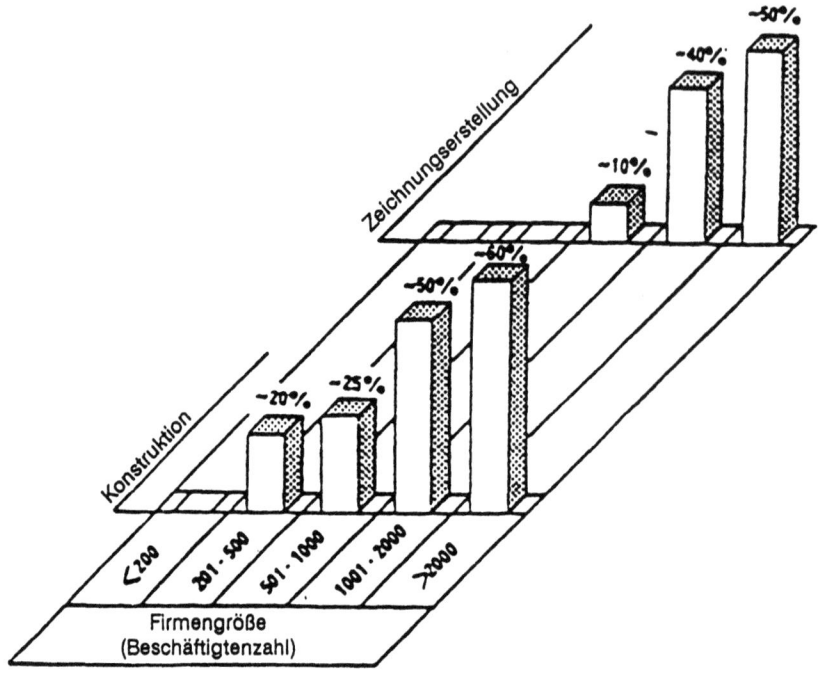

Abb. 15: Einsatz von CAD im Maschinenbau nach Firmengröße

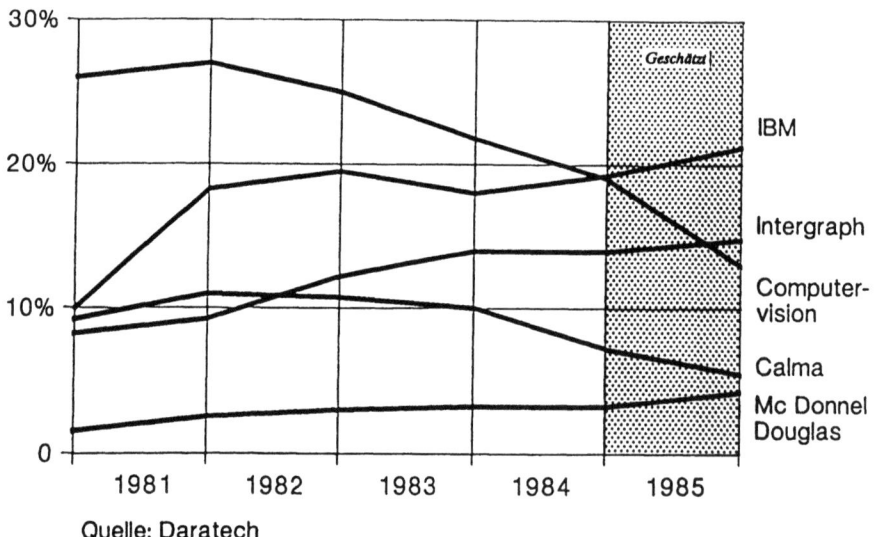

Abb. 16: Geschätzte Marktanteile von CAD-Anbietern

Diese Zahlen belegen, daß der Marktdurchbruch für die CAD-Systeme noch nicht erfolgt ist. Zwar ist eine Reihe von Wettbewerbern am Markt tätig, wobei sich ein deutlicher Marktführer herauskristallisiert hat, dessen Position aber Ende 1984 durch den Branchenriesen IBM gefährdet wird (vgl. Abbildung 16). Marktforschungsuntersuchungen haben auch die Gründe für die offenbar bevorstehende Ablösung von Computervision als Marktführer durch IBM offengelegt:

Mit zunehmender Verbreitung von dezentralen CAD-Systemen verändert sich das Gremium der Beschaffungsbeteiligten, das sogenannte Buying Center. Bei nur vereinzelt realisierten Insellösungen war die EDV- und Organisationsabteilung offenbar am Beschaffungsprozeß nicht beteiligt. Der Investitionsaufwand war oft auch noch so gering, daß die einzelnen Verwender die Entscheidung weitgehend isoliert treffen konnten. Mit zunehmender Anzahl installierter Teilsysteme dringt jedoch die für die EDV zuständige Abteilung in den Beschaffungsprozeß. Da diese Abteilungen in ihren Einstellungen oft durch große Zentralrechnersysteme beeinflußt sind und der Wunsch nach einer Kompatibilität von dezentralen Lösungen mit dem realisierten Host-Rechner besteht, favorisieren diese Mitglieder des Buying Centers oftmals IBM-Lösungen.

Zur Durchführung einer Analyse der relativen Konkurrenzposition im Wahrnehmungsfeld der Nachfrager hatte die Leiterin der Projektgruppe von CAD-CORP, Frau Dr. Meyer, vorgeschlagen, zunächst einmal die relevanten Charakteristika des CAD-Geschäftes zu diskutieren, um auf dieser Basis ein Forschungsdesign zur Bestimmung der relativen Konkurrenzposition zu entwickeln. Man war diesem Vorschlag gefolgt, da alle Beteiligten der Meinung waren, daß eine Bestimmung der relativen Konkurrenzposition nur geschäftstypspezifisch erfolgen könne.

Besonderheiten des CAD-Marktes

Da der CAD-Markt gegenwärtig noch am Anfang der Entwicklung steht und darüber hinaus der Bezug zu CIM betrachtet werden muß, ergeben sich folgende Marktbesonderheiten:

Da CAD ein technisch relativ komplexes Produkt darstellt, existiert gerade in der frühen Phase des Diffusionsprozesses ein **starkes Know how-Gefälle** zwischen Anbietern und Nachfragern. Dieses Know how-Gefälle wird außerdem noch dadurch verstärkt, daß durch CAD bisher gewohnte Arbeitsabläufe bei der Konstruktion durch neue ersetzt werden. An die Stelle des Zeichnens am Reißbrett tritt das Arbeiten am Computer. Viele Konstrukteure verfügen gegenwärtig für den Umgang mit Computern noch nicht über das entsprechende Wissen, und gerade ältere Anwender bauen der neuen Technik gegenüber Barrieren auf. Die Gründe hierfür reichen von der komplizierten Bedienungsweise eines CAD-Systems bis hin zu in englisch geschriebenen Handbüchern. Die Einführung von CAD in einem Nachfrager-Unternehmen ist deshalb sehr beratungsintensiv und gestaltet sich als besonders schwierig. Die bisherigen Erfahrungen haben gezeigt, daß die Einführungsphase für CAD in der Praxis bis zu drei Jahre dauern kann und sich CAD, als erster Schritt zu CIM, erst langsam in deutschen Unternehmen durchsetzt. Gegenwärtig wird die Zahl der CAD-Systeme in den Maschinenbau-Unternehmen auf ca. 5 % geschätzt. Ursache für diese relativ langsame Diffusion von CAD sind vor allem die oben genannten Gründe, die sich unter dem Stichwort **Akzeptanzschwierigkeiten** zusammenfassen lassen.

Neben dem eigentlichen Umgang mit CAD bei der täglichen Arbeit werden die Akzeptanzschwierigkeiten aber noch dadurch verstärkt, daß eine Vielzahl von Anbietern mit unterschiedlichen Systemkonzeptionen auf den Markt drängt. Inzwischen gibt es auf dem bundesdeutschen CAD-Markt an die 400 Systemanbieter, doch das, was ein Unternehmen sucht, ist meist nicht von der Stange zu ordern. Die Nachfrager werden deshalb bei der Wahl eines für sie geeigneten CAD-Systems zunehmend verunsichert. Diese Unsicherheiten und die fehlenden Technologie-Standards führen insgesamt zu **Marktintransparenzen**. Der Entscheidungsprozeß beim Nachfrager wird dadurch weiter verlängert und es kommt zu einem **Nachfragestau**.

Die allgemeine Verunsicherung des Nachfragers beim CAD-Kauf gestaltet sich für den Anbieter deshalb als besonders schwierig, da die Kaufentscheidung für CAD-Systeme in der Regel nicht von einer einzelnen Person, sondern von einem Einkaufsgremium getroffen wird. Dieses Einkaufsgremium, das als Buying-Center bezeichnet wird, umfaßt alle formell oder informell an der Beschaffungsentscheidung beteiligten Personen. Das bedeutet aber, daß gerade bei der Marktsegmentierungs-Entscheidung nicht nur ein Nachfrager-Unternehmen in seiner Gesamtheit betrachtet werden darf, sondern noch einmal danach zu unterscheiden ist, welche Akzeptanzschwierigkeiten und Unsicherheiten die einzelnen Personen im Buying-Center CAD entgegenbringen.

Das starke Know-how-Gefälle zwischen Anbietern und Nachfragern, die Existenz von Akzeptanzschwierigkeiten, die bestehenden Unsicherheitem beim CAD-Kauf und die daraus resultierenden Marktintransparenzen können in ihrer Gesamtheit als **Marktwiderstände** bezeichnet werden, die gegenwärtig den CAD-Markt bestimmen. Obwohl allgemein dem Markt für CAD große Wachstumsraten zugeschrieben werden, mußten die Marktwachstumsprognosen bisher von Jahr zu Jahr nach unten korrigiert werden.

Diese Zahlen sind ein Indiz für die euphorischen Erwartungen der Anbieter einerseits und die Marktwiderstände der Nachfrager andererseits. Weiterhin wird deutlich, daß aufgrund permanent erscheinender neuer Systemalternativen und Weiterentwicklungsangebote der CAD-Anbieter vielen Nachfragern die Gefahr einer zu frühzeitigen (Fehl-)Investition zu groß erscheint, so daß konstatiert werden kann, daß die technologischen Weiterentwicklungen aufgrund ihrer kurzen Marktzyklen zur Nichtrealisation des Bedarfs führen.

Ziele der qualitativen Analysen

Da CAD-CORP relativ spät am Markt war, wollte man sich am Segment der mittelständischen Maschinenbauer orientieren. Die Gründe lagen darin, daß der Maschinenbau ein relativ breites Anwendungsspektrum für CAD-Systeme und ihrer späteren Vernetzung besaß und die Diffusion der CAD-Systeme im mittelständischen Bereich am wenigsten fortgeschritten war (vgl. Abbildung 15). Man war sich jedoch nicht im klaren, ob dieses Segment ausreichend homogen sein würde, um für den mittelständischen Maschinenbau eine undifferenzierte Marketingstrategie entwickeln zu können, oder ob nicht eventuell eine weitere Segmentierung notwendig sei.

Frau Dr. Meyer war der Meinung, daß die Marktbesonderheiten eine Prüfung dieser Frage anhand der **Marktwiderstände** bei den Nachfragern notwendig machen würden. Es hatte sich gezeigt, daß viele Nachfrager aufgrund des geringen Know-hows bezüglich der Leistungsfähigkeit einzelner Systeme in der Regel keine eindeutige Aussage treffen können. Sie sind wohl in der Lage, die Gründe dafür zu nennen, warum sie bisher in CAD noch nicht investiert haben. Aus diesem Grunde scheint es sinnvoll, das Marktsegmentierungskriterium "Marktwiderstände" buying center-spezifisch zu betrachten, d.h. es wird versucht, die Marktwiderstände nach den am Kaufprozeß beteiligten Personen zu differenzieren.

"Aber selbst, wenn wir uns auf die subjektiv empfundenen Marktwiderstände als Segmentierungskriterium für den CAD-Markt einigen", warf Herr Groß-Neuenkamp ein, "bleibt die zentrale Frage, welche Widerstände in die Untersuchung einbezogen werden sollen. Wir stehen dabei vor zwei Problemen:

- Erstens gibt es eine Vielzahl von Hemmnissen, die gegenwärtig den Kauf von CAD-Systemen behindern;

- zweitens werden diese Widerstände von den einzelnen Nachfragern als unterschiedlich stark und unterschiedlich relevant empfunden.

Ich kann Ihnen belegen, daß eine Reihe von Untersuchungen im Bereich von CAD zeigt, daß es eine kaum noch zu übersehende Anzahl von Gründen gibt, warum der CAD-Kauf als problembehaftet angesehen wird und es deshalb zu Nachfragestaus kommt." Herr Groß-Neuenkamp legte dafür eine vorbereitete Folie auf (vgl. Abbildung 17).

a) Manpower-Probleme: insgesamt	3,00
- Techniker, Ingenieure, die auch mit der EDV umgehen können	3,06
- kein qualifiziertes Personal für Harware	2,05
- kein qualifiziertes Personal für Software	3,10
b) Kosten: insgesamt	3,17
- zu hohe Anschaffungskosten	3,56
- zu hohe laufende Kosten	3,03
- hohe Reparaturkosten wegen hoher Störanfälligkeit	1,54
- hohe Wartungskosten	2,18
- hohe Kosten aber keine erkennbaren Kostenvorteile an anderer Stelle	2,63
- Kosten schlecht abschätzbar	3,13
c) Software-Probleme: insgesamt	2,64
- keine geeigneten Programme für spezielle Anwendungen des Unternehmens	2,93
- Programmfunktionen nicht fehlerfrei	2,08
- Anwendung zu kompliziert	2,15
- keine Kompatibilität mit Hardware	2,19
- Beratung seitens der Softwareanbieter nicht gut und objektiv	2,62
- keine Schulungsmöglichkeiten, oder diese sind zu teuer	2,34
d) Hardware-Probleme: insgesamt	2,09
- zu geringe Bedienerfreundlichkeit	1,87
- große Vielfalt des Angebots "Qual der Wahl"	2,26
- starke Reparaturanfälligkeit/ hohe Ausfallzeiten	1,55
- Einzelbausteine nicht kompatibel	2,00
- Technik noch nicht ausgereift	2,02
- Technologie ist zu starkem Wandel unterworfen, daher schnell veraltet	2,63
e) Investitionsprobleme: insgesamt	2,95
- zu hoher Kapitaleinsatz nötig	3,38
- Risiko zu hoch	2,78
- keine Möglichkeit der Kreditaufnahme	1,47
f) Probleme, die sich aus der Fertigungsstruktur ergeben: insgesamt	2,45
- nur auftragsbezogene Einzelfertigung, Programme müßten zu stark maßgeschneidert sein	2,80
- der Fertigung-, Konstruktionsprozeß erfordert keine Computerunterstützung	1,93
- Qualität der Produkte würde sinken	1,29
g) Probleme aus dem Verlust der Flexibilität und Anpassungsfähigkeit: insgesamt	2,55
- zu viele betriebliche Abteilungen müßten umgestellt/angepaßt werden	2,47
- Probleme bei notwendigen kurzfristigen Umstrukturierungen	2,61
h) Organisationsprobleme, Freisetzungs- und damit soziale Probleme: insgesamt	2,14
- es müßten Mitarbeiter entlassen werden, die an die neue EDV-Ausrichtung nicht (mehr) anpassungsfähig sind	1,98
- die Umstrukturierung der bestehenden innerbetrieblichen Organisation wäre zu aufwendig	2,30
- die Arbeitsplätze würden an Humanität verlieren	1,81
- Umstellungen innerbetrieblicher Verrechnungssysteme wären zu schwierig	1,64
i) Ablehnende Haltung, Widerstände insgesamt:	2,10
- bei der Geschäftsführung	1,52
- bei den leitenden Angestellten	1,85
- bei den sonstigen Mitarbeitern	2,48
j) Fehlende externe Hilfe/ unzureichende Information: insgesamt	2,59
- keine umfassende, objektive Beratung durch Software-Hersteller	2,76
- keine umfassende, objektive Beratung durch Hardware-Hersteller	2,45
- zu wenig Unterstützung durch öffentliche Institutionen	2,80
- zu wenig Unterstützung seitens des Verbandes	2,53

Bedeutungsindex: 1 - 5 mit: 1 = unwesentlich; 5 = sehr großes Problem
Untersuchungsbasis: 125

Abb. 17: Widerstände beim Kauf von CAD-Systemen
Quelle: VDMA-Untersuchung, Frankfurt 1985

"Wir müssen deshalb die Markthemmnisse herausfinden, die von den Nachfragenden in unserem Zielmarkt (kleine und mittelständische Maschinenbauunternehmen) wahrgenommen werden. Ich schlage vor, zu diesem Zweck keine standardisierte Befragung durchzuführen, sondern die Nachfrager generell danach zu fragen, was sie bisher vom Kauf einer CAD-Lösung abgehalten hat, bzw. welche Schwierigkeiten sie beim Kauf von CAD-Systemen hatten. Wir sollten die Nachfrager auch bitten, diejenigen CAD-Anbieter zu nennen, die nach ihrer Meinung eine leistungsfähige CAD-Lösung anbieten können."

Ich habe schon mehrere Befragungen dieser Art gemacht, schloß sich Frau Dr. Meyer den Ausführungen von Herrn Groß-Neuenkamp an, "der Vorteil einer solchen Befragung ist darin zu sehen, daß von den Befragten tatsächlich nur die Marktwiderstände und Anbieter genannt werden, die sich in ihrem individuellen Evoked Set befinden, d.h. die ihnen bewußt sind und als besonders relevant erachtet werden. Wir müssen dabei allerdings sehen, daß durch diese Vorgehensweise Probleme in der Vergleichbarkeit der Antworten entstehen werden. Wenn wir dann aber die Befragten anschließend bitten, die von Ihnen genannten Anbieter mit Hilfe von Schulnoten danach zu beurteilen, wie gut sie Ihrer Meinung nach in der Lage sind, die subjektiv empfundenen Schwierigkeiten beim CAD-Kauf zu beseitigen, dann haben wir durch die dadurch gewonnene anbieterspezifische Beurteilung der Marktwiderstände auch eine empirische Basis für die Marktsegmentierung."

Nach einigen Diskussionen der Projektgruppe einigte man sich prinzipiell auf diese Vorgehensweise, wollte aber ein zweistufiges Konzept zugrunde legen. In der ersten Stufe sollte eine **offene Befragung** durchgeführt werden, die die von Herrn Groß-Neuenkamp genannten Vorteile beinhaltet. Auf Basis dieser Befragung wollte man dann einen Fragebogen erstellen, der in der zweiten Stufe einer repräsentativen Telefonbefragung zu Grunde gelegt werden sollte.

Nach zwei Monaten hatte man einen entsprechenden Fragebogen entwickelt und Telefoninterviews bei insgesamt 90 Unternehmen durchgeführt.*)

Auf Basis der Befragungsergebnisse wollte die Projektgruppe nun eine qualitative **Situationsanalyse** durchführen, die die allgemeinen Charakteristika der befragten Unternehmen herausarbeitet und eine Nachfrager- sowie eine Anbieteranalyse umfaßt. Die im Rahmen dieser qualitativen Analysen erzielten Ergebnisse sollten dann gemeinsam mit den bisherigen quantitativen Informationen zum CAD-Markt in die Entwicklung einer Marketing-Konzeption für die Einführung des dezentralen CAD-Systems der CAD-CORP einfließen.

Die Befragungsergebnisse befinden sich im Anhang, Kap. 2. Die Daten und die im folgenden verwendeten Programme und Ergebnisse können gegen eine

---

*) Der Fragebogen ist im Anhang, Kap. 1, abgedruckt und auch als interaktive Erfassungs-Maske im Rahmen des Programms SPSS/PC+ DATA ENTRY II in Kap. V.7 beschrieben.

Schutzgebühr von 10,-- DM unter folgender Adresse bezogen werden:

Prof. Dr. Klaus Backhaus
Betriebswirtschaftliches Institut für
Anlagen und Systemtechnologien
Westfälische Wilhelms-Universität Münster
Universitätsstraße 14-16

4400 Münster

III. Qualitative Analysen als Voraussetzung für die Entwicklung einer Marketing-Konzeption für CAD

Die CAD-CORP hatte sich für eine telefonische Befragung entschieden und auf diesem Wege ein interessantes Datenset gewonnen. Um Strukturen in diesem Datenset aufzudecken, hatte man sich für den Einsatz von multivariaten Datenanalyse-Verfahren entschieden. Die Vorgehensweise bei der Durchführung einer Situationsanalyse mit Hilfe des Programmpakets SPSS/PC+ wird im folgenden in den einzelnen Schritten vorgestellt.

1. Beschreibung der Zielgruppe

1.1. Charakteristika der befragten Unternehmen

Um die Ergebnisse der qualitativen Analyse beurteilen zu können, ist es zunächst notwendig, die Stichprobe zu charakterisieren, um ihren Aussagewert für einen Schluß auf die dahinterliegende Grundgesamtheit zu gewinnen.

Umfang der Stichprobe

Wie Abbildung 18 zeigt, wurden 90 Adressaten befragt (90 cases), wobei 32 Variablen (26 im Fragebogen erhobene und 6 Systemvariablen) erfaßt wurden. Obwohl die Stichprobe auf einer realen Erhebung basiert, kann sie nicht als repräsentativ angesehen werden, da die Daten den didaktisch-methodischen Zielen dieses Lehrbuches angepaßt wurden.

```
The SPSS/PC+ system file is read from
    file a:ausgang.sys
The file was created on 10/4/88  at  1:38:52
and is titled Backhaus/Weiber: 'Entwicklung einer Marketing-Konzeption'
The SPSS/PC+ system file contains
    90 cases, each consisting of
    32 variables (including system variables).
    32 variables will be used in this session.
```

Abb. 18: Fälle und Variable der Stichprobe

26

Branchenstruktur der Unternehmen

Die Branchenstruktur der befragten Unternehmen ist in Abb. 19 dargestellt. Es zeigt sich, daß mit 37,8 % besonders stark die Maschinenbau-Branche in der Stichprobe vertreten ist. Auffallend ist aber auch, daß der wissenschaftliche Bereich mit 12,2 % einen nicht unwesentlichen Teil der Erhebungsgesamtheit auf sich vereinigt.

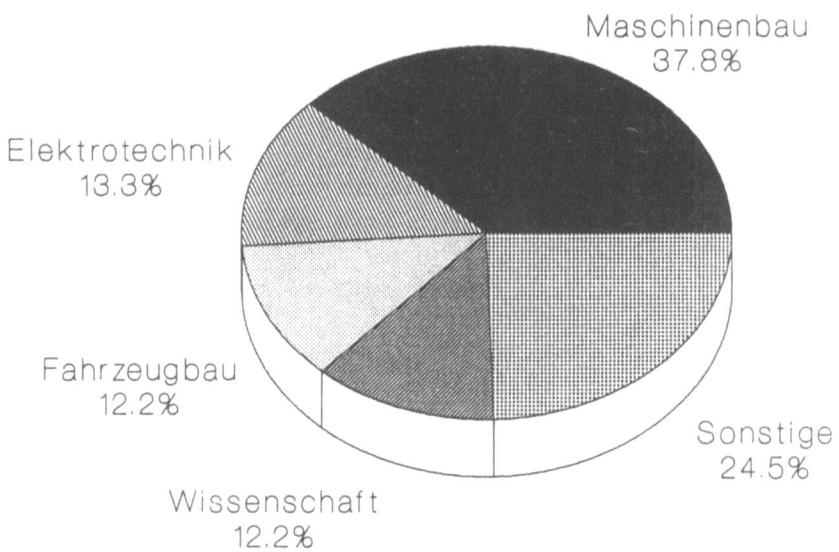

Abb. 19: Branchenstruktur der Unternehmen

Funktion der Befragten

An der Beschaffungsentscheidung von CAD-Systemen sind in der Regel mehrere Funktionen bzw. Abteilungen im beschaffenden Unternehmen beteiligt. Da der Einsatz der Systeme primär in der Konstruktionsabteilung erfolgt, werden die Anwender aus der Konstruktionsabteilung sicherlich eine entscheidende Bedeutung bei der Auftragsvergabe haben. Abbildung 20 zeigt die Funktionszugehörigkeit der 90 Befragten in ihren jeweiligen Unternehmen.

```
FUNKTION  Funktion im Unternehmen

                                              Valid      Cum
Value Label              Value  Frequency  Percent  Percent  Percent

Konstruktionsabtlg.        1       35       38.9     46.1     46.1
EDV-Abteilung              2       10       11.1     13.2     59.2
Geschäftsleitung           3       22       24.4     28.9     88.2
Sonstige                   4        9       10.0     11.8    100.0
                           0       14       15.6    MISSING
                                  ------   ------   ------
                        TOTAL      90      100.0    100.0
```

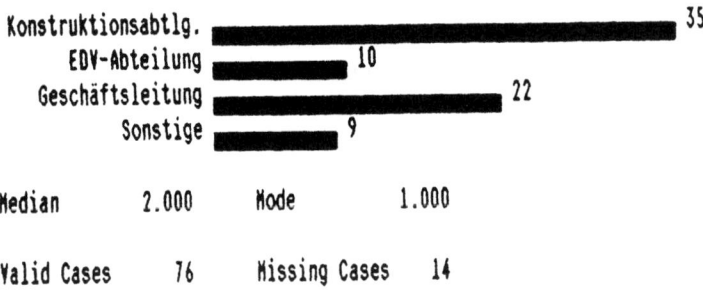

```
Median     2.000     Mode     1.000

Valid Cases     76     Missing Cases     14
```

Abb. 20: Funktion der Befragten im Unternehmen

Sowohl die numerische, wie auch die graphische Darstellung der Häufigkeitsverteilung in Abbildung 20 zeigt, daß unter den Befragten tatsächlich auch 35 Befragte von 90 insgesamt Befragten der Konstruktionsabteilung zugehörig waren. Am zweithäufigsten war mit 22 befragten Mitgliedern die Geschäftsleitung vertreten. Bei 14 Befragten war keine Funktionsangabe gemacht worden. Aus diesem Grunde wurden die Prozentangaben in der Spalte "valid percent" noch einmal unter Berücksichtigung der missing values korrigiert. Mit 46,1 % Zugehörigkeit zur Konstruktionsabteilung und 28,9 % Geschäftsleitungsmitgliedern wird deutlich, daß 3/4 der Befragten entweder der Konstruktionsabteilung oder der Geschäftsleitung angehörten.

Beschäftigtenzahl

Da als Zielgruppe für das neu einzuführende System der Mittelstand definiert worden war, ist es natürlich von besonderer Bedeutung zu wissen, welche Unternehmensgrößen die Befragten in der Stichprobe repräsentieren. Abbildung 21 zeigt den entsprechenden SPSS-Ausdruck.

GROESSE Beschäftigtenzahl

				Valid	Cum
Value Label	Value	Frequency	Percent	Percent	Percent
bis 100 Besch.	1	20	22.2	25.6	25.6
100 bis 500 Besch.	2	20	22.2	25.6	51.3
500 bis 1000 Besch.	3	17	18.9	21.8	73.1
über 1000 Besch.	4	21	23.3	26.9	100.0
	0	12	13.3	MISSING	
	TOTAL	90	100.0	100.0	

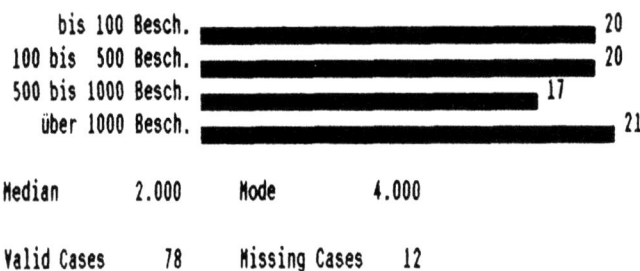

bis 100 Besch.	20
100 bis 500 Besch.	20
500 bis 1000 Besch.	17
über 1000 Besch.	21

Median   2.000   Mode   4.000

Valid Cases   78   Missing Cases   12

Abb. 21: Unternehmensgrößen der befragten Unternehmen

Es wird deutlich, daß die gewählten 4 Beschäftigungsklassen annähernd gleich in der Stichprobe vertreten sind (vgl. auch das Häufigkeitsdiagramm). Lediglich die Firmen mit einer Unternehmensgröße zwischen 500 - 1 000 Beschäftigten waren leicht unterrepräsentiert (17 Befragte oder 21,8 valid percent). Dies ist insofern bedauerlich, da gerade diese Unternehmensgröße mit zu den zentralen Zielgruppen des einzuführenden Systems gehört.

1.2. Geplante Investitionen in CAD

Für die Bestimmung des Markteintrittszeitpunktes der CAD-CORP ist von zentraler Bedeutung, wann und zu welchem Umfang die befragten Unternehmen die Beschaffung von CAD-Systemen planen:

Geplanter Beschaffungszeitpunkt:

Die Plandaten für die Beschaffung von CAD zeigt Abbildung 22. Daraus ergibt sich, daß immerhin 40 % der Befragten (valid percent) noch im Jahre der Befragung die Anschaffung eines CAD-Systems planen. 18,8 % haben bereits ein CAD-System beschafft. Für 16,3 % ist der Beschaffungszeitpunkt ungewiß und 25 % planen die Beschaffung für das auf die Befragung folgende Jahr.

ZEITP   Geplanter Beschaffungszeitpunkt

Value Label	Value	Frequency	Percent	Valid Percent	Cum Percent
dieses Jahr	1	32	35.6	40.0	40.0
nächstes Jahr	2	20	22.2	25.0	65.0
Ungewiss	3	13	14.4	16.3	81.3
Beschafft	4	15	16.7	18.8	100.0
	0	10	11.1	MISSING	
TOTAL		90	100.0	100.0	

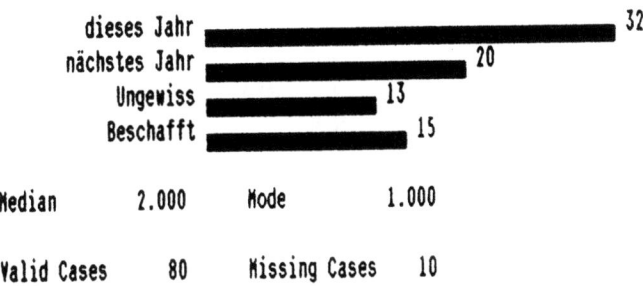

Median   2.000   Mode   1.000

Valid Cases   80   Missing Cases   10

Abb. 22: Geplanter Beschaffungszeitpunkt eines CAD-Systems

Aus diesen Zahlen - vorausgesetzt es würde sich um eine repräsentative Stichprobe handeln - wird deutlich, daß viele Unternehmen relativ kurz vor der Beschaffungsentscheidung stehen. Dies gilt es für die Planung des Markteintrittszeitpunktes zu berücksichtigen.

Zahl der geplanten CAD-Systeme

Bei der Festlegung des Markteintrittszeitpunktes ist weiterhin zu berücksichtigen, daß die Befragten in unterschiedlichem Ausmaß CAD-Systeme nachfragen werden. Aus diesem Grunde wurden die Befragten gebeten anzugeben, in welchem Umfang sie die Beschaffung von CAD-Systemen planen. Das entsprechende Ergebnis zeigt Abbildung 23.

ANZSYS   Zahl der geplanten CAD-Systeme

Value Label	Value	Frequency	Percent	Valid Percent	Cum Percent
	1	5	5.6	7.7	7.7
	2	4	4.4	6.2	13.8
	3	4	4.4	6.2	20.0
	4	3	3.3	4.6	24.6
	5	9	10.0	13.8	38.5
	6	1	1.1	1.5	40.0
	8	6	6.7	9.2	49.2
	9	1	1.1	1.5	50.8
	10	8	8.9	12.3	63.1
	12	10	11.1	15.4	78.5
	14	1	1.1	1.5	80.0
	15	4	4.4	6.2	86.2
	19	1	1.1	1.5	87.7
	20	5	5.6	7.7	95.4
	25	2	2.2	3.1	98.5
	30	1	1.1	1.5	100.0
Ungewiss	999	25	27.8	MISSING	
	TOTAL	90	100.0	100.0	

ANZSYS   Zahl der geplanten CAD-Systeme

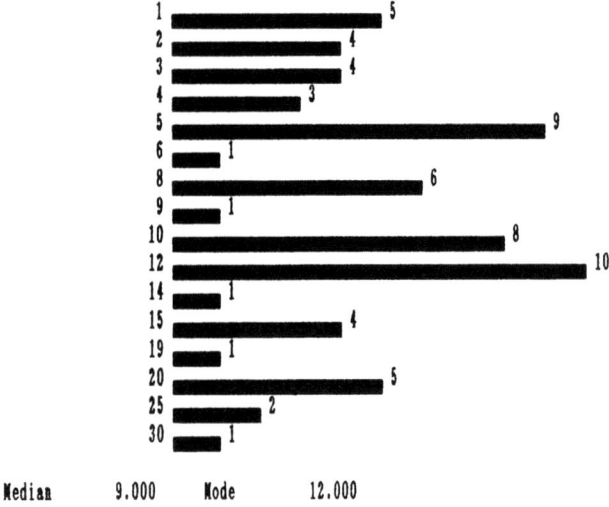

Median   9.000   Mode   12.000

Valid Cases   65   Missing Cases   25

Abb. 23: Zahl der geplanten CAD-Systeme

Aus Tabelle und Häufigkeitsdiagramm wird ersichtlich, daß es keine eindeutigen Schwerpunkte gibt. Lediglich die überdurchschnittlichen Häufigkeiten der Beschaffung von 5 und 12 Systemen zeigen eine gewisse Abweichung nach oben. Interessant ist auch, daß 27,8 % der Befragten über die Zahl der zu beschaffenden Systeme keine Auskunft geben können.

Geplantes Investitionsvolumen

Für das Investitionsvolumen ist neben der Zahl der zu beschaffenden Systeme auch von entscheidender Bedeutung, wie hoch die geplanten Ausgaben für das jeweilige CAD-System sind. Das Marktangebot reicht von Kleinsystemen bis zu sehr großen komfortablen, auf Host-Rechnern implementierten CAD-Systemen. Abbildung 24 gibt einen Überblick über die geplanten Investitionsausgaben in die CAD-Technologie.

INTERVAL Investitionsvolumen

Value Label	Value	Frequency	Percent	Valid Percent	Cum Percent
bis 50TDM	1.00	4	4.4	5.8	5.8
50TDM bis 100TDM	2.00	11	12.2	15.9	21.7
100TDM bis 250TDM	3.00	21	23.3	30.4	52.2
250TDM bis 500TDM	4.00	15	16.7	21.7	73.9
500TDM bis 1000TDM	5.00	10	11.1	14.5	88.4
über 1000TDM	6.00	8	8.9	11.6	100.0
	.00	21	23.3	MISSING	
TOTAL		90	100.0	100.0	

INTERVAL Investitionsvolumen

bis 50TDM	4
50TDM bis 100TDM	11
100TDM bis 250TDM	21
250TDM bis 500TDM	15
500TDM bis 1000TDM	10
über 1000TDM	8

Median	3.000	Mode	3.000	Valid Cases	69
				Missing Cases	21

Abb. 24: Geplante Ausgaben für ein CAD-System

Aus dem Häufigkeitsdiagramm wird deutlich, daß der Investitionsschwerpunkt in Größenordnungen zwischen 100 bis 250 TDM liegt. D.h. die meisten der Befragten präferieren größere, leistungsfähigere Systeme. Dabei ist allerdings zu berücksichtigen, daß sowohl Einzelplatz- als auch Mehrplatz-Systeme nachgefragt werden können.

Aus der Anzahl der geplanten CAD-Systeme und den geplanten Investitionsausgaben läßt sich nun errechnen, wie hoch die Ausgaben pro Arbeitsplatz sein sollen. Das Ergebnis zeigt Abbildung 25.

APINVEST Investitionen pro Arbeitsplatz

Value Label	Value	Frequency	Percent	Valid Percent	Cum Percent
	9000.00	1	1.1	1.6	1.6
	15000.00	1	1.1	1.6	3.2
	18000.00	1	1.1	1.6	4.8
	20000.00	2	2.2	3.2	7.9
	20833.33	1	1.1	1.6	9.5
	22000.00	1	1.1	1.6	11.1
	27000.00	1	1.1	1.6	12.7
	28571.43	1	1.1	1.6	14.3
	29166.67	1	1.1	1.6	15.9
	30000.00	4	4.4	6.3	22.2
	31250.00	1	1.1	1.6	23.8
	31750.00	1	1.1	1.6	25.4
	33333.33	1	1.1	1.6	27.0
	34000.00	1	1.1	1.6	28.6
	34354.17	1	1.1	1.6	30.2
	36000.00	1	1.1	1.6	31.7
	40000.00	8	8.9	12.7	44.4
	40812.50	1	1.1	1.6	46.0
	41666.67	1	1.1	1.6	47.6
	45000.00	1	1.1	1.6	49.2
	46666.67	1	1.1	1.6	50.8
	48458.75	1	1.1	1.6	52.4
	50000.00	6	6.7	9.5	61.9
	52000.00	2	2.2	3.2	65.1
	54166.67	1	1.1	1.6	66.7
	55000.00	1	1.1	1.6	68.3
	56250.00	1	1.1	1.6	69.8
	60000.00	2	2.2	3.2	73.0
	62500.00	1	1.1	1.6	74.6
	63500.00	1	1.1	1.6	76.2
	64000.00	1	1.1	1.6	77.8
	66666.67	2	2.2	3.2	81.0
	70000.00	1	1.1	1.6	82.5
	72400.00	1	1.1	1.6	84.1
	74365.00	1	1.1	1.6	85.7
	75000.00	4	4.4	6.3	92.1
	76560.00	1	1.1	1.6	93.7
	80000.00	2	2.2	3.2	96.8
	82133.33	1	1.1	1.6	98.4
	82473.68	1	1.1	1.6	100.0
	.	27	30.0	MISSING	
	TOTAL	90	100.0	100.0	

Count	Midpoint	
3	14000.00	
6	24000.00	
11	34000.00	
13	44000.00	
11	54000.00	
7	64000.00	
8	74000.00	
4	82473.68	

Histogram Frequency

Valid Cases 63
Missing Cases 27

| Mean | 47675.326 | Std Dev | 19119.910 | Variance | 365570972 |
| Range | 73473.684 | Minimum | 9000.000 | Maximum | 82473.684 |

Abb. 25: Geplantes Investitionsvolumen pro Arbeitsplatz

Das Häufigkeitsdiagramm zeigt einen deutlichen Schwerpunkt im Bereich zwischen 34 000 und 54 000 DM Investition pro Arbeitsplatz.

Investitionsvolumen nach Beschaffungszeitpunkten

Daß die Markteinführung des CAD-Systems der CAD-CORP relativ schnell erfolgen muß, belegt auch die Abbildung 26. Es wird deutlich, daß noch für das betrachtete Jahr Investitionen in Höhe von fast 12 Mio. DM geplant sind, während von den befragten Unternehmen im nächsten Jahr nur noch ein Investitionsvolumen von 4 Mio. DM zu erwarten ist.

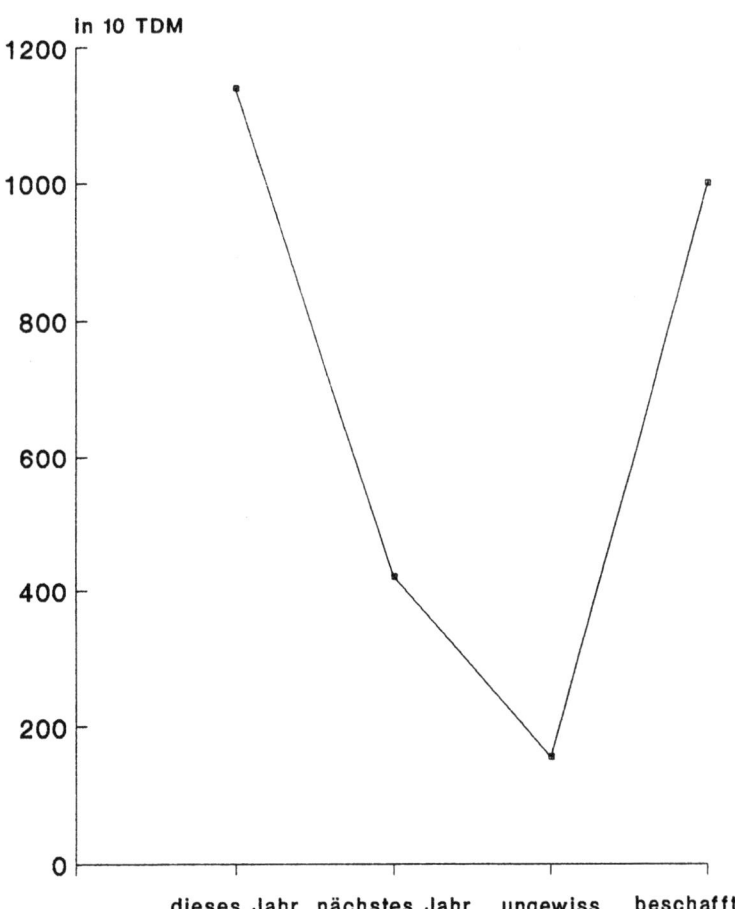

Abb. 26: Erwartetes Investitionsvolumen nach Beschaffungszeitpunkten

1.3. Zusammenfassung

Faßt man die Ergebnisse der strukturellen Stichprobenbeschreibung zusammen, so läßt sich feststellen:

- Als in Frage kommende Grundgesamtheit weist der VDMA 2 389 Mitgliedsfirmen aus. Befragt wurden 90 Firmen, so daß festzuhalten ist, daß die Stichprobe keinesfalls als repräsentativ anzusehen ist. Dies ist für unsere Überlegungen jedoch nicht von ausschlaggebender Bedeutung, da es hier um die Darstellung einer Vorgehensweise und nicht um die Wiedergabe konkreter empirischer Ergebnisse geht.

- Die Nichtrepräsentativität der Stichprobe wird auch dadurch deutlich, daß aufgrund der Beschäftigtenzahl noch einmal 26,9 % der Befragten aus relativ großen Unternehmen stammen.

- Der Branchenschwerpunkt der befragten Unternehmen liegt eindeutig im Maschinenbau.

- Die Bedeutung eines kurzfristigen Einführungszeitpunkts für das geplante CAD-System wird klar, da noch in diesem Jahr ein Investitionsvolumen von fast 12 Mio. DM allein in der Erhebungsgesamtheit zu erwarten ist.

- Eine ganze Reihe von Firmen plant die Anschaffung mehrerer CAD-Systeme.

- Der Investitionsschwerpunkt der Systeme liegt zwischen 34 000 und 54 000 DM pro Arbeitsplatz.

1.4. SPSS/PC+ Programme zur Beschreibung der Zielgruppe

1.4.1. Verwendete SPSS/PC+ Prozeduren und genereller Programmaufbau

Zur Charakterisierung der Nachfrage haben wir zwei SPSS/PC+ Programme verwendet. Das Programm FREQUENC.INC erstellt Häufigkeitstabellen für verschiedene Beschreibungsmerkmale der Erhebungsgesamtheit, und mit Hilfe des Programms CHART.INC werden präsentationsfähige Graphiken erzeugt. Die Prozedur FREQUENCIES ist im Basispaket von SPSS/PC+ enthalten, während die Prozedur GRAPH nur in dem Zusatzmodul "Graphics" verfügbar ist. Wir werden im folgenden beide Programme detailliert besprechen.

Ein SPSS/PC+ Programm untergliedert sich generell in die "System- und Ausgabesteuerung", den "Datendefinitions- und -modifikations-Teil" und den eigentlichen "Prozedurteil".1) Durch die Erstellung eines sog. SPSS/PC+ Systemfiles können die zu analysierenden Daten und alle permanent gültigen Datendefinitionen- und -modifikationen in komprimierter Form auf der Festplatte oder einer Diskette gespeichert werden. Das hat den Vorteil, daß in folgenden Programmen immer auf diesen Systemfile zurückgegriffen werden kann und die einzelnen SPSS/PC+ Programme nur noch die gewünschte Prozedur enthalten. Die Programme können dadurch schneller verarbeitet werden, sind wesentlich kürzer und damit auch übersichtlicher. Die in diesem Kapitel erläuterten Programme weisen folgende Gemeinsamkeiten auf:

Bei beiden Programmen wurde in den Abbildungen zur besseren Kommentierung eine Zeilennummerierung aufgenommen, die allerdings bei einer Verarbeitung mit SPSS/PC+ nicht enthalten sein darf. Alle Zeilen, die mit einem Stern (*) beginnen, sind Kommentarzeilen, die lediglich zur Erläuterung und Übersichtlichkeit des Programms beitragen, aber keine Auswirkung auf seine Verarbeitung besitzen. Die Kommentarzeilen werden, ebenso wie alle übrigen Befehle, immer durch einen Punkt (.) abgeschlossen.

Die "System- und Ausgabesteuerung" enthält bei beiden Programmen folgende Befehle:

> *-Der Befehl **SET MORE OFF** bewirkt, daß die Abfrage "MORE" nach dem Füllen eines Bildschirmes unterdrückt wird.*

> *-Der Befehl **SET ECHO OFF** verhindert, daß die in den Programmen verwendeten SPSS/PC+ Befehle auch im Ergebnisfile aufgelistet werden.*

> *-Der Befehl **SET LOG OFF** verhindert das Anlegen einer Log-Datei.2)*

---

1) Vgl. zum generellen Aufbau eines SPSS/PC+ Programms die detaillierten Ausführungen in Kap. V. 3 und V. 4.
2) Vgl. zur Log-Datei Kap. V. 2.3.

-Mit dem **SET LISTING**-Befehl wird eine Datei als Ergebnis-File bestimmt, die auf der Festplatte (Laufwerk C) unter dem Verzeichnis LISTINGS abgelegt wird. Dieses Verzeichnis muß vor Programmstart auf der Festplatte angelegt werden.

-Mit dem **TITLE**-Befehl wird eine Überschrift definiert, die im LISTING-File jeweils in der ersten Zeile einer jeden SPSS/PC+ Seite erscheint.

-Durch den Befehl **GET FILE** wird bei beiden Programmen der SPSS/PC+ Systemfile AUSGANG.SYS von der Diskette eingelesen, der in komprimierter Form die Daten, die Datendefinitionen und die Datenmodifikationen der Erhebung enthält.3)

1.4.2. SPSS/PC+ PROGRAMM FREQUENC.INC

Die Prozedur FREQUENCIES ermöglicht die Erstellung von Häufigkeitstabellen und berechnet verschiedene statistische Kennzahlen zur Charakterisierung der Verteilung einer Variablen in der Erhebungsgesamtheit. Das von uns verwendete Programm ist in Abbildung 27 dargestellt.

```
1  * ******************* SYSTEM- UND AUSGABESTEUERUNG *******************
2                      ----------------------------.
3  set more off.
4  set echo off.
5  set log off.
6  set listing = "c:\listings\frequenc.lis".
7  title "Backhaus/Weiber: 'Entwicklung einer Marketing-Konzeption'".
8  get file "a:ausgang.sys".
9  * ******************************************************************.
10 * **************************** PROZEDUR ****************************
11                                --------
12 *.
13 subtitle "Beschreibung der Erhebungsgesamtheit (nominale Var.)".
14 frequencies variables = funktion groesse zeitp anzsys interval
15     /barchart
16     /statistics = median mode.
17 subtitle "Beschreibung der Erhebungsgesamtheit (metrische Var.)".
18 frequencies variables = apinvest
19     /histogram = normal increment (10000)
20     /statistics = default variance range.
21 finish.
```

Abb. 27: SPSS/PC+ Programm FREQUENC.INC

---

3) Der Systemfile AUSGANG.SYS wurde zuvor mit Hilfe des Programms AUSGANG.INC erzeugt. Vgl. hierzu Kap. V. 4.1.

Nach der "System- und Ausgabesteuerung" wir in Zeile 13 mit dem SUBTITLE-Befehl eine zweite Überschrift für die aktuelle Prozedur eingeführt. Die Prozedur Frequencies wird durch den Befehl FREQUENCIES in Zeile 14 aufgerufen. Mit dem Unterbefehl

VARIABLES

wird der Prozedur mitgeteilt, das für insgesamt 5 nominale Variable (funktion bis interval) jeweils Häufigkeiten und Statistiken zu berechnen sind. Die weiteren Unterbefehle werden jeweils durch einen Schrägstrich (/) eingeleitet.
Für das vorliegende Programm wurden folgende Unterbefehle verwendet:[4]

- Der Unterbefehl BARCHART: (Zeile 15)

Dieser Unterbefehl erzeugt ein Säulendiagramm für jede Variable entsprechend den absoluten Häufigkeiten der Variablenwerte.

- Der Unterbefehl STATISTICS: (Zeile 16/20)

*Mit Hilfe von STATISTICS können verschieden statistische Kenngrößen zur Charakterisierung der Verteilung einer Variablen angefordert werden. Da die verschiedenen Statistiken unterschiedliche Anforderungen an das Skalenniveau der Variablen stellen, muß darauf geachtet werden, daß die Variablen auch das verlangte Skalenniveau besitzen. Für **nominal skalierte Variable** sind nur die folgenden Statistiken sinnvoll:*

- *MEDIAN: Errechnet den Medianwert der Variablenwerte.*
- *MODE: Errechnet den Modalwert der Variablenwerte.*
- *MINIMUM: Gibt den kleinsten Variablenwert an.*
- *MAXIMUM: Gibt den größten Variablenwert an.*

Liegen hingegen metrisch skalierte Merkmale vor, so liefern alle verfügbaren Statistiken interpretationsfähige Aussagen. Zusätzlich zu den obigen Kenngrößen sind bei metrischen Variablen noch folgende Statistiken sinnvoll:

- *MEAN: Mittelwert einer Variablen.*
- *SEMEAN: Standardfehler des Mittelwertes.*
- *STDDEV: Standardabweichung der Variablenwerte.*
- *VARIANCE: Varianz der Variablenwerte.*
- *SKEWNESS: Schiefemaß für die Verteilung.*
- *SESKEW: Standardfehler der Schiefe.*
- *KURTOSIS: Wölbungsmaß für die Verteilung.*
- *SEKURT: Standardfehler der Wölbung.*
- *SUM: Summe aller Variablenwerte.*

---

[4] *Eine detaillierte Aufstellung aller möglichen Unterbefehle in der Prozedur FREQUENCIES findet sich bei: SPSS Inc. (Hrsg.): SPSS/PC+ V2.0 Base Manual for the IBM PC/XT/AT and PS/2, Chicago 1988, S. C-65ff.*

*Beim Aufruf der einzelnen Statistiken genügt es, wenn die ersten drei Buchstaben der gewünschten Statistik im Programm angegeben werden. Durch die Anweisung **ALL** können alle Statistiken angefordert werden. Die Anweisung **DEFAULT** erzeugt die Statistiken MEAN, STDDEV, MINIMUM und MAXIMUM. Werden keine Statistiken gewünscht, so kann das durch die Anweisung **NONE** erreicht werden.*

*Mit dem Befehl FREQUENCIES in Zeile 18 wird die Prozedur Frequencies ein zweites Mal aufgerufen und für die Variable apinvest durchgeführt. Im Unterschied zur ersten Prozedur handelt es sich hier um eine metrische Variable, für die wir andere Statistiken (Zeile 20) anfordern und eine andere graphische Darstellung gewählt haben. Der Unterbefehl **HISTOGRAM** in Zeile 19 erzeugt ein Histogramm für die Variablenwerte. Durch die Anweisung **NORMAL** wird über das Histogramm eine Normalverteilungkurve gelegt. Die Anweisung **INCREMENT** ermöglicht die Angabe einer Intervallbreite, auf der die Darstellung des Histogramms basiert. Durch den Befehl **FINISH** wird das SPSS/PC+ Programm abgeschlossen und SPSS/PC+ verlassen.*

1.4.3. SPSS/PC+ Programm CHART.INC

Mit Hilfe der Prozedur GRAPH können in Verbindung mit einer Graphik-Software wesentlich bessere graphische Darstellungen erzeugt werden, als das im Rahmen der Prozedur FREQUENCIES möglich ist. Mit Hilfe des Software-Pakets Microsoft CHART 3.0 haben wir hier für die Variablen "branche" und "invest" zwei präsentationsfähige Graphiken erzeugt.5) Das verwendete Programm ist in Abbildung 28 dargestellt.

---

5) Vgl. die Abbildungen 19 und 26.

```
 1 * ******************  SYSTEM- UND AUSGABESTEUERUNG  ******************
 2                      ----------------------------.
 3 set more off.
 4 set echo off.
 5 set log  off.
 6 set listing = "c:\listings\chart.lis".
 7 title "Backhaus/Weiber: 'Entwicklung einer Marketing-Konzeption'".
 8 get file "a:ausgang.sys".
 9 * *********************************************************************
10 * ************************ DATENMODIFIKATIONEN ************************
11                           --------------------
12 .
13 variable labels    branche "Branchenstruktur der Unternehmen"
14                   /invest "DM".
15 *
16 * **************************** PROZEDUR ****************************
17                                --------
18 .
19 subtitle "Branchenstruktur der Erhebungsgesamtheit".
20 frequenciess variables = branche.
21 *
22 * HINWEIS: -  CHART.INC muß aus der Directory heraus gestartet werden,
23   -------     in der die SPSS-Programmfiles residieren!
24               Ansonsten verlangt MS-CHART einen erneuten Zugriff auf
25               die Datei name.slk und kann diese Datei nicht lesen!
26 *
27           -  Stellen Sie sicher, daß durch den DOS-Befehl PATH eine
28              Verbindung zwischen CHART und SPSS besteht.
29 * .
30 gset package=chart.
31 gshow.
32 subtitle "Branchenstruktur der Erhebungsgesamtheit".
33 graph    pie   = branche
34         /outfile = "c:\listings\branche.cht".
35 subtitle "Erwartetes Investitionsvolumen nach Zeitpunkten".
36 graph    line  = sum(invest) by zeitp
37         /outfile = "c:\listings\invest.cht".
38 finish.
```

Abb. 28: SPSS/PC+ Programm CHART.INC

*Durch den Befehl **VARIABLE LABELS** in Zeile 13 werden die Variablenkennungen verändert, da sie vollständig in die Beschriftung der Graphiken übernommen werden können.*

Im Prozedur-Teil wird mit dem Befehl GSET PACKAGE in Zeile 30 definiert, daß SPSS/PC+ bei der folgenden Prozedur mit der Graphik-Software CHART zusammenarbeiten soll. Durch den Befehl

GSHOW

wird angezeigt, welche Version des Programms Chart auf der Festplatte installiert ist. Durch den SUBTITLE-Befehl in Zeile 32 wird eine zweite Überschrift für die aktuelle Prozedur festlegt. Mit dem Befehl GRAPH in Zeile 33 wird die Prozedur GRAPH aufgerufen. Unmittelbar nach dem Prozedur-Aufruf kann angegeben werden welche Art der Graphik erzeugt werden soll. Folgende Möglichkeiten stehen zur Verfügung:6)

- *PIE: erzeugt ein Kreisdiagramm.*
- *BAR: erzeugt ein Säulendiagramm.*
- *LINE: erzeugt ein Liniendiagramm.*
- *HISTOGRAM: erzeugt ein Histogramm.*
- *SCATTERPLOT: erzeugt ein Streudiagramm.*

Im Rahmen eines GRAPH-Befehls kann immer nur eines der obigen Diagramme angefordert werden. Dabei besitzt jeder Diagramm-Typ verschiedene Variationsmöglichkeiten.

Durch den Unterbefehl PIE in Zeile 33 wird ein Kreisdiagramm mit den Voreinstellungen der Prozedur GRAPH erzeugt. Der Unterbefehl LINE in Zeile 36 erzeugt ein Liniendiagramm auf Basis der Summenwerte (Anweisung SUM) der Variablen "invest" und trägt diese gegen die Werte der Variablen "zeitp" in einem Koordinatensystem ab.
Der Unterbefehl OUTFILE in den Zeilen 34 bzw. 37 bewirkt, daß das durch Microsoft Chart erstellte Diagramm unter dem jeweils angegebenen Namen auf der Festplatte (Laufwerk C) in dem Verzeichnis LISTINGS abgelegt wird. Dadurch können die Diagramme zu einem späteren Zeitpunkt auch direkt von Microsoft Chart aufgerufen werden.

Durch den Befehl FINISH in Zeile 38 wird das Programm abgeschlossen und SPSS/PC+ verlassen. Für die Zusammenarbeit zwischen SPSS/PC+ und Microsoft Chart, muß sichergestellt sein, daß mit Hilfe des DOS-Befehls PATH eine Verbindung zwischen Chart und SPSS/PC+ besteht. Außerdem verlangt SPSS/PC+, daß das Programm CHART.INC aus dem Verzeichnis heraus aufgerufen wird, in dem die SPSS/PC+ Programmfiles stehen. Ansonsten kann es vorkommen, daß Chart den SPSS/PC+ File nicht lesen kann.

---

6) *Eine ausführliche Erläuterung der Prozedur GRAPH findet sich bei: SPSS Inc. (Hrsg.): SPSS/PC+ Graphics V2.0 for the IBM PC/XT/AT and PS/2, Chicago 1986, S. 6ff.*

2. Analyse der Nachfragersituation

Nachdem wir eine allgemeine Charakterisierung der Erhebungsgesamtheit für die vorliegende Fallstudie vorgenommen haben, erfolgt im ersten Schritt eine genauere Analyse der Nachfragersituation. Sie betrifft das erste Element im Marketing-Dreieck (vgl. Abb. 1) und hat zum Ziel, die subjektiven Schwierigkeiten der Nachfrager beim Kauf von CAD-Systemen aufzudecken. Gleichzeitig stellen die Nachfrageranalysen das erste Element der **qualitativen Analysen** im Rahmen der Entwicklung einer Marketing-Konzeption dar. Ziel der Nachfrageranalyse ist es herauszufinden, welche **zentralen Kriterien** den Kauf von CAD-Systemen behindern. Die kaufhemmenden Kriterien werden deshalb zu zentralen Kaufwiderstandsdimensionen verdichtet, wobei darauf abgestellt wird, diejenigen Kriterien herauszufinden, die im Evoked Set der Nachfrager verankert sind. Weiterhin wird geprüft, ob sich die Gesamtheit der Nachfrager in Segmente zerlegen läßt. Die Segmente werden dabei so definiert, daß die in einem Segment zusammengefaßten Nachfrager durch ein möglichst homogenes Kaufverhalten gekennzeichnet sind. Im einzelnen umfaßt die Nachfrageranalyse folgende Schritte:

1. Schritt: Evoked Set-Analyse mit Hilfe der Faktorenanalyse.

2. Schritt: Segmentierungs-Analyse auf Basis der Ergebnisse der Evoked Set-Analyse mit Hilfe der Clusteranalyse.

3. Schritt: Identifikation der gefundenen Nachfragersegmente mit Hilfe der Diskriminanzanalyse und externer Beschreibungsmerkmale.

2.1. Evoked Set-Analyse zur Bestimmung zentraler Kaufwiderstandsdimensionen

2.1.1. Zielsetzungen der Evoked Set-Analyse

Viele empirische Untersuchungen belegen, daß für die Kaufentscheidung von Investitionsgütern **nicht** eine Vielzahl von Kriterien relevant ist, sondern daß die Entscheidungsträger auf Basis weniger **zentraler Beurteilungsdimensionen** entscheiden. Außerdem belegen unterschiedliche Nachfrager häufig den gleichen Sachverhalt mit unterschiedlichen Namen, meinen aber dasselbe. Von daher läßt sich oft eine Vielzahl verschiedener Kaufkriterien ebenfalls auf wenige, zentrale Beurteilungsdimensionen zurückführen. Diese zentralen Beurteilungsdimensionen bilden das **Evoked Set** der Nachfrager und sind maßgeblich für die Kaufentscheidung. Bezogen auf die vorliegende Fallstudie ist deshalb zu untersuchen, ob sich die erfragten Kaufhemmnisse auf zentrale Kaufwiderstandsdimensionen zurückführen lassen, die in unserem Fall das Evoked Set der Nachfrager bilden. Die Ermittlung des Evoked Sets verfolgt dabei zwei Ziele:

- Erstens erhält man diejenigen Kaufhemmnisse, die den Nachfragern bewußt sind und von ihnen als **besonders relevant** erachtet werden.

- Zweitens wird eine **implizite Gewichtung** der Kaufhemmnisse durch die Zusammenfassung zu zentralen Kaufwiderstandsdimensionen verhindert. Betreffen nämlich mehrere Kaufhemmnisse den gleichen Sachverhalt, so würde eine Beibehaltung der Einzelkriterien zu einer stärkeren Gewichtung der entsprechenden Sachverhalte in den folgenden Analysen führen.

Um dies zu gewährleisten, wurde in der vorliegenden Fallstudie im ersten Schritt eine offenen Befragung durchgeführt, deren Ergebnis das **individuelle Evoked Set** eines Nachfragers darstellt. Dadurch wird allerdings noch nicht berücksichtigt, daß im Einzelfall häufig die Nachfrager unterschiedliche Gründe für die noch aufgeschobene Kaufentscheidung nennen, die sich im Prinzip auf den gleichen Sachverhalt beziehen. Der erstellte Fragebogen muß deshalb darauf untersucht werden, ob sich die erhobenen neun Kaufhemmnisse aus Frage 10 zu zentralen Kaufwiderstandsdimensionen (Schlüsselfaktoren) verdichten lassen. Diese Schlüsselfaktoren bilden dann ein **aggregiertes Evoked Set** über alle Nachfrager. Ein geeignetes methodisches Instrumentarium zur Bestimmung des aggregierten Evoked Sets ist die **explorative Faktorenanalyse**.

2.1.2. Einsatz der explorativen Faktorenanalyse zur Bestimmung des Evoked Set

2.1.2.1. Ausgangspunkt der explorativen Faktorenanalyse

Mit Hilfe der explorativen Faktorenanalyse kann untersucht werden, welche Kaufwiderstandsdimensionen von den Nachfragern als gleichartig beurteilt werden, d.h. im Verbund gesehen werden.[1] Sie erlaubt in unserem Fall eine Reduktion der ursprünglich neun Kaufhemmnisse auf die zentralen Kaufwiderstandsdimensionen, die das aggregierte Evoked Set der Nachfrager widerspiegeln.

Im Rahmen der explorativen Faktorenanalyse werden die Verbundwirkungen in der Beurteilung der einzelnen Kaufhemmnisse über Korrelationen gemessen. Ein Korrelationskoeffizient zwischen zwei Kaufhemmnissen kann einen Wert zwischen +1 und -1 annehmen und je mehr sich der Koeffizient absolut dem Wert 1 annähert, desto ähnlicher werden die beiden Kaufhemmnisse von den Nachfragern beurteilt. Eine Korrelation von nahe Null hingegen besagt, daß keine Abhängigkeit zwischen zwei Kaufhemmnissen besteht. Die Korrelationen errechnen

---

[1] Vgl. BACKHAUS, Klaus/ ERICHSON, Bernd/ PLINKE, Wulff/ SCHUCHARD-FICHER, Christiane/ WEIBER, Rolf: Multivariate Analysemethoden, 5. Aufl. Berlin-Heidelberg-New York-Paris-Tokyo 1989, S. 67ff. WEIBER, Rolf: Faktorenanalyse, St. Gallen 1984, S. 4ff.

sich in unserem Fall aus den Einzeleinschätzungen der neun Kaufhemmnisse durch alle 90 befragten Personen. Die Abbildung 29 zeigt die Korrelationsmatrix für die vorliegenden Fallstudie. Sie ist die Basis der nachfolgenden Analysen.

```
- - - -  F A C T O R   A N A L Y S I S  - - - -
Correlation Matrix:

         AKZEPTAN BEDIENER PROGRAMM TECHNIK  REPARATR ENTWICKL ANTWZEIT SOFTWARE KOMPATIB

AKZEPTAN  1.00000
BEDIENER   .13757  1.00000
PROGRAMM   .06685   .65440  1.00000
TECHNIK    .08078   .10901   .10500  1.00000
REPARATR   .17631   .08118   .09826   .79258  1.00000
ENTWICKL   .42656   .10165   .06288   .28060   .38970  1.00000
ANTWZEIT  -.14389   .10886   .05319   .19656   .22208   .21988  1.00000
SOFTWARE   .56840   .09063   .16471   .11219   .14680   .31704   .08946  1.00000
KOMPATIB   .69604   .05525   .00109   .20608   .23910   .63641   .07116   .56976  1.00000
```

Abb. 29: Korrelationsmatrix der Kaufhemmnisse über alle Befragten

Die Korrelationen zwischen den einzelnen Kaufhemmnissen geben bereits erste Anhaltspunkte dafür, welche Kaufhemmnisse von den Nachfragern im Zusammenhang beurteilt wurden. So weist z.B. die Korrelation von 0,79258 zwischen den Variablen "REPARATR" (Reparaturanfälligkeit eines CAD-Systems) und "TECHNIK" (technische Probleme bei CAD-Systemen) darauf hin, daß diese beiden Kriterien in den Augen der Nachfrager der gleichen Kaufwiderstandsdimensionen angehören. Genau diesen Zusammenhang unterstellt die explorative Faktorenanalyse. Sie geht davon aus, daß die Ursache einer hohen Korrelation zwischen zwei Variablen in einem gemeinsamen Faktor zu sehen ist, der hinter den beiden Ausgangsgrößen steht. In unserem Fall weisen hohe Korrelationen darauf hin, daß die entsprechenden Kaufhemmnisse gleichartig beurteilt werden und somit eine gemeinsame Ursache besitzen, d.h. sie zielen auf denselben Sachverhalt (**Faktor**) ab.

2.1.2.2. Kriterien zur Bestimmung der Faktorenanzahl

Die neun Kaufhemmnisse werden durch die explorative Faktorenanalyse zu **unabhängigen Faktoren** zusammengefaßt. Auf wieviele Faktoren die ursprünglichen Kaufhemmnisse zu verdichten sind, wird dabei durch den Anwender festgelegt. Es gibt eine Reihe von Kriterien, die Anhaltspunkte zur Bestimmung der Zahl der Faktoren liefern. Alle Kriterien verwenden als Entscheidungsgrundlage die in Abbildung 30 dargestellte Tabelle.

```
- - - - F A C T O R   A N A L Y S I S - - - -

Extraction  1  for Analysis   1, Principal Axis Factoring (PAF)

Initial Statistics:

Variable   Communality  *  Factor   Eigenvalue   Pct of Var   Cum Pct
                        *
AKZEPTAN     .59929     *    1       3.02333       33.6        33.6
BEDIENER     .46059     *    2       1.70823       19.0        52.6
PROGRAMM     .46133     *    3       1.55951       17.3        69.9
TECHNIK      .64515     *    4        .95461       10.6        80.5
REPARATR     .67276     *    5        .64762        7.2        87.7
ENTWICKL     .49303     *    6        .40279        4.5        92.2
ANTWZEIT     .19028     *    7        .28001        3.1        95.3
SOFTWARE     .43203     *    8        .25800        2.9        98.2
KOMPATIB     .67314     *    9        .16588        1.8       100.0
```

Abb. 30: Kommunalitäten und Eigenwerte der Faktorenanalyse bei Extraktion von neun Faktoren

Die in SPSS/PC+ enthaltene explorative Faktorenanalyse extrahiert im ersten Schritt ebensoviele Faktoren, wie Ausgangsvariable vorhanden sind und errechnet zu allen Faktoren die entsprechenden Eigenwerte. Als Entscheidungskriterien zur Bestimmung der Faktoren-Anzahl lassen sich z.B. folgende Kriterien heranziehen:[2]

1. Das Eigenwert-Kriterium (Kaiser-Kriterium)

Die **Eigenwerte** der Faktoren geben an, wie groß der Varianzerklärungsbeitrag ist, den ein Faktor an der Gesamtvarianz aller Ausgangsvariablen liefert. Jede Ausgangsvariable besitzt dabei eine Einheitsvarianz von 1 und für die vorliegende Fallstudie ergibt sich somit eine Gesamtvarianz von 9, da neun Ausgangsvariablen in die Faktorenanalyse einfließen.
 Solange der Eigenwert eines Faktors größer als 1 ist, vermag dieser Faktor mehr Varianz zu erklären, als eine Ausgangsvariable selbst; denn jede Variable liefert ja einen Varianzerklärungsbeitrag an der Gesamtvarianz in Höhe von 1. Das Eigenwert- (Kaiser-) Kriterium besagt deshalb, daß alle Faktoren zu extrahieren sind, die einen **Eigenwert von größer als 1** besitzen.

---

[2] Vgl. WEIBER (1984), a.a.O., S. 37ff.

2. Der Scree-Test

Beim Scree-Test werden alle Eigenwerte der Faktoren zunächst entsprechend ihrer Größe in einem Koordinatensystem abgetragen. Die Zahl der zu extrahierenden Faktoren richtet sich dann danach, wo in der **Größe der Eigenwerte ein größerer Sprung** liegt. Die Abbildung 31 zeigt das entsprechende Koordinatensystem für die vorliegende Untersuchung.

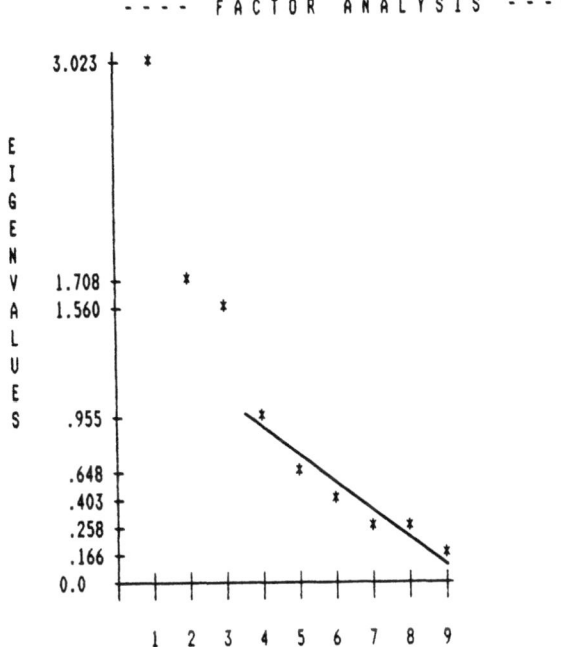

Abb. 31: Darstellung der Eigenwerte für den Scree-Test

An welcher Stelle ein solcher "Sprung" in der Größe der Eigenwerte auftritt, kann hier bereits per Augenschein ermittelt werden. Der dritte Faktor läßt einen deutlichen Unterschied zu den Eigenwerten der nachfolgenden Faktoren erkennen und die Eigenwerte der Faktoren 4 bis 9 lassen sich durch eine Gerade annähern. Der letzte Punkt auf dieser Geraden (von rechts nach links betrachtet) gibt dann die Zahl der zu extrahierenden Faktoren an. In unserem Fall müßten nach dem Scree-Test vier Faktoren extrahiert werden.

3. Anteil-an-der-Gesamtvarianz-Regel

In manchen Anwendungsfällen ist es sinnvoll, daß der Anwender subjektiv festlegt, wieviel Prozent der Gesamtvarianz durch die Faktoren erklärt werden soll. Wird z.B. festgelegt, daß mindestens 90% der Gesamtvarianz durch die Faktoren zu erklären ist, so müssen so viele Faktoren extrahiert werden, bis der kumulierte Prozent-Anteil der Eigenwerte an der Gesamtvarianz die 90%-Grenze überschreitet. Für unseren Fall müßten danach insgesamt 6 Faktoren extrahiert werden (vgl. Abb. 30). Dieses Kriterium ist allerdings stark subjektiv und bedarf einer ausführlichen situationsspezifischen Begründung.

4. Mindestvarianzregel

Die Mindestvarianzregel besagt, daß alle Faktoren zu extrahieren sind, die zur Erklärung der Gesamtvarianz einen bestimmten prozentualen Mindestbeitrag leisten. Beispielsweise können alle Faktoren in die Analyse einbezogen werden, die mindestens einen Beitrag von 5% zur Erklärung der Gesamtvarianz erbringen. Das würde für unseren Fall bedeuten, daß insgesamt 5 Faktoren zu extrahieren sind (vgl. Abb. 30). Allerdings hat der Anwender auch bei diesem Kriterium einen großen subjektiven Entscheidungsspielraum, und die Wahl des Prozentsatzes muß detailliert begründet werden.

Welches der obigen Kriterien zur Bestimmung der Faktorenanzahl herangezogen wird, muß nicht zuletzt vor dem Hintergrund der jeweiligen Anwendungssituation entschieden werden. Wir wollen hier das **Eigenwert-Kriterium** verwenden, da nur Faktoren mit Eigenwerten größer 1 einen größeren Erklärungsbeitrag liefern können als eine einzelne Ausgangsvariable. Deshalb werden hier 3 Faktoren extrahiert (vgl. Abb. 30). Durch die Extraktion von 3 Faktoren (statt 9 Faktoren im ersten Schritt) kommt es zu einer Veränderung in den Kommunalitäten der Variablen und den Eigenwerten der drei extrahierten Faktoren. Die Abbildung 32 zeigt das veränderte Ergebnis.

```
    - - - -  F A C T O R   A N A L Y S I S  - - - -

Final Statistics:

Variable    Communality  *  Factor  Eigenvalue  Pct of Var  Cum Pct
                         *
AKZEPTAN       .63711    *    1       2.68084     29.8       29.8
BEDIENER       .59684    *    2       1.38646     15.4       45.2
PROGRAMM       .71816    *    3       1.23828     13.8       59.0
TECHNIK        .68340    *
REPARATR       .87792    *
ENTWICKL       .43271    *
ANTWZEIT       .07653    *
SOFTWARE       .41397    *
KOMPATIB       .86894    *
```

Abb. 32: Kommunalitäten und Eigenwerte der 3-Faktor-Lösung

Insgesamt erklären die drei Faktoren 59% der gesamten Ausgangsvarianz (im Gegensatz zu 69,9% in Abb. 30). Die **Kommunalitäten** der einzelnen Ausgangsvariablen geben den jeweiligen Anteil an, den alle drei Faktoren gemeinsam an der Varianz von 1 einer jeden Ausgangsvariable erklären können. Hier zeigt sich, daß insbesondere das Kaufhemmnis "ANTWZEIT" mit einer Kommunalität von 0,07653 so gut wie nicht durch die 3-Faktor-Lösung reproduziert werden kann. Diese Variable könnte von daher aus der Analyse ausgeschlossen werden oder es müßte noch mindestens ein weiterer Faktor in die Analyse einbezogen werden, damit diese Kommunalität erhöht werden könnte.

Wie gut durch die 3-Faktor-Lösung die Korrelationsmatrix aus Abbildung 29 reproduziert werden kann, zeigt Abbildung 33.

```
- - - - FACTOR ANALYSIS - - - -
Reproduced Correlation Matrix:

              AKZEPTAN   BEDIENER   PROGRAMM   TECHNIK    REPARATR

AKZEPTAN      .63711*    .02491    -.02000     .00790     .04969
BEDIENER      .11266     .59684*    .00074     .00221    -.01488
PROGRAMM      .08686     .65366     .71816*   -.00042     .00901
TECHNIK       .07288     .10680     .10542     .68340*    .02016
REPARATR      .12662     .09606     .08925     .77242     .87792*
ENTWICKL      .45334     .08887     .06800     .32267     .39579
ANTWZEIT      .01402     .07528     .07978     .22376     .24985
SOFTWARE      .50942     .14237     .12685     .10232     .14809
KOMPATIB      .72852     .04749     .00772     .19706     .27795


              ENTWICKL   ANTWZEIT   SOFTWARE   KOMPATIB

AKZEPTAN     -.02678    -.15790     .05898    -.03248
BEDIENER      .01278     .03357    -.05174     .00776
PROGRAMM     -.00512    -.02658     .03786    -.00663
TECHNIK      -.04208    -.02719     .00987     .00902
REPARATR     -.00609    -.02777    -.00129    -.03884
ENTWICKL      .43271*    .12294    -.06074     .06742
ANTWZEIT      .09694     .07653*    .06033     .02493
SOFTWARE      .37778     .02913     .41397*   -.01221
KOMPATIB      .56899     .04623     .58197     .86894*

The lower left triangle contains the reproduced correlation matrix; The
diagonal, communalities; and the upper right triangle, residuals between
the observed correlations and the reproduced correlations.

There are   7 (19.0%) residuals (above diagonal) that are > 0.05
```

Abb. 33: Reproduzierte Korrelationsmatrix

Die untere Dreiecksmatrix enthält dabei die durch die 3-Faktor-Lösung **reproduzierten Korrelationen** zwischen den neun Kaufhemmnissen. Die obere Dreiecksmatrix zeigt die Differenzwerte zwischen den urspünglichen Korrelationswerten (Abb. 29) und den reproduzierten Korrelationen. In der Hauptdiagonalen stehen die Kommunalitäten der einzelnen Kaufhemmnisse, die denen aus Abbildung 32 entsprechen. Es zeigt sich, daß die Differenzwerte fast alle kleiner als 0,05 sind, und die Reproduktion kann von daher als zufriedenstellend bezeichnet werden. Nur sieben Differenzwerte, das sind 19%, sind größer als 0,05.

Da die explorative Faktorenanalyse die Faktoren nach der Größe der Eigenwerte extrahiert, spiegeln die Eigenwerte auch eine **Gewichtung der einzelnen Faktoren** wider. Bezogen auf die Summe der Eigenwerte in Abbildung 32 besitzt der erste Faktor ein Gewicht (Anteil) von 0,51, der zweite Faktor ein Gewicht von 0,26 und der dritte Faktor ein Gewicht von 0,23. Eine so gewonnene Gewichtung der zentralen Kaufwiderstandsdimensionen besitzt den Vorteil, daß sie aus dem empirischen Datenmaterial direkt gewonnen wurde und nicht etwa über ein Rating-Verfahren erfragt oder durch den Anwender vorgegeben werden muß. Die Eigenwerte spiegeln damit die tatsächlich von den befragten Personen empfundene Abstufung der Wichtigkeit der Kaufwiderstandsdimensionen wider. Die Gewichte machen hier deutlich, daß dem ersten Faktor im aggregierten Evoked-Set der Nachfrager die größte Bedeutung zukommt.

2.1.2.3. Interpretation der Ergebnisse auf Basis der rotierten Faktorladungsmatrix

Der Zusammenhang zwischen den ursprünglichen Kaufhemmnissen und den Faktoren wird durch die sog. **Faktorladungen** ausgedrückt, die Korrelationskoeffizienten zwischen Ausgangsvariablen und Faktoren darstellen. Die Faktorladungen geben Aufschluß darüber, welcher Faktor durch welche Ausgangsgrößen am stärksten beeinflußt wird und liefern weiterhin inhaltliche Anhaltspunkte für die Interpretation der Faktoren. Die Abbildung 34 zeigt die **rotierte Faktorladungsmatrix** für die Nachfrageranalyse.

```
- - - -  F A C T O R   A N A L Y S I S  - - - -

    Varimax   Rotation 1, Extraction 1, Analysis 1 - Kaiser Normalization.

    Varimax converged in    5 iterations.

Rotated Factor Matrix:

              FACTOR  1    FACTOR  2    FACTOR  3

  KOMPATIB     .92186       .12994      -.04719
  AKZEPTAN     .79531      -.01153       .06676
  SOFTWARE     .63134       .04206       .11665
  ENTWICKL     .57287       .32258       .02172

  REPARATR     .17202       .92103       .00647
  TECHNIK      .10023       .81965       .03911
  ANTWZEIT     .01585       .26784       .06739

  PROGRAMM     .03971       .08357       .84238
  BEDIENER     .07875       .08422       .76390
```

Abb. 34: Rotierte Faktorladungsmatrix für die Nachfrageranalyse

Die gewonnenen Faktoren stellen in unserem Fall die gesuchten Kaufwiderstandsdimensionen dar, die das aggregierte Evoked Set der Nachfrager ausmachen. Die Faktoren wurden dabei so ermittelt, daß sie voneinander unabhängig sind. Somit betont jede Kaufwiderstandsdimension einen jeweils eigenständigen Aspekt der Kaufhemmnisse im CAD-Markt. Eine graphische Darstellung der rotierten Faktorladungsmatrix zeigt die Abbildung 35.

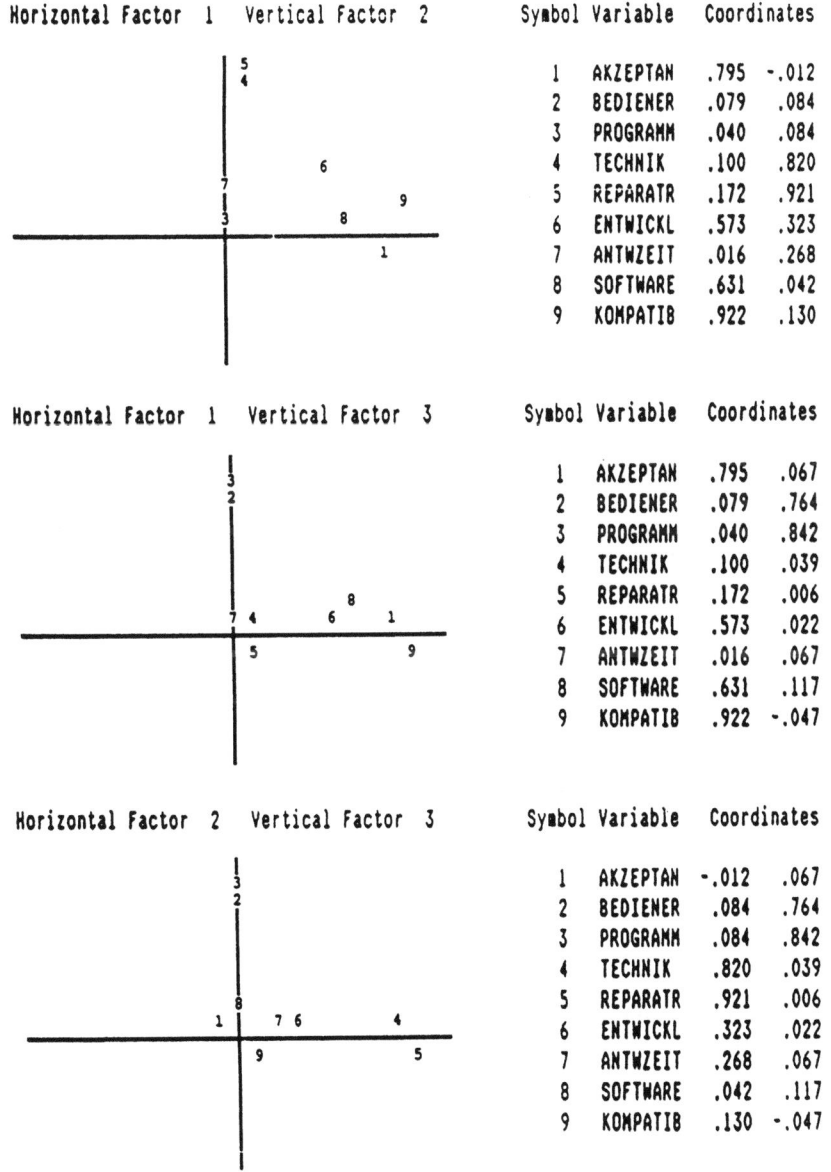

Abb. 35: Graphische Darstellung der rotierten Faktorladungen

Die Faktorenstruktur in Abbildung 34 liefert die Basis für die Interpretation der extrahierten drei Faktoren. Sie ist bereits sortiert, d.h. es wurde versucht, Variablen, die jeweils hoch auf einen Faktor laden, auch diesem Faktor zuzuordnen. Von einer **hohen Ladung** spricht man bei praktischen Anwendungen häufig dann, wenn ein Faktorladungswert absolut größer als 0,5 ist. Laden die Variablen in der Faktorladungsmatrix jeweils nur auf genau einen Faktor hoch, so spricht man von einer sog. **Einfachstruktur**. In den meisten Anwendungsfällen gibt es jedoch häufig Mehrfachladungen, d.h. eine Ausgangsgröße weist eine hohe Ladung auf mehrere Faktoren auf. In diesen Fällen müssen die Variablen mit hohen Ladungen auch bei allen Faktoren zu Interpretation herangezogen werden, bei denen sie eine hohe Ladung zeigen. In unserem Fall ist eine Einfachstrukur gegeben, was die Interpretation der rotierten Faktorladungsmatrix erleichtert.

Bei der Interpretation der Faktoren ist darauf zu achten, auf welchen Sachverhalt sich die jeweiligen **Ausgangswerte** einer Untersuchung beziehen. In unserem Fall wurde mit der Frage 10 des Fragebogens ermittelt, wie gut die jeweiligen Personen die Fähigkeiten eines Anbieters beurteilen, die einzelnen Kaufhemmnisse zu beseitigen. Die Beurteilung des Problem-Lösungs-Know hows der Anbieter erfolgte dabei mit Hilfe von Schulnoten, d.h. der Wert 1 bedeutet eine sehr gute und der Wert 5 eine nur mangelhafte Beseitigung der Kaufhemmnisse. Damit spiegeln **hohe Ausgangswerte bedeutsame Kaufhemmnisse** wider, während niedrige Ausgangswerte auf eine Lösung der entsprechenden Probleme hindeuten. Dieser Zusammenhang ist bei der Interpretation der rotierten Faktorladungsmatrix von Bedeutung; denn **positive** Faktorladungen bedeuten, daß hohe Werte bei den Ausgangsgrößen auch hohe Werte bei den Faktoren beinhalten.

Die Interpretation des ersten Faktors erfolgt nun anhand derjenigen Kaufhemmnisse, die hohe Ladungen (= Ladungen größer als 0,5) mit dem ersten Faktor aufweisen. In unserem Fall sind das die Variablen Kompatibilitätsprobleme, Akzeptanzschwierigkeiten, schnell veralternde Anwendungssoftware und zu große und zu schnelle Entwicklungssprünge. All diese Größen betreffen die Probleme bei der Einführung eines CAD-Systems und mögliche Integrationsschwierigkeiten in die bestehende, unternehmensspezifische Systemlandschaft. Sie weisen damit vor allem auf die hohen Unsicherheiten der Befragten hin, die sich auf zukünftige Entwicklungen und mögliche Probleme bei der CAD-Anwendung beziehen. Wir wollen deshalb den ersten Faktor als "**Unsicherheiten beim CAD-Kauf**" interpretieren, d.h. er spiegelt die allgemeinen Unsicherheiten der Nachfrager beim CAD-Kauf wider.

Der zweite Faktor wird stark durch die Größen Reparaturanfälligkeit und allgemeine technische Probleme geprägt. Da die Reparaturanfälligkeit ebenfalls zu den technischen Problemen gezählt werden kann, wollen wir den zweiten Faktor als "**Probleme bei der Technik**" bezeichnen.

Der letzte Faktor wird ausschließlich durch die Kaufhemmnisse unzureichende Anwendungsprogramme und mangelhafte Bedienerfreundlichkeit determiniert. Beide Größen betreffen die anwendungsspezifischen Fähigkeiten von CAD-Systemen und wir bezeichnen den dritten Faktor deshalb als "**Anwendungsbezug**".

Das erste zentrale Ergebnis der explorativen Faktorenanalyse sind damit **Kaufwiderstandsdimensionen** (Faktoren), die wir als

- allgemeine **Unsicherheiten** beim CAD-Kauf,
- Probleme bei der **Technik**,
- mangelhafter **Anwendungsbezug**

bezeichnen. Diese Kaufwiderstandsdimensionen spiegeln das Evoked-Set über alle Nachfrager aggregiert wider, d.h. im Bewußtsein der Nachfrager sind diese drei Faktoren verankert. Die gewonnenen Faktoren machen dabei deutlich, daß die "Technik" zwar zur Beurteilung von CAD-Systemen herangezogen wird, darüber hinaus aber insbesondere zwei **nicht technische Größen** den Kauf von CAD-Systemen behindern. Dabei kommt dem Faktor "Unsicherheiten" gemäß den Eigenwerten (vgl. Abb. 32) die größte Bedeutung zu.
Die obigen Ausführungen haben gezeigt, daß bei der Interpretation der Faktoren der Anwender einen großen subjektiven Entscheidungsspielraum besitzt. Bei praktischen Anwendungen muß deshalb die Interpretation der Faktorladungsmatrix sehr sorgfältig durchgeführt und ausreichend begründet werden. Weiterhin wurde deutlich, daß die Variable "ANTWZEIT" bei der Interpretation nicht berücksichtigt wurde, da ihre höchste Ladung nur bei 0,26784 lag. Diese geringe Ladung resultiert aus der ebenfalls nur sehr kleinen Kommunalität dieser Variablen, die darauf hinweist, daß die extrahierten drei Faktoren nicht in der Lage sind, diese Variable ausreichend zu erklären.[3]

2.1.2.4. Einschätzung der Faktoren durch die befragten Personen

Die Ermittlung der Faktorladungsmatrix im vorangegangenen Kapitel hat über eine subjektive Interpretation der drei Faktoren zu drei Kaufwiderstandsdimensionen geführt, die **unabhängig voneinander** das aggregierte Evoked Set der Nachfrager bestimmen. Es ist nun von besonderem Interesse, wie die befragten Personen die gewonnenen Kaufwiderstandsdimensionen beurteilen. Diese Antwort liefert die explorative Faktorenanalyse durch die Berechnung sog. **Faktorwerte**. Die Faktorwerte werden mit Hilfe der Faktorladungsmatrix für alle 90 befragten Personen errechnet. Für jeden Befragten gibt es drei Faktorwerte entsprechend den drei Kaufwiderstandsdimensionen. Ein Faktorwert gibt dabei die **relative Einschätzung** einer Kaufwiderstandsdimension an. Bei der Interpretation der Faktorwerte ist ebenfalls die **Bedeutung der Ausgangswerte** zu berücksichtigen. In unserem Fall beziehen sich die Ausgangswerte auf die Beur-

---
[3] Vgl. Abb. 32 und die Ausführungen in Kap. III. 2.1.2.2.

teilung der Fähigkeiten der Anbieter, die einzelnen Kaufhemmnisse zu beseitigen. Dabei spiegeln hohe Ausgangswerte eine schlechte und niedrige Ausgangswerte eine gute Fähigkeit der Anbieter zur Beseitigung der Kaufhemmnisse wider. Folglich stehen hohe Faktorwerte für eine besonders gravierende und niedrige Faktorwerte für eine weniger bedeutsame Einschätzung der Kaufwiderstandsdimensionen durch den entsprechenden Nachfrager. Die Faktorwerte lassen allerdings **keine absolute Aussage** zu, sondern jeder individuelle Faktorwert ist in Beziehung zur Durchschnittsbeurteilung aller Befragten zu sehen. Somit bedeutet ein **positiver Faktorwert**, daß die entsprechende Kaufwiderstandsdimensionen von der jeweils befragten Person als überdurchschnittlich stark kaufhemmend angesehen wird. Entsprechend deutet ein **negativer Faktorwert** auf eine nur unterdurchschnittlich starke Kaufbehinderung hin, und ein **Faktorwert von Null** entspricht einem durchschnittlich ausgeprägten Problemgrad. Die Faktorwerte erlauben somit keine absolute Aussage (Niveau-Aussage) zu einer Kaufwiderstandsdimension, sondern spiegeln die Einschätzung eines Nachfragers bezogen auf die **durchschnittliche Beurteilung aller Nachfrager** wider.

Für die Berechnung der Faktorwerte ist eine Reihe von Verfahren entwickelt worden, wobei die Schätzung auf regressionsanalytischem Wege die weiteste Verbreitung gefunden hat.[4] Wird die **multiple Regressionsanalyse** zur Bestimmung der Faktorwerte herangezogen, so wird davon ausgegangen, daß sich die Faktorwerte durch eine Regressionsbeziehung aus der Matrix der standardisierten Ausgangsdaten ermitteln lassen. Dabei stellen die standardisierten Ausgangswerte die unabhängigen und die Faktorwerte die abhängigen Variablen dar. Wir haben hier zur Schätzung der Faktorwerte den regressionsanalytischen Ansatz gewählt und die Abbildung 36 zeigt die Matrix der geschätzten Regressionskoeffizienten.

```
- - - -  F A C T O R   A N A L Y S I S  - - - -

Factor Score Coefficient Matrix:

                FACTOR  1    FACTOR  2    FACTOR  3

   AKZEPTAN      .26245      -.17870       .04993
   BEDIENER     -.01133       .03636       .37201
   PROGRAMM      .02228      -.02758       .59731
   TECHNIK      -.08634       .21116       .01573
   REPARATR      .00808       .76730      -.09114
   ENTWICKL      .00493       .03091       .01196
   ANTWZEIT      .01011       .02103       .02238
   SOFTWARE      .08471      -.00817       .02286
   KOMPATIB      .70352       .00885      -.10683
```

Abb. 36: Matrix der Regressionskoeffizienten zur Errechnung der Faktorwerte

---

[4] Vgl. WEIBER (1984), a.a.O., S. 69ff.

Mit Hilfe dieser Regressionskoeffizienten wird die Matrix der Faktorwerte unter Verwendung der standardisierten Ausgangswerte errechnet. Vor diesem Hintergrund wird deutlich, daß Faktorwerte nur für solche Personen errechnet werden können, die alle neun Kaufhemmnisse mit gültigen Werten beurteilt haben und bei denen keine fehlenden Werte (missing values) vorliegen. Sobald auch nur ein Kaufhemmnis mit einem missing value belegt wurde, ist eine Ermittlung der Faktorwerte für diese Person nicht mehr möglich. Die Abbildung 37 zeigt die Faktorwerte für die ersten 20 Befragten. Bei Personen mit missing values in den Ausgangswerten werden die Faktorwerte nur mit einem Punkt ausgewiesen.

```
FBN    FAK1    FAK2    FAK3

 1       .       .       .
 2    -1.86   -.328    .401
 3     .919    .094    .285
 4    -1.91   -1.13   1.081
 5     .969    .844    .476
 6    1.134   -1.34   -.949
 7    -1.49    .950   1.017
 8     .125   -.614    .977
 9       .       .       .
10    1.035    .028    .539
11    -.164   -1.31   -.271
12    1.108   -.150    .525
13    1.151   -.260   -.444
14    -1.70   -.304   1.124
15    1.110    .052    .893
16     .671   -.281    .886
17       .       .       .
18    -1.01   -.965   -.139
19    1.045    .941    .318
20       .       .       .
```

Abb. 37: Faktorwerte für die ersten 20 Befragten

Die Faktorwerte lassen erkennen, daß z.B. die Personen 5 und 15 alle Kaufwiderstandsdimensionen als überdurchschnittlich gravierend einstufen. Demgegenüber mißt Person 18 den Kaufwiderstandsdimensionen im Vergleich zu allen anderen Befragten eine nur unterdurchschnittlich starke Ausprägung zu. Von den insgesamt 90 Befragten weisen 23 Personen bei mindestens einem der neun Kaufhemmnisse fehlende Werte auf, so daß gültige Faktorwerte für nur 67 Personen berechnet werden konnten.

Für die weitere Analyse des Nachfragerverhaltens ist es nun von Interesse, solche Nachfrager zu einer Gruppe (Segment) zusammenzufassen, die eine gleichartige Einschätzung der gewonnenen Faktoren vornehmen. Die Faktorwerte der Befragten bilden deshalb den Ausgangspunkt der folgenden Segmentierungsanalyse.

2.2. Segmentierungs-Analyse zur Bestimmung homogener Käufergruppen

2.2.1. Zielsetzungen der Segmentierungs-Analyse

Mit Hilfe der explorativen Faktorenanalyse hatten wir im vorangegangenen Kapitel das aggregierte Evoked Set der Nachfrager bestimmt. Dabei konnten die ursprünglich neun Kaufhemmnisse auf drei zentrale Kaufwiderstandsdimensionen reduziert werden. Außerdem hatten wir Faktorenwerte ermittelt, die die Einschätzung der Kaufwiderstandsdimensionen jeder einzelnen Person im Vergleich zu allen anderen Befragten widerspiegeln. Das Ziel der Segmentierungs-Analyse ist es nun, solche Nachfrager zu einer Gruppe (Segment) zusammenzufassen, die bezüglich der Einschätzung der einzelnen Kaufwiderstandsdimensionen ein möglichst gleichartiges Urteil abgegeben haben. Die Segmentierung der Nachfrager hat folgende Vorteile:

- Die Segmente werden so bestimmt, daß sie untereinander durch ein relativ heterogenes Nachfragerverhalten gekennzeichnet sind. Damit ist ein **differenzierter Einsatz des Marketing-Instrumentariums** möglich.

- Durch die Segmentierung kann der Anbieter sein eigenes Leistungsprofil mit den unterschiedlichen Verhaltensweisen der Nachfrager in den Segmenten vergleichen und eine **zielgruppenspezifische Marketing-Strategie** entwickeln.

- Die Segmente lassen eine **Potential-Schätzung** zu, mit deren Hilfe der Anbieter entscheiden kann, ob spezifische Marketing-Maßnahmen für einzelne Segmente gerechtfertigt sind.

Die Zerlegung der Nachfragergesamtheit in homogene Segmente erfolgt mit Hilfe der **Clusteranalyse**, die genau der Zielsetzung der Segmentierungs-Analyse entspricht.

2.2.2. Einsatz der Clusteranalyse zur Segment-Bestimmung

2.2.2.1. Ablaufschritte der Clusteranalyse

Für jeden Nachfrager X liegen drei Faktorenwerte vor, die die Einschätzung von X für die Faktoren Unsicherheiten, Technik und Anwendungsbezug widerspiegeln. Ausgehend von diesen Daten besteht die Zielsetzung der Clusteranalyse in der Verdichtung der Nachfrager zu Segmenten.[5] Die in einem Segment zusam-

---

[5] Vgl. zur Clusteranalyse: BACKHAUS, Klaus/ ERICHSON, Bernd/ PLINKE, Wulff/ SCHUCHARD-FICHER, Christiane/ WEIBER, Rolf, a.a.O., S.115ff.
STEINHAUSEN, Detlef/ LANGER, Klaus: Clusteranalyse, Berlin- Heidelberg-New York 1977.

mengefaßten Nachfrager sollen sich dabei in bezug auf die Einschätzung der Kaufwiderstandsdimensionen möglichst ähnlich sein. Zwischen den Segmenten sollen demgegenüber (so gut wie) keine Ähnlichkeiten bestehen. Ein wesentliches Merkmal der Clusteranalyse ist dabei das gleichzeitige Heranziehen aller drei Kaufwiderstandsdimensionen zur Gruppenbildung. Die Vorgehensweise der Clusteranalyse kann in zwei grundlegende Schritte unterteilt werden:

- 1. Schritt: **Wahl des Proximitätsmaßes**
  Für jeweils zwei Nachfrager werden die Ausprägungen der Kaufwiderstandsdimensionen überprüft und man versucht, durch einen Zahlenwert die Unterschiede bzw. Übereinstimmungen zu messen. Die berechnete Zahl (Proximitätsmaß) symbolisiert die Ähnlichkeit der Personen hinsichtlich der untersuchten Kaufwiderstandsdimensionen.

- 2. Schritt: **Wahl des Fusionierungsalgorithmus**
  Aufgrund der Ähnlichkeitswerte werden die Nachfrager nach einem bestimmten Fusionierungsalgorithmus so zu Segmenten zusammengefaßt, daß sich die Nachfrager mit weitgehend übereinstimmendem Beurteilungsverhalten in einem Segment befinden.

2.2.2.2. Bestimmung der Nachfrager-Segmente

Die Clusteranalyse berechnet die Ähnlichkeit der Nachfrager-Einschätzungen über alle drei Kaufwiderstandsdimensionen in einer einzigen Größe. Als Proximitätsmaß verwenden wir dabei die **quadrierte Euklidische Distanz**, die jeweils paarweise für zwei Nachfrager berechnet wird. **Je kleiner der Wert** der quadrierten Euklidischen Distanz für ein Nachfrager-Paar ist, **desto größer ist die Ähnlichkeit** dieser Nachfrager bei der Einschätzung der Kaufwiderstandsdimensionen. Dieses Distanzmaß bietet den Vorteil, daß große Differenzwerte bei der Berechnung der Distanz stärker berücksichtigt werden, während geringen Differenzwerten ein kleineres Gewicht zukommt. Außerdem baut eine Reihe von Fusionierungsalgorithmen auf diesem Proximitätsmaß auf. Die für alle möglichen Nachfrager-Paare berechneten quadrierten Euklidischen Distanzen bilden den Ausgangspunkt für die Zusammenfassung der Nachfrager zu Segmenten. In welcher Weise die Nachfrager zu Gruppen fusioniert werden, ist abhängig von dem gewählten Fusionierungsalgorithmus. Wir verwenden hier das **WARD-Verfahren**, daß diejenigen Nachfrager zu einem Segment vereinigt, die die Streuung (Varianz) der Ausprägungswerte der Kaufwiderstandsdimensionen in einer Gruppe möglichst klein halten. Das Kriterium, das das WARD-Verfahren zur Fusionierung der Nachfrager verwendet, wird deshalb auch als **Varianz-Kriterium (Fehlerquadratsumme)** bezeichnet. Der Fusionierungsprozeß im Rahmen des WARD-Verfahrens wird durch die Abbildung 38 verdeutlicht.

*****HIERARCHICAL CLUSTER ANALYSIS*****

Segmentierung der CAD-Nachfrager nach der Drei-Faktor-Lösung.

Agglomeration Schedule using Ward Method

Stage	Clusters Combined Cluster 1	Cluster 2	Coefficient	Stage Cluster 1st Appears Cluster 1	Cluster 2	Next Stage
1	28	62	.004967	0	0	21
2	8	10	.023381	0	0	16
3	38	42	.042053	0	0	46
4	4	16	.062099	0	0	20
5	33	43	.093572	0	0	17
6	2	53	.126389	0	0	16
7	7	61	.161248	0	0	37
8	35	59	.196762	0	0	12
9	19	32	.234253	0	0	33
10	5	47	.274509	0	0	47
11	52	66	.321613	0	0	37
12	35	49	.379556	8	0	30
13	23	60	.441397	0	0	33
14	18	55	.518377	0	0	48
15	26	64	.603619	0	0	34
16	2	8	.692080	6	2	31
.	.	.	.	.	.	.
.	.	.	.	.	.	.
.	.	.	.	.	.	.
54	6	18	20.536905	25	48	55
55	6	27	23.271818	54	40	63
56	20	24	26.290817	52	29	64
57	9	17	29.692169	43	53	62
58	11	35	33.353310	49	30	60
59	2	7	37.579872	38	51	61
60	4	11	44.271080	50	58	63
61	2	5	51.074280	59	47	65
62	1	9	57.997681	41	57	64
63	4	6	71.948479	60	55	65
64	1	20	92.782661	62	56	66
65	2	4	121.813301	61	63	66
66	1	2	158.540604	64	65	0

Abb. 38: Entwicklung des Varianz-Kriteriums beim WARD-Verfahren

Die Tabelle (Agglomeration Schedule) in Abbildung 38 enthält die laufende Nummerierung der einzelnen Nachfrager bzw. der Cluster die auf der jeweiligen Stufe fusioniert werden. Insgesamt wurden 67 Nachfrager in die Clusteranalyse einbezogen, da aufgrund fehlender Werte für 23 Nachfrager keine Faktorwerte errechnet werden konnten. In der ersten Zeile ist die erste Fusionierungsstufe wiedergegeben, auf der die Fälle 28 und 62 fusioniert werden, was die Spalten mit der Überschrift "Clusters Combined" anzeigen. Sie werden bei einer quadrierten Euklidischen Distanz von 0,004967 zusammengefaßt. Die letzte Spalte (Next Stage) zeigt an, auf **welcher Stufe** ein weiterer Fall in das Cluster (Fall 28, Fall 62) aufgenommen wird. Die Spalten mit der Überschrift "Stage Cluster 1st Appears" geben an, auf welcher Fusionierungsstufe ein Cluster zum erstenmal gebildet wurde. Abbildung 38 macht deutlich, daß bis zur Fusionierungsstufe 12 immer nur Einzelfälle fusioniert wurden und damit die Spalte "Coefficient" auch immer den kumulierten Wert der quadrierten Euklidischen Distanz zwischen zwei Einzelfällen enthält. Erstmals wird auf Stufe 12 das in Stufe 8 gebildete Cluster (Fall 35, Fall 59) mit dem Fall 49 fusioniert. Damit entspricht der Wert in der Spalte "Coefficient" nicht mehr der quadrierten Euklidischen Distanz sondern der **Fehlerquadratsumme**; denn sobald ein Cluster mit einem Cluster oder ein Cluster mit einem Fall fusioniert wird, druckt SPSS/PC+ die Fehlerquadratsumme aus. Auf Stufe 16 werden erstmals zwei Cluster miteinander fusioniert; das sind hier die auf Stufe 6 und Stufe 2 gebildeten Gruppen.

Mit Hilfe der Werte in Abbildung 38 läßt sich nun entscheiden, wie viele Cluster im Ergebnis herangezogen werden sollen. Ein Kriterium, das hier Hilfe bieten kann, stellt das sog. **Elbow-Kriterium** dar, das dem Scree-Test im Rahmen der Faktorenanalyse entspricht. Nach dem Elbow-Kriterium ist die Cluster-Zahl zu wählen, bei der der Heterogenitätszuwachs (= Anstieg der Fehlerquadratsumme) besonders gravierend ist. Während bis zur Fusionierungsstufe 62 der Zuwachs der Fehlerquadratsumme immer unter 10 lag, steigt das Varianz-Kriterium von Stufe 62 auf 63 von 57,997 auf 71,948 und ab dann sind die Zuwächse immer größer als 20. Von daher ist auf Stufe 63 im Vergleich zu den vorhergehenden Stufen ein relativ starker "Knick" (Elbow) im Zuwachs der Fehlerquadratsumme zu beobachten. Deshalb wollen wir die auf Stufe 63 erreichte 4-Cluster-Lösung als Ergebnis verwenden, d.h. die Gesamtheit der Nachfrager wird in insgesamt vier Marktsegmente zerlegt.

An dieser Stelle wird deutlich, daß der Anwender bei der Bestimmung der Zahl der Segmente einen relativ breiten Entscheidungsspielraum besitzt. Die Entscheidung für eine bestimmte Cluster-Zahl muß deshalb vor dem Hintergrund der jeweiligen Anwendungssituation detailliert begründet werden.

Im Rahmen der vorangegangenen Ausführungen wurden die betrachteten 67 Fälle (Nachfrager) auf Basis einer laufenden Nummerierung fusioniert. Damit ist nur schwer nachvollziehbar, welcher Nachfrager welchem Segment zugeordnet wurde. Die Abbildung 39 gibt hierzu genauere Auskunft.

Cluster Membership of Cases using Ward Method

Number of Clusters

Label	Case	5	4	3	2
2	1	1	1	1	1
3	2	2	2	2	2
4	3	1	1	1	1
5	4	3	3	3	2
6	5	2	2	2	2
7	6	4	3	3	2
8	7	2	2	2	2
10	8	2	2	2	2
11	9	1	1	1	1
12	10	2	2	2	2
13	11	3	3	3	2
14	12	1	1	1	1
15	13	2	2	2	2
16	14	2	2	2	2
18	15	1	1	1	1
19	16	3	3	3	2
22	17	1	1	1	1
23	18	4	3	3	2
24	19	3	3	3	2
25	20	5	4	1	1
26	21	5	4	1	1
30	22	5	4	1	1
31	23	3	3	3	2
32	24	5	4	1	1
33	25	3	3	3	2
34	26	3	3	3	2
35	27	4	3	3	2
37	28	1	1	1	1
38	29	5	4	1	1
39	30	3	3	3	2
40	31	4	3	3	2
41	32	3	3	3	2
42	33	2	2	2	2
44	34	4	3	3	2
45	35	3	3	3	2
46	36	4	3	3	2
47	37	4	3	3	2
48	38	2	2	2	2
50	39	2	2	2	2
54	40	3	3	3	2
55	41	2	2	2	2
56	42	2	2	2	2
57	43	2	2	2	2
58	44	5	4	1	1
59	45	4	3	3	2
60	46	1	1	1	1
61	47	2	2	2	2
62	48	5	4	1	1
64	49	3	3	3	2
66	50	3	3	3	2
67	51	5	4	1	1
69	52	2	2	2	2
70	53	2	2	2	2
71	54	3	3	3	2
72	55	4	3	3	2
73	56	1	1	1	1
75	57	3	3	3	2
77	58	1	1	1	1
78	59	3	3	3	2
80	60	3	3	3	2
81	61	2	2	2	2
83	62	1	1	1	1
84	63	3	3	3	2
87	64	3	3	3	2
88	65	1	1	1	1
89	66	2	2	2	2
90	67	2	2	2	2

Abb. 39: Zugehörigkeit der Nachfrager zu einzelnen Segmenten

Die Tabelle in Abbildung 39 enthält in der Spalte "Case" die laufende Nummerierung der Nachfrager, wie sie auch in Abbildung 38 verwendet wurde. Die Spalte "Label" hingegen gibt die genaue Fragebogennummer der einzelnen Nachfrager an. Die Spalten mit der Überschrift "Number of Clusters" geben für die 5-, 4-,
3- und 2-Cluster-Lösung die Nummer des jeweiligen Clusters (Segment) an, dem
die einzelnen Nachfrager angehören. Da wir uns für die 4-Cluster-Lösung entschieden haben, ist für uns auch nur die Spalte mit der 4-Cluster-Lösung relevant.
Mit Hilfe von Abbildung 39 läßt sich jetzt genau nachvollziehen, welcher Nachfrager bei der 4-Cluster-Lösung zu welchem Marktsegment gehört. So ist z.B. der
Nachfrager mit der Fragebogennummer 2 dem Segment 1 und der Nachfrager
mit der Fragebogennummer 3 dem Segment 2 zuzurechnen.

2.2.2.3. Prüfung der Güte der 4-Cluster-Lösung

Mit Ausnahme der Fehlerquadratsumme aus Abbildung 38 besitzen wir keine
Beurteilungsmöglichkeit, mit deren Hilfe sich die Güte der gefundenen 4-Cluster-
Lösung überprüfen läßt. Von SPSS/PC+ werden keine Gütekriterien zur Verfügung gestellt. Eine Möglichkeit die gefundene Lösung zu überprüfen, bildet die
Durchführung einer Diskriminanzanalyse auf Basis der gefundenen 4-Cluster-Lö-
sung. Darüber hinaus können aber auch statistische Größen, wie der T- und F-
Wert zur Güte-Prüfung herangezogen werden.6) Wir haben hier den Weg über
die **Diskriminanzanalyse** gewählt, deren zentrales Ergebnis in Abbildung 40 wiedergegeben ist.7)

```
Classification Results -
                         No. of    Predicted Group Membership
      Actual Group       Cases       1         2         3         4
      ---------------    -----     -------   -------   -------   -------
      Group       1       12         12         0         0         0
      Segment A                    100.0%       .0%       .0%       .0%

      Group       2       19          0        18         1         0
      Segment B                      .0%      94.7%      5.3%       .0%

      Group       3       28          0         1        27         0
      Segment C                      .0%       3.6%     96.4%       .0%

      Group       4        8          1         0         0         7
      Segment D                     12.5%       .0%       .0%      87.5%

      Percent of "grouped" cases correctly classified:  95.52%
```

Abb. 40: Klassifikations-Matrix der Diskriminanzanalyse zur Überprüfung der
Ergebnisse der Clusteranalyse

---

6) Vgl. hierzu BACKHAUS, K./ ERICHSON, B./ PLINKE, W./
SCHUCHARD-FICHER, Ch./ WEIBER, R., a.a.O., S. 149ff.
7) Eine ausführliche Darstellung zur Zielsetzung der Diskriminanzanalyse findet
der Leser in Kap. III. 2.3.2.1.

Die Diskriminanzanalyse wurde ebenfalls auf Basis der Faktorwerte durchgeführt, wobei als Gruppen die gewonnenen Segmente der Clusteranalyse vorgegeben wurden. Die Klassifikations-Matrix zeigt, daß von den 67 Nachfragern, die im Rahmen der Clusteranalyse segmentiert wurden, insgesamt 95,52% korrekt den Segmenten zugeordnet werden konnten. Lediglich in den Segmenten B, C und D wurde nach der Diskriminanzanalyse jeweils ein Nachfrager falsch klassifiziert. Wir können damit das Ergebnis der Clusteranalyse als gut bezeichnen. Hätte die Diskriminanzanalyse keine akzeptable Bestätigung der 4-Cluster-Lösung erbracht, so hätten wir auf eine 5- oder höhere Cluster-Lösung zurückgreifen müssen.

2.3. Identifikation der gefundenen Marktsegmente

2.3.1. Ansatzpunkte zur Identifikation der Marktsegmente

Mit Hilfe der explorativen Faktorenanalyse ist es gelungen, die beim CAD-Kauf vorhandenen Hemmnisse auf drei zentrale Kaufwiderstandsdimensionen zu verdichten. Sie liefern die Hauptzielrichtung bei der Entwicklung der Marketing-Konzeption. Welche konkreten Maßnahmen im einzelnen zu ergreifen sind, ist davon abhängig, welche Marktsegmente primäres Ziel der Strategie sind. Aus diesem Grund haben wir zunächst die Gesamtheit der befragten Nachfrager in homogene Segmente zerlegt. Die mit Hilfe der Clusteranalyse gefundenen Marktsegmente zeichnen sich **untereinander** dadurch aus, daß die Nachfrager jeweils eine unterschiedliche Einschätzung der Kaufwiderstandsdimensionen besitzen. Diesem Sachverhalt muß die zu entwickelnde Marketing-Konzeption gerecht werden. Voraussetzung hierfür ist aber, daß sich **operationale Kriterien** finden lassen, mit deren Hilfe sich die in den einzelnen Marktsegmenten zusammengefaßten Nachfrager identifizieren lassen.

Die Überlegungen der CAD-CORP Switzerland in der vorliegenden Fallstudie liefern hierfür bereits erste Anhaltspunkte. Nach dem Vorschlag von Frau Dr. Meyer ist es sinnvoll, "das Marksegmentierungskriterium 'Marktwiderstände' Buying Center-spezifisch zu betrachten, d.h. es wird versucht, die Marktwiderstände nach den am Kaufprozeß beteiligten Personen zu differenzieren". Die Berücksichtigung der Struktur des **Buying Centers** ist bei der Entwicklung einer Marketing-Strategie für CAD von zentraler Bedeutung. Da dezentrale CAD-Systeme ein technisch komplexes Produkt von mittlerer Wertdimension darstellen, kann davon ausgegangen werden, daß am Kaufentscheidungsprozeß mehrere Personen beteiligt sind. Die auf Nachfragerseite im Buying Center zusammengeschlossenen Personen kommen häufig aus unterschiedlichen Fachabteilungen, mit unterschiedlichem technischem Know how und unterschiedlichem Bezug zu dem zu kaufenden CAD-System. So werden z.B. die Konstrukteure unmittelbar im Ablauf ihres Arbeitsprozesses von dem Kauf eines CAD-Systems betroffen. Folglich werden sie andere Schwerpunkte bei den Anforderungen an ein CAD-System setzen als z.B. Mitglieder aus der Geschäftsleitung, die primär an Wirtschaftlichkeitsaspekten interessiert sein werden. Die genaue Kenntnis der Struktur des Buying Centers liefert deshalb wichtige Ansatzpunkte zur Entwicklung konkreter Marketing-Maßnahmen. Vor diesem Hintergrund erscheint es sinnvoll, die gefundenen Marktsegmente darauf zu untersuchen, ob sie Buying Center-spezifische Merkmale aufweisen. Wir wollen zwei Analysen durchführen:

- Durch die Frage 8 im Fragebogen wurde erhoben, welche Hilfestellungen und Informationen die Befragten von den Anbietern beim CAD-Kauf erwarten. Es ist zu vermuten, daß die Personen im Buying Center diese Hilfestellungen unterschiedlich beurteilen. Es wird deshalb im ersten Schritt mit Hilfe der **Diskriminanzanalyse** untersucht, ob sich die gefundenen

Marktsegmente auch im Hinblick auf die von den CAD-Anbietern erwarteten **Entscheidungshilfen** (vgl. Frage 8 des Fragebogens) diskriminieren lassen.

- Weiterhin wollen wir mit Hilfe von **Kreuztabellen** analysieren, ob sich die gefundenen Segmente bezüglich des geplanten Beschaffungszeitpunktes und der jeweiligen Phase des Beschaffungsprozesses unterscheiden. Außerdem wird getestet, inwieweit die Nachfrager in den einzelnen Marktsegmenten unterschiedliche Funktionen im Unternehmen wahrnehmen.

2.3.2. Einsatz der Diskriminanzanalyse zur Buying-Center-spezifischen Relativierung der gefundenen Marktsegmente

2.3.2.1. Zielsetzungen und Ausgangspunkte der Diskriminanzanalyse

Die Diskriminanzanalyse ist ein multivariates Verfahren zur Analyse von Gruppenunterschieden.[1] Ausgangspunkt der Diskriminanzanalyse bilden dabei **vorgegebene Gruppen**, die simultan anhand von mehreren Merkmalen untersucht werden. Bezogen auf die vorliegende Fallstudie ermöglicht die Diskriminanzanalyse die Beantwortung folgender Fragen:

- Bestehen zwischen den mit Hilfe der Clusteranalyse gefundenen Marktsegmenten signifikante Unterschiede?
- Wie lassen sich die Segment-Unterschiede auf Basis vorgegebener Merkmale erklären?
- Wie lassen sich Nachfrager, deren Segment-Zugehörigkeiten nicht bekannt sind, aufgrund ihrer Merkmalsausprägungen bestimmten Segmenten zuordnen?

Bei der Durchführung der folgenden Diskriminanzanalyse werden die im Rahmen der Clusteranalyse gefundenen vier Marktsegmente als abhängige Variable mit nominalem Skalenniveau vorgegeben, d.h. jeder Nachfrager (Fall) wird durch die entsprechende Segment-Ziffer (1,2,3 oder 4) genau einem Segment zugeordnet. Zur Erklärung der Segment-Unterschiede greifen wir auf die von den Nachfragern erwarteten **Entscheidungshilfen** zurück, die sie von einem CAD-Anbieter erwarten (Frage 8 des Fragebogens). Diese Einschätzungen der Nachfrager sind metrisch skaliert und gehen in die Diskriminanzanalyse als unabhängige Variable ein. Mit Hilfe der Diskriminanzanalyse wird nun untersucht, ob sich die aufgrund der Kaufwiderstandsdimensionen (Faktorwerte) gebildeten Marksegmente in gleicher Weise **auch** im Hinblick auf die Einschätzung der von den Anbietern er-

---

[1] Vgl. zur Diskriminanzanalyse: BACKHAUS, Klaus/ ERICHSON, Bernd/ PLINKE, Wulff/ SCHUCHARD-FICHER, Christiane/ WEIBER, Rolf, a.a.O., S. 162ff. und SPSS Inc. (Hrsg.): SPSS/PC+ Advanced Statistics V2.0 for the IBM PC/XT/AT and PS/2, Chicago 1988, S. B-1ff.

warteten Entscheidungshilfen unterscheiden lassen. Erbringt die Diskriminanzanalyse eine Bestätigung dieses (unterstellten) Zusammenhangs, so erhalten wir damit ein **erstes Indiz** dafür, daß die Marktsegmente auch im Hinblick auf die Struktur des Buying Centers diskriminiert werden können.

2.3.2.2.2. Die diskriminatorische Bedeutung der einzelnen Diskriminanzfunktionen

Bei den vier betrachteten Segmenten können maximal drei Diskriminanzfunktionen zur Trennung der Segmente herangezogen werden.

Eine Diskriminanzfunktion reduziert eine Mehrzahl von Ausgangsvariablen (hier die 8 Entscheidungshilfen) bei minimalem Informationsverlust auf eine einzige Variable, die sog. **Diskriminanzvariable**. Die Diskriminanzvariable ist dabei eine Linearkombination der Ausgangsgrößen. Die Diskriminanzfunktionen spiegeln somit den Informationsgehalt wider, den **alle Ausgangsvariablen gemeinsam** zur Trennung der Gruppen liefern. Die Bedeutung der einzelnen Diskriminanzfunktionen ist aus dem jeweiligen **relativen Eigenwertanteil** (Varianzerklärungsanteil) einer Diskriminanzfunktion ersichtlich, der in Abbildung 41 in der Spalte "Pct of Variance" dargestellt ist. Es wird deutlich, daß die erste Diskriminanzfunktion mit Abstand den größten Eigenwertanteil besitzt und damit für die Trennung der Segmente am wichtigsten ist.

```
                    Canonical Discriminant Functions

              Pct of  Cum Canonical  After Wilks'
Fcn Eigenvalue Variance Pct   Corr    Fcn Lambda Chisquare  DF   Sig
                                  :    0  .0158  226.014    21  .0000
 1*   7.5953   63.51  63.51  .9400 :    1  .1359  108.773    12  .0000
 2*   3.8447   32.15  95.66  .8908 :    2  .6584   22.779     5  .0004
 3*    .5189    4.34 100.00  .5845 :

* marks the 3 canonical discriminant functions remaining in the analysis.
```

Abb. 41: Gütemaße für die Diskriminanzfunktionen

Ein weiteres Gütemaß zur Beurteilung der Diskriminanzfunktionen stellt der **kanonische Korrelationskoeffizient** dar, der die Stärke der Beziehung zwischen einer Diskriminanzfunktion und allen Variablen widerspiegelt. Wird der kanonische Korrelationskoeffizient quadriert, so läßt sich eine Analogie zum Bestimmtheitsmaß der multiplen Regressionsanalyse herstellen. So ist die erste Diskriminanzfunktion in der Lage ($0{,}942^2$) 88,36% der Streuung der Diskriminanzwerte durch die Gruppenzugehörigkeit zu erklären. Mit Hilfe der residuellen Diskriminanz (vgl. Spalte Wilk's Lambda in Abb. 41) läßt sich entscheiden, ob nach Ermittlung der ersten k Diskriminanzfunktionen die restlichen Diskriminanzfunktionen überhaupt noch signifikant zur Unterscheidung der Gruppen beitragen können. In unserem Fall ergibt sich, daß z.B. nach Berücksichtigung des Beitrags der ersten Diskriminanzfunktion die verbleibende Diskriminanz, die durch die zweite Funktion erzielt wird, mit einem Lambda-Wert von 0,1359 noch hochsignifikant (Irrtumswahrscheinlichkeit = 0,000) zur Trennung der Gruppen beiträgt. Selbst nach Berücksichtigung der ersten beiden Diskriminanzfunktionen vermag auch die dritte Funktion noch einen signifikanten Beitrag zur Unterscheidung der Gruppen zu liefern. Allerdings macht der Vergleich der Lambda-Werte deutlich, daß die ersten beiden Diskriminanzfunktionen bereits den größten Teil des in den unabhängigen Variablen vorhandenen Diskriminanzpotentials aufnehmen.

2.3.2.3. Die diskriminatorische Bedeutung einzelner Entscheidungshilfen

Im Rahmen der Clusteranalyse hatten wir für die Gruppenvariable der 4-Cluster-Lösung den Namen "segment4" gewählt. Diese Gruppenvariable geht in die Diskriminanzanalyse als abhängige Größe ein. Die unabhängigen Variablen bilden die acht möglichen Entscheidungshilfen und Informationen (vgl. Frage 8 des Fragebogens), die von allen Nachfragern nach ihrer Wichtigkeit auf einer Rating-Skala von 1 (= unwichtig) bis 7 (= sehr wichtig) beurteilt wurden und in Abbildung 42 wiedergegeben sind.

Variablenname	Bedeutung
ENTSCH1	Informationen über zukünftige Entwicklungen
ENTSCH2	Testinstallationen
ENTSCH3	Einführungs-Hilfen
ENTSCH4	Schulungen
ENTSCH5	Anschaffungskosten
ENTSCH6	Systemvergleiche
ENTSCH7	Anwendungsunterstützung
ENTSCH8	Wartungsanfälligkeit

Abb. 42: Erwartete Entscheidungshilfen und Informationen

Einen ersten Eindruck, inwieweit die Beurteilungen der Nachfrager im Hinblick auf die erwarteten Entscheidungshilfen segmentspezifische Unterschiede aufweisen, liefert Abbildung 43. Sie enthält die Durchschnittsbeurteilungen (Gruppenmittelwerte; Group means) der Nachfrager für alle vier Segmente bezüglich der Entscheidungshilfen.

Group means

SEGMENT4	ENTSCH1	ENTSCH2	ENTSCH3	ENTSCH4
1	6.44444	3.55556	5.88889	6.44444
2	3.50000	2.00000	1.94444	3.94444
3	4.23077	4.38462	4.53846	5.26923
4	6.37500	1.37500	1.50000	3.37500
Total	4.62295	3.16393	3.57377	4.80328

SEGMENT4	ENTSCH5	ENTSCH6	ENTSCH7	ENTSCH8
1	3.22222	3.44444	3.66667	3.33333
2	5.72222	5.72222	1.94444	2.00000
3	5.07692	2.76923	4.88462	4.96154
4	1.50000	1.50000	6.50000	6.75000
Total	4.52459	3.57377	4.04918	4.08197

Abb. 43: Segment-Mittelwerte für die Entscheidungshilfen

Die Gruppenmittelwerte machen bereits deutlich, daß die vier Segmente bezüglich der durchschnittlichen Beurteilungswerte unterschiedliche Strukturen aufweisen. So halten z.B. die Nachfrager in Segment 3 nahezu alle acht Entscheidungshilfen für relativ wichtig (Werte größer 4), während die Nachfrager aus Segment 4 im Schnitt nur die Informationen über zukünftige Entwicklungen (ENTSCH1), die Anwendungsunterstützung (ENTSCH7) und die Wartungsanfälligkeit (ENTSCH8) als besonders wichtig (Werte größer 6) erachten. Andererseits werden einige Entscheidungshilfen über alle Marksegmente hinweg ähnlich beurteilt. So weisen z.B. die Anwendungsunterstützung (ENTSCH7) und die Wartungsanfälligkeit (ENTSCH8) eine sehr ähnliches Beurteilungsprofil auf. Es ist von daher zu fragen, ob tatsächlich alle bewerteten Entscheidungshilfen zur Diskriminierung der Marktsegmente herangezogen werden müssen oder ob nicht eine hinreichende Unterscheidung bereits durch die Auswahl besonders trennstarker Entscheidungshilfen erreicht werden kann. Die Gruppenmittelwerte allein liefern jedoch keinen ausreichenden Erklärungsansatz für die Segment-Diskriminierung, da innerhalb der einzelnen Gruppen die Durchschnittsbeurteilungen unterschiedliche Streuungen (vgl. Abb. 44) aufweisen können.

Group Standard Deviations

SEGMENT4	ENTSCH1	ENTSCH2	ENTSCH3	ENTSCH4
1	.52705	.52705	.78174	.72648
2	.51450	1.37199	1.43372	.99836
3	1.21021	2.49923	2.40384	1.51149
4	.74402	.51755	.53452	.51755
Total	1.46246	2.16933	2.38369	1.52556

SEGMENT4	ENTSCH5	ENTSCH6	ENTSCH7	ENTSCH8
1	.44096	.52705	.70711	.70711
2	.89479	1.44733	1.34917	1.37199
3	2.05763	1.81786	2.17857	2.37454
4	.53452	.53452	.75593	.46291
Total	2.02160	2.06929	2.25408	2.37554

Abb. 44: Streuungen der Beurteilungswerte in den vier Segmenten

Wir prüfen obige Überlegungen mit Hilfe einer **stufenweisen Diskriminanzanalyse**, die es erlaubt, jeweils nur diejenigen Variablen in die Diskriminanzfunktionen aufzunehmen, die auch als besonders trennstark angesehen werden können. Als Entscheidungskriterium zur Aufnahme einzelner Entscheidungshilfen in die Diskriminanzfunktionen wurde hier **Wilk's Lambda** verwendet. Es versucht eine optimale Trennung bezüglich aller Gruppen herbeizuführen. Die Abbildung 45 spiegelt die Reihenfolge wider, in der die Entscheidungshilfen in die Diskriminanzfunktionen aufgenommen wurden.

Summary Table

Step	Action Entered	Removed	Vars In	Wilks' Lambda	Sig.	Label
1	ENTSCH1		1	.36791	.0000	Infos über zukünftige Entwicklungen
2	ENTSCH3		2	.15177	.0000	Einführungs-Hilfen
3	ENTSCH8		3	.04262	0.0	Wartungsanfälligkeit
4	ENTSCH5		4	.02614	0.0	Anschaffungskosten
5	ENTSCH4		5	.02022	0.0	Schulungen
6	ENTSCH2		6	.01712	0.0	Testinstallationen
7	ENTSCH7		7	.01581	0.0	Anwendungsunterstützung

Abb. 45: Trennstarke Entscheidungshilfen im Rahmen der stufenweisen Diskriminanzanalyse

Das Entscheidungskriterium Wilk's Lambda ist ein inverses Gütemaß, d.h. kleine Werte deuten auf eine hohe Diskriminanzkraft einer Variablen hin und große Werte auf eine geringe Trennstärke. Außerdem ist Wilk's Lambda auf Werte zwischen 0 und 1 normiert. Da in unserem Fall mehrere Diskriminanzfunktionen gebildet wurden, wird das in Abbildung 45 aufgeführte Wilk's Lambda als **multivariates Wilk's Lambda** bezeichnet. Die Informationen über zukünftige Entwicklungen (ENTSCH1) besitzen dabei die größte Trenninformation, da sie das kleinste univariate Wilk's Lambda (0,36791) besitzen. Durch die Aufnahme der weiteren Variablen wird Wilk's Lambda sukzessiv verringert, d.h. es wird eine zunehmend bessere Trennung der Gruppen ermöglicht. Die zusätzlichen Trenninformationen, die neu hinzukommende Variablen enthalten, werden jedoch immer geringer. So wird durch die Aufnahme der Einführungs-Hilfen (ENTSCH3) Wilk's Lambda um (0,36791-0,15177=) 0,21614 vermindert, während die Anwendungsunterstützungen Wilk's Lambda nur noch um (0,01712-0,01581=) 0,00131 reduzieren kann. Diese Unterschiede resultieren einerseits aus der grundsätzlich unterschiedlichen Trennfähigkeit der Variablen und andererseits aus der Tatsache, daß die auf früheren Stufen einbezogenen Variablen bereits einen Teil der Trenninformationen der noch nicht einbezogenen Variablen enthalten. In unserem Fall werden insgesamt 7 der 8 Entscheidungshilfen als trennfähig erkannt, während die Systemvergleiche (ENTSCH6) keinen signifikanten Beitrag zur Trennung der Segmente liefern können und deshalb nicht in die Analyse aufgenommen wurden.

Einen weitere Aussage über die Trennstärke der einzelnen Variablen liefern die **standardisierten Diskriminanzkoeffizienten** der drei Diskriminanzfunktionen, die in Abbildung 46 wiedergegeben sind.

Standardized Canonical Discriminant Function Coefficients				Unstandardized Canonical Discriminant Function Coefficients			
	FUNC 1	FUNC 2	FUNC 3		FUNC 1	FUNC 2	FUNC 3
ENTSCH1	.71600	.05183	-.21650	ENTSCH1	.7867259	.5694906E-01	-.2378854
ENTSCH2	.01621	.58369	2.13261	ENTSCH2	.8827287E-02	.3178238	1.161222
ENTSCH3	1.67667	-.44536	-.36362	ENTSCH3	.9274358	-.2463487	-.2011324
ENTSCH4	.76919	-.58154	-.51673	ENTSCH4	.6486360	-.4903910	-.4357462
ENTSCH5	-1.05912	-.82536	-.51241	ENTSCH5	-.7209512	-.5618313	-.3488023
ENTSCH7	-.67726	.27137	.29635	ENTSCH7	-.4072999	.1631996	.1782252
ENTSCH8	-.41470	1.00310	-.53584	ENTSCH8	-.2343686	.5669010	-.3028305
				(constant)	-4.227031	1.534193	2.330180

Abb. 46: Standardisierte und unstandardisierte Diskriminanzkoeffizienten

Für die Diskriminanzfunktion 1 besitzt die Variable Einführungs-Hilfen (ENTSCH3) und für die Diskriminanzfunktion 2 die Variable Wartungsanfälligkeit (ENTSCH8) die absolut größte diskriminatorische Bedeutung. Bei Diskriminanzfunktion 3 sind es die Testinstallationen (ENTSCH2). Um festzustellen, welche diskriminatorische Bedeutung eine Variable bezüglich **aller** Diskriminanzfunktionen besitzt, muß berücksichtigt werden, daß den einzelnen Diskriminanzfunktionen eine unterschiedliche Bedeutung bei der Trennung der Segmente zukommt. Die Bedeutung einer Diskriminanzfunktionen ist aus ihrem relativen Eigenwertanteil ersichtlich, der sich in Abbildung 41 aus der Spalte "Pct of Variance" (relativer Eigenwertanteil) ablesen läßt. Multipliziert man die absoluten Werte der standardisierten Diskriminanzkoeffizienten einer jeden Funktion mit dem jeweiligen relativen Eigenwertanteil (EA) der Funktion und summiert diese, so erhält man die diskriminatorische Bedeutung einer Entscheidungshilfe bezüglich **aller** Diskriminanzfunktionen. Das Ergebnis ist in Abbildung 47 dargestellt.[2]

Gewichtete Diskriminanzkoeffizienten

	Fkt.1 (EA=0.6351)	Fkt.2 (EA=0.3215)	Fkt.3 (EA=0.0434)	Alle Fkt.
Zukünftige Entwlg.	0.455	0.017	0.009	0.481
Testinstallationen	0.010	0.188	0.093	0.291
Einführungs-Hilfen	1.065	0.143	0.016	1.224
Schulungen	0.489	0.187	0.022	0.698
Anschaffungskosten	0.673	0.265	0.022	0.960
Anwendungsunterst.	0.430	0.087	0.013	0.530
Wartungsanfälligk.	0.263	0.322	0.023	0.608

Abb. 47: Gewichtete Diskriminanzkoeffizienten der Entscheidungshilfen

Es wird deutlich, daß die Einführungs-Hilfen mit einem mittleren Diskriminanzkoeffizienten von 1,224 (Spalte: Alle Fkt.) die größte und die Testinstallationen (0,291) die geringste diskriminatorische Bedeutung für die Trennung **aller** Gruppen besitzen.

---

[2] Die Berechnungen für die Abbildung 47 werden nicht standardmäßig durch die in SPSS/PC+ enthaltene Diskriminanzanalyse erzeugt. Sie wurden von uns mit Hilfe des SPSS/PC+ Befehls COMPUTE in einem seperaten Programm erzeugt. Vgl. SPSS Inc. (Hrsg.): SPSS/PC+ Base Manual for the IBM PC/XT/AT and PS/2, Chicago 1988, S. C-24ff.

2.3.2.4. Güte der Klassifizierungsergebnisse und Neuklassifikationen

Im folgenden wird geprüft, ob die Nachfrager in den verschiedenen Segmenten durch die ermittelten Diskriminanzfunktionen korrekt oder falsch klassifiziert werden. Zu diesem Zweck ist es erforderlich, daß wir zunächst die **Diskriminanzwerte** für alle Nachfrager ermitteln. Die Diskriminanzwerte werden mit Hilfe der unstandardisierten Diskriminanzkoeffizienten (vgl. Abb. 46) berechnet und sind auszugsweise in Abbildung 48 zusammengestellt.

Neben den individuellen Diskriminanzwerten in der letzten Spalte enthält die Abbildung 48 noch folgende Angaben:

- Für jeden Fall (Case Number = Nachfrager) wird angegeben, welchem Segment er apriori zugerechnet wurde (Actual Group).

- Entspricht diese Zuordnung nicht der Zuordnung, die sich aus der Diskriminanzanalyse ergibt, so wird er bei der Actual Group mit zwei Sternen gekennzeichnet. Fälle mit zwei Sternen wurden somit apriori **fehlklassifiziert**.

- Gleichzeitig werden die Fälle, die keine fehlenden Werte besitzen, aber apriori nicht einem Segment zugeordnet wurden (Ungrpd), ebenfalls in eines der Segmente einsortiert.

- Für jeden Fall (Nachfrager) werden weiterhin folgende Wahrscheinlichkeiten berechnet:

* Die höchste und zweithöchste Klassifizierungswahrscheinlichkeit $P(G/D)$. Sie gibt an, mit welcher Wahrscheinlichkeit ein Nachfrager der Gruppe G zugeordnet wird, wenn die errechneten Diskriminanzwerte D vorliegen.

* Die bedingte Wahrscheinlichkeit $P(D/G)$ für die geschätzte Gruppe. Sie gibt an, mit welcher Wahrscheinlichkeit die Diskriminanzwerte D auftreten, wenn der Nachfrager apriori der Gruppe G zugerechnet wurde.

Mit Hilfe der höchsten Klassifizierungswahrscheinlichkeiten $P(G/D)$ läßt sich die **Klassifikationsmatrix** erstellen. Sie ist in Abbildung 49 wiedergegeben und zeigt die Zahl der apriori korrekt klassifizierten Fälle.

Case Number	Mis Val	Sel	Actual Group	Highest Group	Probability P(D/G) P(G/D)	2nd Highest Group P(G/D)	Discriminant Scores...
2			1	1	.4910 1.0000	3 .0000	5.4410 -1.2683 -1.9791
3			2	2	.7812 .9999	3 .0001	-2.9430 -2.5292 -1.1350
4			1	1	.5409 1.0000	3 .0000	4.9698 -.5221 .5074
5			3	3	.6987 .9948	2 .0052	-1.0463 .5240 1.3847
6			2	2	.9037 .9994	3 .0006	-3.2311 -1.7737 -.5992
7			3	3	.2207 .9398	2 .0602	.4329 -1.0265 -.8132
8			2	2	.9346 .9933	3 .0067	-2.8080 -1.3794 -.1766
9			Ungrpd	4	.3923 .9983	3 .0016	-1.8036 3.1886 -1.7055
10			2	2	.4294 .9028	3 .0972	-.8525 -1.8960 -.8731
11			1	1	.9033 1.0000	3 .0000	6.2043 -1.6005 -.5379
.			.	.	.	.	. . .
80			3	3	.5285 1.0000	2 .0000	1.2626 .0644 1.4973
81			2	2	.9037 .9994	3 .0006	-3.2311 -1.7737 -.5992
82			Ungrpd	4	.2922 .9100	3 .0897	-1.8582 2.7720 -.1676
84			3	3	.7543 .9997	2 .0003	.8206 -.2849 1.2343
86			Ungrpd	2	.0114 1.0000	3 .0000	-1.7874 -4.5110 -2.3556
87			3 **	4	.9052 1.0000	3 .0000	-1.0504 5.0820 -.9032
88			1	1	.4756 1.0000	3 .0000	5.2486 -.2781 .7420
89			2	2	.9214 .9993	3 .0007	-2.9152 -2.2880 -.2822
90			2 **	3	.7562 .9998	2 .0002	.4758 .0075 1.7352

Abb. 48: Individuelle Klassifizierungsergebnisse

```
Classification Results -

                     No. of    Predicted Group Membership
    Actual Group     Cases       1        2        3        4
    -------------    -----     -------  -------  -------  -------
    Group    1         9         9        0        0        0
    Segment  1                 100.0%     .0%      .0%      .0%

    Group    2        18         0       16        2        0
    Segment  2                   .0%     88.9%    11.1%     .0%

    Group    3        26         0        0       24        2
    Segment  3                   .0%      .0%     92.3%    7.7%

    Group    4         8         0        0        0        8
    Segment  4                   .0%      .0%      .0%    100.0%

    Ungrouped Cases   14         1        5        6        2
                                7.1%    35.7%    42.9%    14.3%

Percent of "grouped" cases correctly classified: 93.44%


Classification Processing Summary
    90 Cases were processed.
     0 Cases were excluded for missing or out-of-range group codes.
    15 Cases had at least one missing discriminating variable.
    75 Cases were used for printed output.
```

Abb. 49: Klassifikationsmatrix

Insgesamt wurden 93,44% der Nachfrager durch die Diskiminanzanalyse korrekt den apriori festgelegten Segmenten zugeordnet. Die maximale Zufallswahrscheinlichkeit (alle Elemente werden der größten Gruppe zugeordnet) hingegen beträgt nur (26/61=) 42,6%. Bei der Größe der Segmente (No. of Cases) ist zu erwähnen, daß nur die Fälle in der Diskiminanzanalyse berücksichtigt wurden, die keine fehlenden Werte (missing values) aufweisen. Von den in der Clusteranalyse verwendeten 67 Nachfragern sind hier also nur noch 61 enthalten. Hinzu kommen dann noch die apriori nicht gruppierten Nachfrager (Ungrouped Cases), die mit Hilfe der Klassifizierungswahrscheinlichkeiten ebenfalls den Marktsegmenten zugeordnet wurden.

2.3.2.5. Konsequenzen aus den Ergebnissen der Diskriminanzanalyse für die Identifikation der Marktsegmente

Mit Hilfe der Analysen aus den vorangegangenen Kapiteln konnte untersucht werden, welche Entscheidungshilfen für die Trennung der Segmente von Bedeutung sind. Wir wollen diese Informationen nun dazu verwenden, erste Schlußfolgerungen für die Identifikation der Marktsegmente zu ziehen. Wir betrachten zu diesem Zweck zunächst einmal die Darstellung in Abbildung 50. Sie zeigt die Position der Nachfrager im Diskriminanzraum auf Basis der **ersten beiden Diskriminanzfunktionen**.

```
Symbols used in Plots

Symbol  Group  Label
------  -----  --------------------
  1       1    Segment 1
  2       2    Segment 2
  3       3    Segment 3
  4       4    Segment 4
  *            All Ungrouped Cases
  *            Group Centroids
```

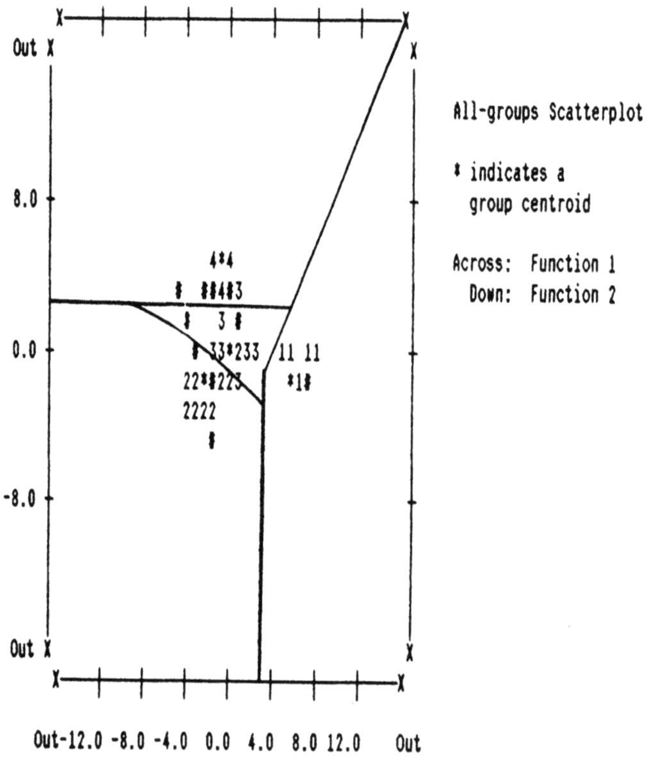

```
        X-+--+--+--+--+--+--+--+--X
    Out X                         X
                                   
                                   
                                   
                                   
    8.0 +                          
                                   
                                   
                     4*4           
                   * **4*3         
                      3 *          
    0.0 +          **33*233 /11 11 
                   22**223  *1*    
                     2222          
                       *           
                                   
                                   
   -8.0 +                          
                                   
                                   
                                   
                                   
    Out X                         X
        X-+--+--+--+--+--+--+--X
     Out-12.0 -8.0 -4.0 0.0 4.0 8.0 12.0  Out
```

All-groups Scatterplot

* indicates a
  group centroid

Across: Function 1
Down: Function 2

Canonical Discriminant Functions evaluated at Group Means (Group Centroids)

Group	FUNCTION 1	FUNCTION 2	FUNCTION 3
Segment 1	5.91832	-0.90206	-0.54652
Segment 2	-2.48012	-1.80796	-0.54488
Segment 3	-0.04546	0.22413	0.80359
Segment 4	-0.93007	4.35429	-0.77085

Abb. 50: Darstellung der Gruppen im Diskriminanzraum

Die mit einem Stern (*) gekennzeichneten Positionen stellen die Gruppen-Mittelpunkte dar, die auf Basis der Gruppen-Mittelwerte (Group Means) eingezeichnet werden. Die Tabelle der Gruppen-Mittelwerte in Abbildung 50 macht deutlich, daß die erste Diskriminanzfunktion vor allem das Segment 1 von den restlichen Segmenten separiert, die Diskriminanzfunktion 2 Segment 4 von den Segmenten 1 und 2 trennt und Diskriminanzfunktion 3 insbesondere zur Isolierung von Marktsegment 3 dient.3) Die Position der einzelnen Marktsegmente im Diskriminanzraum wird deutlich, wenn man die Gebietsaufteilung der vier Segmente in Abbildung 50 überträgt. Die reine Gebietsaufteilung der vier Marktsegmente nach den ersten beiden Diskriminanzfunktionen ist in Abbildung 51 wiedergegeben.

```
Symbols used in territorial map

Symbol  Group  Label
------  -----  --------------------
  1       1    Segment 1
  2       2    Segment 2
  3       3    Segment 3
  4       4    Segment 4
  *            Group Centroids


        +-+-+-+-+-+-+-+-+
   16.0 +           44411+
        |           444111
        |          44111          Territorial Map
        |          44411
        |          44111          * indicates a
    8.0 +          44411            group centroid
        |          44111
        | 4444444    *  44411     Across: Function 1
        | 222222444444444 444444444111    Down:  Function 2
        |   222222222444444433333331
    0.0 +      2222233*    311
        |     *2333 331 *
        |     22233311
        |      22231
        |       221
   -8.0 +        21
        |        21
        |       211
        |       221
        |        21
  -16.0 +        21
        +-+-+-+-+-+-+-+-+
       -16.0-12.0 -8.0 -4.0 0.0 4.0 8.0 12.0 16.0
```

Abb. 51: Gebietsaufteilung der Marktsegmente

---

3) Vgl. die jeweils absolut höchsten Werte der Tabelle in Abbildung 50.

Die Gebietsgrenzen eines Marktsegments sind dabei mit Hilfe der Segment-Nummer gezeichnet. Innerhalb der Gebietsgrenzen ist die Wahrscheinlichkeit, daß ein Fall (Nachfrager) in dieses Segment eingeordnet wird (Klassifizierungswahrschenlichkeit) für die diesem Segment zugeordneten Nachfrager größer als für die Nachfrager der anderen Gruppen. Auf den Gebietsgrenzen sind die Klassisfizierungswahrscheinlichkeiten für die angrenzenden Gruppen identisch. Die Abbildung 52 enthält die geschätzten **Klassifizierungsfunktionen** für die vier Segmente.

Classification Function Coefficients
(Fisher's Linear Discriminant Functions)

	Segment 1	Segment 2	Segment 3	Segment 4
ENTSCH1	16.34260	9.68335	11.39371	11.30751
ENTSCH2	-3.31683	-3.67698	-1.44377	-1.96718
ENTSCH3	6.62580	-.94037	.54579	-.97541
ENTSCH4	11.41580	6.41177	6.40688	4.49375
ENTSCH5	1.86202	8.42528	5.05797	3.92444
ENTSCH7	-3.26345	.96779E-02	-.40999	.34374
ENTSCH8	-3.26752	-1.81324	-1.64021	1.38528
(constant)	-96.54118	-48.52244	-47.67703	-52.30918

Abb. 52: Klassifikationsfunktionen der vier Marktsegmente

Für jedes Segment wird genau eine Klassifizierungsfunktion (Fisher's Linear Discriminant Functions) berechnet, die eine Zuordnung der Nachfrager unmittelbar auf Basis der Merkmalswerte erlaubt. Die Merkmalswerte eines jeden Nachfragers werden in die einzelnen Klassifizierungsfunktionen eingesetzt und er wird der Gruppe zugeordnet, bei der der sich ergebende Funktionswert am größten ist.

Die räumliche Darstellung der analysierten Gruppen (Diskriminanzraum) in Abbildung 50 kann als **psychologisches Marktfeld** bezeichnet werden. Von den ursprünglich 8 Entscheidungshilfen wurden 7 als trennstark erkannt und durch die Diskriminanzfunktionen auf zwei Trennvariable (=Funktionswerte der beiden Diskriminanzfunktionen) reduziert. Wir erhalten damit im Ergebnis ein überschaubares Marktfeld, dessen Dimensionen die zentralen Kriterien widerspiegeln, nach denen sich die CAD-Nachfrager unterscheiden lassen. Mit Hilfe der **absoluten Werte** der standardisierten Diskriminanzkoeffizienten (Abb. 46) läßt sich auch eine Interpretation der Diskriminanzfunktionen herbeiführen:[4]

Die **erste Diskriminanzfunktion** wird vor allem durch die Entscheidungshilfen "Einführungs-Hilfen (ENTSCH3)", "Anschaffungskosten (ENTSCH5)", "Schulungen (ENTSCH4)", "Informationen über zukünftige Entwicklungen (ENTSCH1)" und "Anwendungsunterstützungen (ENTSCH7)" geprägt. Sie zielen damit auf die Erwartungen der Nachfrager ab, bei der Anwendung von CAD aktiv unterstützt zu werden. Wir bezeichnen deshalb die erste Diskriminanzfunktion als **Aktive Unterstützung**. Die **zweite Diskriminanzfunktion** bildet sich vor allem aus den Entscheidungshilfen "Wartungsanfälligkeit (ENTSCH8)" und "Anschaffungskosten (ENTSCH5)". Sie betrifft damit vor allem den **Kostenaspekt**. Bei der **dritten Diskriminanzfunktion** sind die "Testinstallationen (ENTSCH2)" dominierend und wir bezeichnen sie deshalb als **Erprobung**.

Die Bedeutung, die den drei Dimensionen in den einzelnen Marktsegmenten zukommt, läßt sich im ersten Schritt mit Hilfe der Gruppenmittelwerte der Funktionen aus Abbildung 50 bestimmen. Detailliertere Informationen liefern darüber hinaus die Beurteilungsmittelwerte der ursprünglichen Entscheidungshilfen (vgl. Abb. 43) für die einzelnen Gruppen. Zur besseren Übersicht haben wir die Informationen aus den Abbildungen 43 und 50 in einer gesonderten Tabelle zusammengefaßt, die in Abbildung 53 wiedergegeben ist.[5]

	Segm. 1	Segm. 2	Segm. 3	Segm. 4
Zukünftige Entwicklg.	6.44444	3.50000	4.23077	6.37500
Einführungs-Hilfen	5.88889	1.94444	4.53846	1.50000
Schulungen	6.44444	3.94444	5.26923	3.37500
Anwendungsunterstg.	3.66667	1.94444	4.88462	6.50000
Anschaffungskosten	3.22222	5.72222	5.07692	1.50000
Wartungsanfälligkeit	3.33333	2.00000	4.96154	6.75000
Testinstallationen	3.55556	2.00000	4.38462	1.37500
Diskriminanzfunk. 1	5.91832	-2.48012	-0.04546	-0.93007
Diskriminanzfunk. 2	-0.90206	-1.80796	0.22413	4.35429
Diskriminanzfunk. 3	-0.54652	-0.54488	0.80359	-0.77085

Abb. 53: Gruppenmittelwerte für die Entscheidungshilfen und die Diskriminanzfunktionen

---

[4] Die Diskriminanzanalyse ermöglicht damit ebenso wie die Faktorenanalyse die Zusammenfassung von mehreren Ausgangsvariablen bei minimalem Informationsverlust. Die folgende Interpretation der Diskriminanzfunktionen ist dabei stark subjektiv und es sind die gleichen Überlegungen wie bei der Interpretation der Faktoren im Rahmen der Faktorenanalyse anzustellen. Vgl. hierzu auch Kap. 2.1.2.3.

[5] Diese Tabelle wird **nicht** automatisch durch SPSS/PC+ erzeugt, sondern wurde von uns zur Interpretationserleichterung zusammengestellt.

In Marktsegment 1 werden die **aktiven Unterstützungen** durch die Anbieter (Diskriminanzfunktion 1) bei der Entscheidungsfindung der Nachfrager als besonders wichtig angesehen (Gruppenmittelwert 5,91832), während sie in Segment 2 eine nur unbedeutende Rolle spielen (Gruppenmittelwert -2,48012). Diesen Zusammenhang machen auch die anfänglichen Gruppenmittelwerte deutlich. Daraus läßt sich schließen, daß die Nachfrager in Segment 1 bereits konkret mit CAD befaßt sind und von daher Wert auf Unterstützungen durch die Anbieter legen. Für Segment 2 läßt sich folgern, daß die Beschaffung von CAD noch nicht so akut ist. Der **Kostenaspekt**, der durch die zweite Diskriminanzfunktion betont wird, ist vor allem in den Segmenten 3 und 4 von Bedeutung und die **Erprobung** (Diskriminanzfunktion 3) spielt besonders in Marksegment 3 eine große Rolle. Es ist deshalb zu vermuten, daß die Nachfrager in Segment 3 sich bereits intensiv mit der Beschaffung von CAD auseinandergesetzt haben und in der Endphase des Beschaffungsprozesses stehen.

Die bisherige Vorgehensweise ist nochmals in Abbildung 54 zusammengefaßt.

Wird das psychologische Marktfeld zur Interpretation der Ergebnisse einer Diskriminanzanalyse herangezogen, so muß dies vor folgendem Hintergrund geschehen:

Die räumliche Positionierung der Objekte (Nachfrager) im psychologischen Marktfeld beinhaltet immer eine gewisse Verzerrung, da die Diskriminanzfunktionen entsprechend ihren Eigenwertanteilen unterschiedliche Bedeutung für die Trennung der Gruppen besitzen. Deshalb können gleichgroße Abstände auf den Achsen der beiden Diskriminanzfunktionen nicht gleichgesetzt werden. Der Gesamtabstand zwischen zwei Nachfragern wird immer in stärkerem Maße durch die Dimension der ersten Diskriminanzfunktion bestimmt.

Versucht man die Ergebnisse der Diskriminanzanalyse in ihrer Gesamtheit zu interpretieren, so lassen sich mehrere Anhaltspunkte dafür finden, daß die Nachfrager in den einzelnen Segmenten unterschiedlich stark mit der Beschaffung von CAD befaßt sind. Wir können deshalb davon ausgehen, daß die Nachfrager in den einzelnen Segmenten in unterschiedlichen **Phasen des Beschaffungsprozesses** stehen. Mit Hilfe der nachfolgenden Kreuztabellierungen wollen wir diese Vermutung weiterverfolgen.

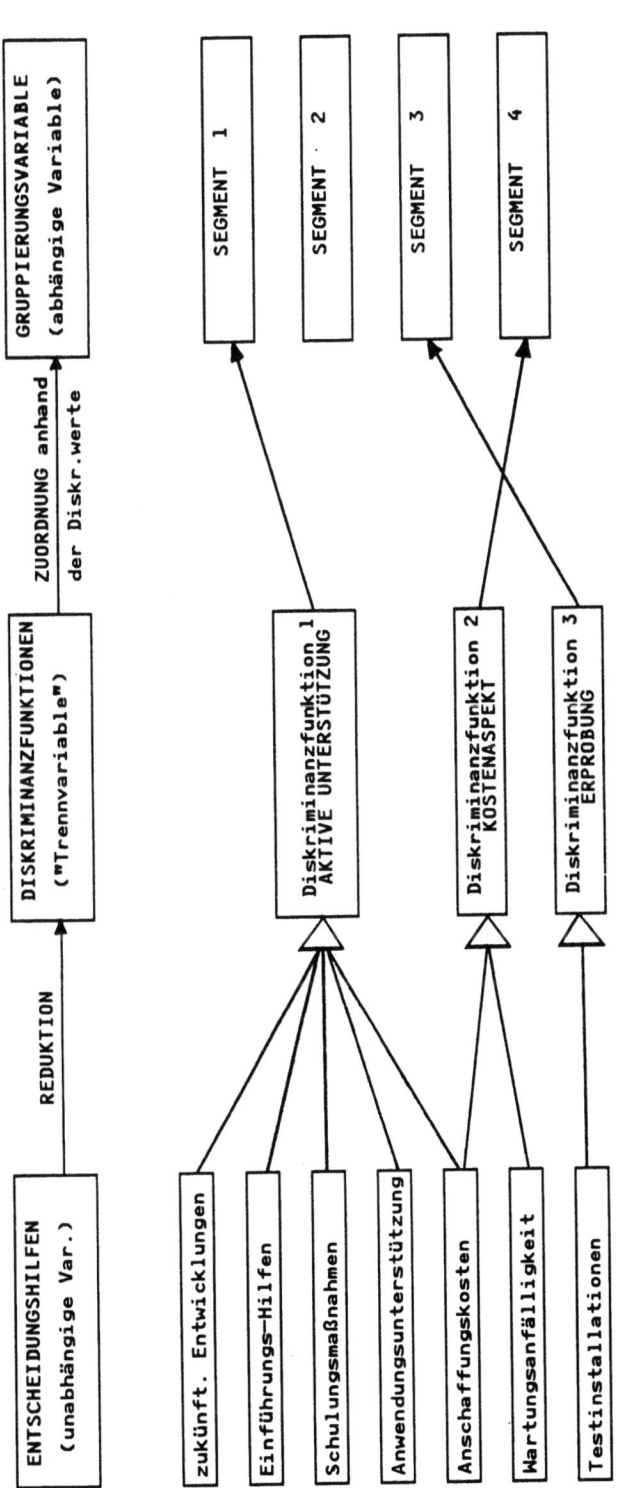

Abb. 54: Ablauf der Diskriminanzanalyse als Datenreduktions-Verfahren

2.3.3. Einsatz von Kreuztabellen zur Identifikation der Marktsegmente

2.3.3.1. Zielsetzungen der Kreuztabellierungen

Die Ergebnisse der Diskriminanzanalyse haben Anhaltspunkte dafür geliefert, daß die mit Hilfe der Clusteranalyse gefundenen Marktsegmente einen Phasenbezug zum Beschaffungsprozeß bei CAD-Systemen aufweisen. Diese Vermutung soll nun mit Hilfe verschiedener Kreuztabellierungen noch weiter untersucht werden.

Kreuztabellen sind dazu geeignet, insbesonders nominal skalierte Merkmale zueinander in Beziehung zu setzen. Sie berechnen für jeweils zwei Markmalskombinationen die absoluten und relativen Häufigkeiten. Mit Hilfe des **Chi-Quadrat-Wertes** läßt sich dann die Hypothese überprüfen, daß die betrachteten Variablen voneinander **unabhängig** sind. Der Chi-Quadrat-Wert ist aber nur dann eine valide Statistik, wenn eine multinomiale Verteilung der Variablen vorliegt und die Zellenhäufigkeiten nicht zu klein sind. In der Prozedur CROSSTAB von SPSS/PC+ ist unterstellt, daß die Zellenhäufigkeiten nicht unter 5 liegen. Die Prüfung der Unabhängigkeits-Hypothese mit Hilfe des Chi-Quadrat-Wertes muß deshalb vor obigem Hintergrund erfolgen.

2.3.3.2. Ergebnisse der Kreuztabellierungen

Zur Prüfung des Phasenbezugs haben wir mehrere Kreuztabellen erstellt. Alle berechneten Kreuztabellen setzen die vier Marktsegmente jeweils in Beziehung zu

- den Pasen des Beschaffungsprozesses,
- den geplanten Beschaffungszeitpunkten,
- den Funktionen der Befragten im Unternehmen.

Zusätzlich zu den ursprünglichen Marktsegmenten berücksichtigen die Kreuztabellen auch die **ungruppierten Fälle**, die durch die Diskriminanzanalyse den Segmenten zugeordnet wurden. Die Abbildung 55 zeigt das Ergebnis für die Marktsegmente und die Phasen des Beschaffungsprozesses.

```
Crosstabulation:     GRUPPE
            By PHASE      Phase des Beschaffungs-Prozeß

              Count  |Orientie|Erste In|Ang. ein|Testphas|Beschaff|
              Row Pct|rung    |fos     |geholt  |e       |t       |   Row
  PHASE->     Col Pct|       1|       2|       3|       4|       5| Total
  GRUPPE             +--------+--------+--------+--------+--------+
               1.00  |        |    3   |    7   |        |        |    10
  Segment 1          |        |  30.0  |  70.0  |        |        |  14.7
                     |        |  25.0  |  46.7  |        |        |
                     +--------+--------+--------+--------+--------+
               2.00  |   15   |    5   |        |        |        |    20
  Segment 2          |  75.0  |  25.0  |        |        |        |  29.4
                     | 100.0  |  41.7  |        |        |        |
                     +--------+--------+--------+--------+--------+
               3.00  |        |    4   |    8   |   12   |    4   |    28
  Segment 3          |        |  14.3  |  28.6  |  42.9  |  14.3  |  41.2
                     |        |  33.3  |  53.3  | 100.0  |  28.6  |
                     +--------+--------+--------+--------+--------+
               4.00  |        |        |        |        |   10   |    10
  Segment 4          |        |        |        |        | 100.0  |  14.7
                     |        |        |        |        |  71.4  |
                     +--------+--------+--------+--------+--------+
               Column    15       12       15       12       14        68
               Total    22.1     17.6     22.1     17.6     20.6     100.0


  Chi-Square     D.F.      Significance      Min E.F.     Cells with E.F.< 5
  ----------     ----      ------------      --------     ------------------
  111.48647       12          .0000            1.765       17 OF  20 ( 85.0%)
  Number of Missing Observations =       22
```

Abb. 55: Kreuztabelle für Marktsegmente und Beschaffungsphasen

Es wird deutlich, daß die Nachfrager aus Segment 1 zu 70% bereits ein Angebot eingeholt haben. Sie stehen damit mitten im Beschaffungsprozeß. Die Nachfrager aus Segment 2 hingegen stehen zu 75% noch in der Orientierungsphase des Beschaffungsprozesses und haben sich noch nicht intensiv mit CAD auseinandergesetzt. Für Segment 3 zeigt sich, daß die in diesem Segment zusammengefaßten Personen größtenteils in der Endphase des Beschaffungsprozesses stehen und zu 14.3% bereits beschafft haben. In Segment 4 sind nur solche Nachfrager enthalten, die in ihrem Unternehmen bereits über CAD verfügen. Die Kreuztabelle über Marktsegmente und Beschaffungsphasen bestätigt damit unsere Überlegungen im Rahmen der Diskriminanzanalyse.6) Auch der errechnete Chi-Quadrat-Wert und das ausgewiesene Signifikanzniveau bestätigen die **Alternativhypothese**, daß die Marktsegmente und die Beschaffungsphasen in einem **Abhängigkeitsverhältnis** stehen. Einschränkend ist zu der Aussage des Chi-Quadrat-Wertes allerdings zu vermerken, daß die mindestens erwartete Zellenhäufigkeit (E.F. = Expected Frequencies) 1.765 beträgt und zu 85% die Zellenhäufigkeiten kleiner als 5 sind.

Die obigen Aussagen können durch die Kreuztabelle zwischen Marktsegmenten und dem geplanten Beschaffungszeitpunkt noch weiter untermauert werden. Die Abbildung 56 macht deutlich, daß alle Nachfrager aus Marktsegment 4 bereits beschafft haben und 69% der Befragten in Segment 3 noch in diesem Jahr beschaffen wollen.

```
Crosstabulation:     GRUPPE
              By ZEITP     Geplanter Beschaffungszeitpunkt

            Count  |dieses J|nächstes|Ungewiss|Beschaff|
            Row Pct|ahr     |Jahr    |        |t       |
   ZEITP-)  Col Pct|    1   |    2   |    3   |    4   |  Row
                                                          Total
   GRUPPE   -------+--------+--------+--------+--------+
             1.00  |    7   |    3   |        |        |   10
 Segment 1         | 70.0   | 30.0   |        |        | 14.7
                   | 25.9   | 16.7   |        |        |
                   +--------+--------+--------+--------+
             2.00  |        |   11   |    8   |        |   19
 Segment 2         |        | 57.9   | 42.1   |        | 27.9
                   |        | 61.1   | 88.9   |        |
                   +--------+--------+--------+--------+
             3.00  |   20   |    4   |    1   |    4   |   29
 Segment 3         | 69.0   | 13.8   |  3.4   | 13.8   | 42.6
                   | 74.1   | 22.2   | 11.1   | 28.6   |
                   +--------+--------+--------+--------+
             4.00  |        |        |        |   10   |   10
 Segment 4         |        |        |        |100.0   | 14.7
                   |        |        |        | 71.4   |
                   +--------+--------+--------+--------+
            Column      27       18        9       14       68
            Total     39.7     26.5     13.2     20.6    100.0


  Chi-Square     D.F.     Significance      Min E.F.     Cells with E.F.< 5
  ----------     ----     ------------      --------     ------------------
   85.58376        9         .0000            1.324       11 OF  16 ( 68.8%)
  Number of Missing Observations =    22
```

Abb. 56: Kreuztabelle für Marktsegmente und geplante Beschaffungszeitpunkte

---

6) Vgl. die Ausführungen in Kap. 2.3.2.5.

Die Nachfrager aus Segment 2 hingegen planen den Einsatz von CAD erst im nächsten Jahr bzw. die Beschaffung ist noch ungewiß.

Mit Hilfe der bisher betrachteten Kreuztabellen wird der Bezug zwischen den gefundenen Marktsegmenten und den Phasen des Beschaffungsprozesses bestätigt.

Weiterhin ist zu untersuchen, ob in den einzelnen Beschaffungsphasen (Segmenten) das Buying Center mit unterschiedlichen Funktionen besetzt ist. Die Kreuztabelle in Abbildung 57 macht die Buying Center-spezifischen Besonderheiten der Marktsegmente deutlich.

```
Crosstabulation:     GRUPPE
              By FUNKTION  Funktion im Unternehmen
```

	Count Row Pct Col Pct	Konstruk- tionsabt 1	EDV-Abte ilung 2	Geschäft sleitung 3	Sonstige 4	Row Total
FUNKTION→ GRUPPE						
Segment 1	1.00	1 10.0 3.3	1 10.0 14.3	6 60.0 30.0	2 20.0 22.2	10 15.2
Segment 2	2.00	3 14.3 10.0	3 14.3 42.9	11 52.4 55.0	4 19.0 44.4	21 31.8
Segment 3	3.00	19 73.1 63.3	3 11.5 42.9	3 11.5 15.0	1 3.8 11.1	26 39.4
Segment 4	4.00	7 77.8 23.3			2 22.2 22.2	9 13.6
Column Total		30 45.5	7 10.6	20 30.3	9 13.6	66 100.0

Chi-Square	D.F.	Significance	Min E.F.	Cells with E.F.< 5
30.03274	9	.0004	.955	12 OF 16 (75.0%)

Number of Missing Observations = 24

Abb. 57: Kreuztabelle für Marktsegmente und Funktionen

Es zeigt sich, daß bei den Segmenten 1 und 2, die in der frühen Phase des Beschaffungsprozesses stehen, verstärkt die Geschäftsleitung involviert ist. Bei den Segmenten 3 und 4 hingegen, die in der späten Phase des Beschaffungsprozesses stehen, sind primär Mitarbeiter aus der Konstruktionsabteilung beteiligt. Daraus läßt sich schließen, daß je konkreter die Beschaffungsentscheidung für CAD wird, immer mehr fachliche Know how-Träger in den Entscheidungsprozeß einbezogen werden. Die verstärkte Bedeutung der Geschäftsleitung in den ersten Phasen des Beschaffungsprozesses ist vor dem Hintergrund zu sehen, daß primär klein- und mittelständische Unternehmen befragt wurden.

Vor dem Hintergrund der obigen Kreuztabellen und den Ergebnissen der Diskriminanzanalyse lassen sich die Marktsegmente abschließend wie folgt identifizieren:

- **Segment 2: Neulinge**
  Die in Segment 2 zusammemgefaßten Nachfrager können als Neulinge bezeichnet werden, die sich erstmalig mit der Technologie CAD auseinandersetzen und noch in der Orientierungsphase des Beschaffungsprozesses stehen. Besonders stark sind in dieser frühen Phase der CAD-Beschaffung Vertreter aus der Geschäftsleitung involviert.

- **Segment 1: Informierte**
  Die Nachfrager aus Segment 1 haben sich bereits konkret mit der Beschaffung von CAD auseinandergesetzt und können von daher als Informierte bezeichnet werden. Sie haben größtenteils bereits Angebote für CAD-Systeme eingeholt. Auch in diesem Segment ist die Geschäftsleitung noch stark mit der CAD-Beschaffung befaßt.

- **Segment 3: Entschiedene**
  Die Entschiedenen stehen in der Endphase des Beschaffungsprozesses und haben zu über 50% CAD bereits im eigenen Unternehmen getestet oder bereits beschafft. Bezüglich der in dieser Phase beteiligten Funktionen ergibt sich hier allerdings eine Verschiebung hin zu Mitgliedern aus der Konstruktions- (Anwender von CAD) und EDV-Abteilung. Die Geschäftsleitung tritt stark in den Hintergrund.

- **Segment 4: Anwender**
  Alle Nachfrager in Segment 4 haben bereits ein CAD-System beschafft und können deshalb als Anwender bezeichnet werden. Die Geschäftsleitung ist in diesem Segment nicht mehr vertreten. Stattdessen sind die Mitarbeiter aus der Konstruktionsabteilung mit einer Beteiligung von fast 80% dominant.

2.4. Zentrale Ergebnisse der Nachfrageranalysen

Die vorangegangenen Analysen haben Aufschluß über das Nachfragerverhalten bei der Beschaffung von CAD-Systemen gegeben. Wir wollen hier nochmals die zentralen Ergebnisse der Nachfrageranalysen zusammenfassen, die dann in die Erstellung einer Marketing-Konzeption für das System der CAD-CORP einfließen.

Die explorative Faktorenanalyse hatten wir zur Aufdeckung des **aggregierten Evoked Sets** der Nachfrager herangezogen. Sie lieferte uns im Ergebnis die Reduktion der ursprünglich betrachteten 9 Kaufhemmnisse auf 3 zentrale Kaufwiderstandsdimensionen. Dabei wurde deutlich, daß sich die abwartende Position der Nachfrager beim CAD-Kauf vor allem zurückführen läßt auf

- eine allgemeine **Unsicherheitsposition** der Nachfrager,
- erwartete **technische Probleme** beim CAD-Einsatz und
- den **mangelnden Anwendungsbezug** der angebotenen CAD-Lösungen.

Die Kaufwiderstandsdimensionen bilden den primären Ansatzpunkt für die Marketing-Strategie. Das Marketing-Mix muß konkret auf die Beseitigung dieser drei Kaufwiderstandsdimensionen abstellen.[7]

Um die Marketing-Instrumente differenziert einsetzen zu können, haben wir in einem zweiten Schritt untersucht, ob die betrachteten 90 Nachfrager in ihrer Einschätzung der Kaufwiderstandsdimensionen (Faktorwerte) als relativ homogen anzusehen sind oder ob sich Gruppen von Nachfragern bilden lassen mit unterschiedlichen Beurteilungsprofilen. Zu diesem Zweck hatten wir die im Rahmen der Faktorenanalyse gewonnenen Faktorwerte clusteranalysiert und im Ergebnis **vier Marktsegmente** definiert. Die Marktsegmente ermöglichen nun einen differenzierten Einsatz des Marketing-Mix, und die einzelnen Marketing-Maßnahmen lassen sich zielgruppenspezifisch konkretisieren. Auf Basis dieser Überlegungen aufgesetzte Maßnahmen werden aber nur dann den entsprechenden Erfolg zeigen, wenn es gelingt, auch genau diejenigen Personen anzusprechen, die durch die einzelnen Segmente repräsentiert werden. Es ist deshalb von entscheidender Bedeutung, operationale Kriterien zu finden, mit deren Hilfe sich genau bestimmen läßt, wie die jeweiligen Zielgruppen (Segmente) erreicht werden können. Dieses Problem läßt sich nicht allein auf Basis methodischer Instrumentarien lösen. Diese können allenfalls Anhaltspunkte und Tendenzen aufzeigen, die nur im Kontext der jeweiligen Marktsituation zu brauchbaren Ergebnissen führen. Bezogen auf die Situation der CAD-CORP Switzerland in der vorliegenden Fallstudie erscheint die Prüfung sinnvoll, ob sich die Segmente Buying Center-spezifisch relativieren lassen. Wir haben deshalb die gefundenen Segmente diskriminanzanalytisch daraufhin untersucht, ob sie sich auch auf Basis der erfragten Ent-

---

[7] Vgl. zu den konkret auf Basis der Nachfrageranalysen abgeleiteten Marketing-Maßnahmen die Ausführungen in Kap. IV.

scheidungshilfen unterscheiden lassen. Dabei wurde deutlich, daß die Segmente den Phasenablauf bei der CAD-Beschaffung widerspiegeln. Mit Hilfe verschiedener Kreuztabellierungen konnten wir die Segmente abschließend wie folgt identifizieren:

- **Segment 2: Neulinge**
- **Segment 1: Informierte**
- **Segment 3: Entschiedene**
- **Segment 4: Anwender**

Hier ist das Ergebnis der Diskriminanzanalyse von Bedeutung, daß für die Neulinge aktive Unterstützungsmaßnahmen noch relativ unbedeutend sind, während sie sich für die Informierten als besonders wichtig erweisen. Die Entschiedenen unterscheiden sich von den übrigen Segmenten dadurch, daß sie Maßnahmen im Bereich der Erprobungsmöglichkeiten von CAD-Systemen erwarten. Diese unterschiedlichen Einschätzungen der Nachfragergruppen machen auch die segmentbezogenen, **unverdichteten Durchschnittsbeurteilungen der Entscheidungshilfen** deutlich, die in Abbildung 58 wiedergegeben sind. Darüber hinaus finden wir die unterschiedlichen Erwartungen der Nachfrager in den einzelnen Phasen des Beschaffungsprozesses auch bei der segmentspezifischen Einschätzung der **Kaufwiderstandsdimensionen** im aggregierten Evoked Set der Nachfrager wieder. Die Abbildung 59 zeigt die Positionierung für Neulinge (Segment 2), Informierte (Segment 1) und Entschiedene (Segment 3) nach den Kaufwiderstandsdimensionen Unsicherheiten und Technische Probleme.

Wichtigkeit von Entscheidungskriterien für die CAD-Beschaffung
Wichtigkeit: 1 = unwichtig
Wichtigkeit: 7 = sehr wichtig

Entscheidungskriterien CAD-Kauf	Marktsegmente für CAD				Wichtigkeit über alle Segmente
	Informierte	Neulinge	Entschiedene	Anwender	
Infos über zukünftige Entwicklungen					
durchschnittl. Wichtigkeit	6.500	3.304	4.063	6.100	4.427
Standardabweichung	.527	.635	1.216	.876	1.508
Testinstallationen					
durchschnittl. Wichtigkeit	3.600	1.913	4.406	1.500	3.147
Standardabweichung	.516	1.276	2.367	.707	2.116
Einführungs-Hilfen					
durchschnittl. Wichtigkeit	6.000	2.043	4.469	1.800	3.573
Standardabweichung	.816	1.430	2.229	.789	2.267
Schulungen					
durchschnittl. Wichtigkeit	6.500	4.130	4.969	3.400	4.707
Standardabweichung	.707	1.058	1.555	.516	1.496
Anschaffungskosten					
durchschnittl. Wichtigkeit	3.300	5.652	4.844	1.900	4.493
Standardabweichung	.483	.935	2.002	.994	1.913
Systemvergleiche					
durchschnittl. Wichtigkeit	3.700	5.565	2.969	2.300	3.773
Standardabweichung	.949	1.472	1.959	1.767	2.077
Anwendungsunterstützung					
durchschnittl. Wichtigkeit	3.700	2.304	4.844	6.400	4.120
Standardabweichung	.675	1.717	2.096	.699	2.193
Wartungsanfälligkeit					
durchschnittl. Wichtigkeit	3.400	2.261	4.875	6.800	4.133
Standardabweichung	.699	1.685	2.282	.422	2.338

CAD-CORP
Switzerland

Abb. 58: Segmentbezogene Beurteilung der Entscheidungshilfen

86

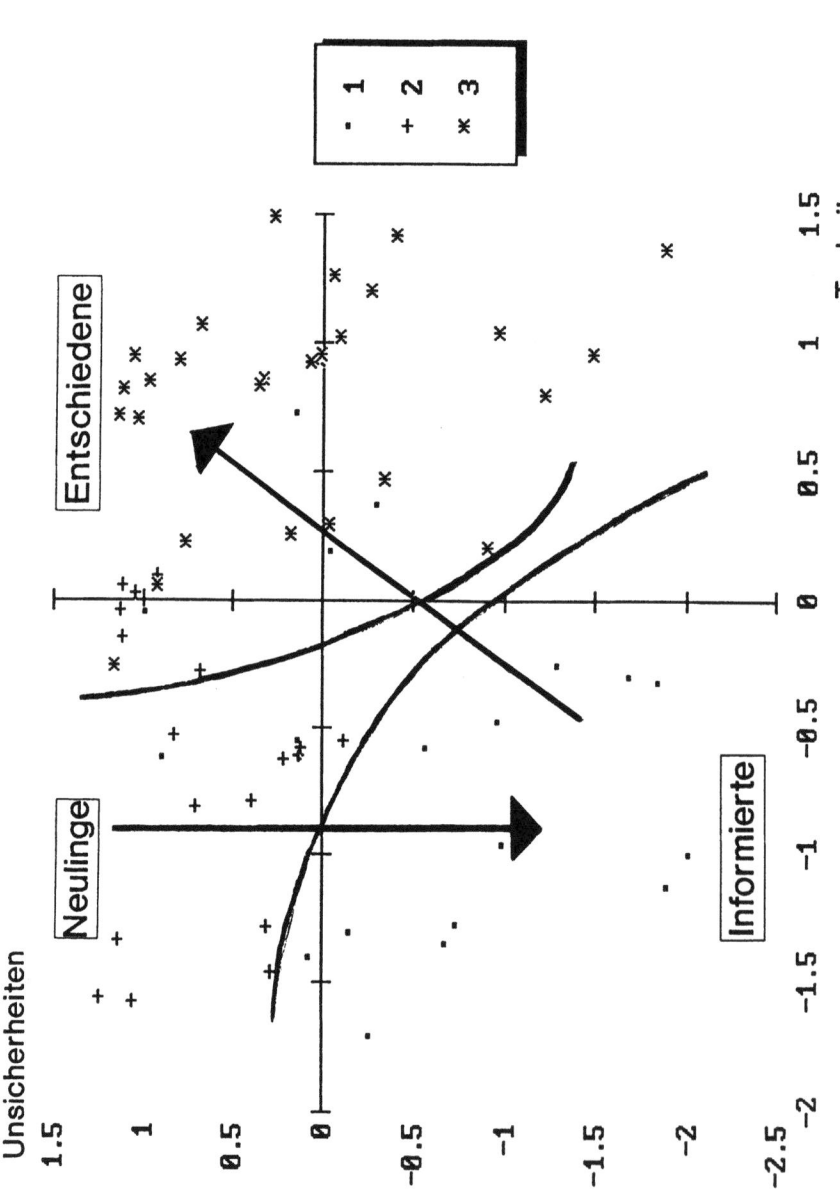

Abb. 59: Positionierung der Nachfrager nach den Kaufwiderstandsdimensionen Unsicherheiten und Technische Probleme

Es zeigt sich, daß die Kaufaktivitäten der Neulinge (+) überdurchschnittlich stark durch eine allgemeine Verunsicherung gehemmt werden, während die technischen Probleme von den Neulingen nur unterdurchschnittlich stark empfunden werden. Im Laufe des Beschaffungsprozesses zeichnet sich eine Wanderung hin zu den Informierten (.) ab, die sowohl die Unsicherheiten als auch die technischen Probleme als nur unterdurchschnittlich kaufhemmend einstufen. Die Kaufbereitschaft ist also in dieser Phase des Beschaffungsprozesses höher als bei den Neulingen. Betrachtet man nun die Position der Entschiedenen (*), so wird ein weiterer Übergang deutlich. Die Entschiedenen sind überdurchschnittlich stark verunsichert und schätzen auch die technischen Probleme überdurchschnittlich groß ein. **Das Problembewußtsein ist demnach um so größer, je weiter die Nachfrager im Beschaffungsprozeß vorangeschritten sind.** Mit Hilfe des Marketing-Mix muß deshalb versucht werden, den Wanderungsprozeß von den Informierten hin zu den Entschiedenen zu vermeiden. Dabei ist zu berücksichtigen, daß der Übergang von den Informierten hin zu den Entschiedenen gleichzeitig mit einer veränderten Struktur des Buying Centers einhergeht. Während in Segment 1 noch die Geschäftsleitung dominierend ist, sind in Segment 3 die fachspezifischen Know how-Träger (Konstruktions- und EDV-Abteilung) primär beteiligt. Daß dieser Wandel von einer veränderten Kommunikationsstrategie begleitet sein muß, ist offensichtlich.

Bei der Ausrichtung der Marketing-Instrumente auf ein bestimmtes Zielsegment muß aber auch danach gefragt werden, welches **Potential** sich hinter den Segmenten verbirgt. Die Abbildung 60 liefert hierfür Anhaltspunkte.

Investitionsvolumen der Unternehmen pro Marktsegment
CAD-CORP/ Switzerland

Alle Angaben in Tausend-DM

	Marktsegmente für CAD				Marktpotential (alle Segmente)
	Informierte	Neulinge	Entschiedene	Anwender	
Investitionsvolumen					
22	1				1
40	1				1
60		2			2
72				1	1
80		2			2
90	1	1			2
100		2	1		3
120		2	1		3
135		1			1
150		1	1		2
170	1				1
180	1		1		2
200			4		4
250		1	2		3
254				1	1
300			1		1
320				1	1
327				1	1
350		1			1
360			1		1
388				1	1
400			1		1
412				1	1
450				1	1
480			1		1
500		1	2	.	3
635	1				1
650		1			1
700		1			1
766			1		1
800		1	2		3
825				1	1
1000	1				1
1200			2		2
1232			1		1
1300	1		1		2
1487			1		1
1500				1	1
1567				1	1

Abb. 60: Investitionsvolumen nach Marktsegmenten (wird fortgesetzt)

Investitionsvolumen der Unternehmen pro Marktsegment
CAD-CORP/ Switzerland

Alle Angaben in Tausend-DM

	Marktsegmente für CAD				Marktpotential (alle Segmente)
	Informierte	Neulinge	Entschiedene	Anwender	
Potential pro Segment					
Durchschnittsinvestition	430	256	549	611	459
Standardabweichung	491.08	249.32	437.78	521.59	429.03
Summe	3437.00	4345.00	13174.90	6114.82	27071.72
Segmentgrösse	8	17	24	10	59

Abb. 60: Investitionsvolumen nach Marktsegmenten

Der zweite Teil von Abb. 60 macht deutlich, daß die 24 Unternehmen im Segment der Entschiedenen mit über 13 Mio. DM das größte Potential bilden. Für CAD-CORP wird es allerdings sehr schwierig sein, diese Zielgruppe noch für ihr System zu gewinnen. Es muß allerdings einschränkend bemerkt werden, daß von den ursprünglich 90 Unternehmen bei dieser Potentialabschätzung nur noch 59 Unternehmen vertreten sind, was die Aussagekraft der errechneten Investitionsvolumina stark in Frage stellt. Der Grund hierfür ist in den fehlenden Werten zu sehen, die die Erhebungsgesamtheit stark reduziert haben.

Die Nachfrageranalysen haben verdeutlicht, daß die Beschaffung von CAD von zwei dynamischen Prozessen begleitet wird. Diese Prozesse manifestieren sich in

- einer Veränderung der Zusammensetzung des Buying Centers,
- einem Wandel der Einschätzung im Verlauf des Beschaffungsprozesses.

Die gefundenen Marktsegmente können damit nicht isoliert bearbeitet werden, sondern stellen nur unterschiedliche Stationen im Verlauf des Beschaffungsprozesses dar. CAD-CORP sollte deshalb auch nicht das Potential der einzelnen Segmente überbewerten, sondern generell entscheiden, ob die Technologie CAD ein erfolgversprechender Markt darstellt. Die Chancen im CAD-Markt werden dabei aber nicht nur durch die Berücksichtigung der bisher gefundenen Ergebnisse bestimmt, sondern es ist die Kenntnis der Nachfrager-Einschätzungen bezüglich des Leistungsangebotes der CAD-CORP ebenfalls von zentraler Bedeutung. Ziel der folgenden Anbieteranalysen ist es deshalb, die Stellung der CAD-CORP Switzerland im Vergleich zu den Konkurrenten **in den Augen der Nachfrager** genauer zu untersuchen. Nachfrageranalysen und Anbieteranalysen gemeinsam schaffen erst die Basis für die endgültige Formulierung der Marketing-Konzeption.

2.5. SPSS/PC+ Programme zur Nachfrageranalyse

2.5.1. Verwendete SPSS/PC+ Prozeduren und genereller Programmaufbau

Im Rahmen der Nachfrageranalysen haben wir folgende SPSS/PC+ Programme erstellt:

Programm-Name	SPSS/PC+ Prozedur
FACTOR.INC	FACTOR
CLUSTER.INC	CLUSTER
CACHECK.INC	DSCRIMINANT
DSCRIM.INC	DSCRIMINANT
CROSSTAB.INC	CROSSTABS
CHART2.INC	GRAPH
TABLES.INC	TABLES

Abb. 61: Verwendete SPSS/PC+ Programme im Rahmen der Nachfrageranalysen

Das Basispaket von SPSS/PC+ enthält nur die Prozedur CROSSTABS. Die Prozeduren FACTOR, CLUSTER und DSCRIMINANT werden von SPSS/PC+ in dem Modul "Advanced Statistics" zur Verfügung gestellt. Die Prozedur GRAPH ist nur durch das Modul "Graphics" und die Prozedur TABLES nur durch das Modul "Tables" verfügbar. Wir werden im folgenden alle Programme detailliert besprechen. Dabei werden bewußt Wiederholungen in Kauf genommen, damit der Aufbau der verwendeten Prozeduren jeweils für sich alleine verständlich ist.

Ein SPSS/PC+ Programm untergliedert sich generell in die "System- und Ausgabesteuerung", den "Datendefinitions- und -modifikations-Teil" und den eigentlichen "Prozedurteil".[1] Durch die Erstellung eines sog. *SPSS/PC+ Systemfiles* können die zu analysierenden Daten und alle permanent gültigen Datendefinitionen- und -modifikationen in komprimierter Form auf der Festplatte oder einer Diskette gespeichert werden. Das hat den Vorteil, daß in folgenden Programmen immer auf diesen Systemfile zurückgegriffen werden kann und die einzelnen SPSS/PC+ Programme nur noch die gewünschte Prozedur enthalten. Die Programme können dadurch schneller verarbeitet werden, sind wesentlich kürzer und damit auch übersichtlicher. Die in diesem Kapitel erläuterten Programme weisen folgende Gemeinsamkeiten auf:

---

[1] Vgl. zum generellen Aufbau eines SPSS/PC+ Programms die detaillierten Ausführungen in Kap. V.3 und V.4.

Bei allen Programmen wurde in den Abbildungen zur besseren Kommentierung eine Zeilennummerierung aufgenommen, die allerdings bei einer Verarbeitung mit SPSS/PC+ nicht enthalten sein darf. Alle Zeilen, die mit einem Stern (*) beginnen, sind Kommentarzeilen, die lediglich zur Erläuterung und Übersichtlichkeit des Programms beitragen, aber keine Auswirkung auf seine Verarbeitung besitzen. Die Kommentarzeilen werden, ebenso wie alle übrigen Befehle, immer durch einen Punkt (.) abgeschlossen.

Die "System- und Ausgabesteuerung" enthält bei allen Programmen folgende Befehle:

- *Der Befehl* **SET MORE OFF** *bewirkt, daß die Abfrage "MORE" nach dem Füllen eines Bildschirmes unterdrückt wird.*
- *Der Befehl* **SET ECHO OFF** *verhindert, daß die in den Programmen verwendeten SPSS/PC+ Befehle auch im Ergebnisfile aufgelistet werden.*
- *Der Befehl* **SET LOG OFF** *verhindert das Anlegen einer Log-Datei.2)*
- *Mit dem* **SET LISTING**-*Befehl wird eine Datei als Ergebnis-File bestimmt, die auf der Festplatte (Laufwerk C) unter dem Verzeichnis LISTINGS abgelegt wird. Dieses Verzeichnis muß vor Programmstart auf der Festplatte angelegt werden.*
- *Mit dem* **TITLE**-*Befehl wird eine Überschrift definiert, die im LISTING-File jeweils in der ersten Zeile einer jeden SPSS/PC+ Seite erscheint.*
- *Durch den Befehl* **GET FILE** *wird jeweils der gewünschte SPSS/PC+ Systemfile von der Diskette eingelesen, der in komprimierter Form die Daten, die Datendefinitionen und die Datenmodifikationen enthält. Lediglich das Programm CHART2.INC verwendet keinen Systemfile.*

Bei den meisten Programmen folgen unmittelbar anschließend an den System- und Ausgabesteuerungs-Teil die einzelnen Befehle der jeweils verwendeten Prozedur.

2.5.2. SPSS/PC+ *Programm zur Evoked Set-Analyse (FACTOR.INC)*

Mit der Prozedur FACTOR stellt SPSS/PC+ eine explorative Faktorenanalyse zur Verfügung. Diese wurde von uns zur Durchführung der Evoked Set-Analyse verwendet. Das Programm ist in Abbildung 62 dargestellt.

---

2) Vgl. zur Log-Datei Kap. V.2.3.

```
 1 ******************** SYSTEM- UND AUSGABESTEUERUNG ***********************
 2                      ----------------------------.
 3 set more off.
 4 set echo off.
 5 set log  off.
 6 set listing = "c:\listings\factor.lis".
 7 set results = "c:fakwerte.dat".
 8 title "Backhaus/Weiber: 'Entwicklung einer Marketing-Konzeption'".
 9 get file "a:ausgang.sys".
10 * ***********************************************************************
11 * ******************* PROZEDUREN ****************************************
12                       ----------
13 * .
14 subtitle "Evoked Set-Analyse: Faktorenanalyse über alle 90 Befragten".
15 factor variables = akzeptan to kompatib
16    /missing   = pairwise
17    /criteria  = factors(3) econverge(0.0025)
18    /format    = sort
19    /print     = univariate initial correlation extraction repr rotation fscore
20    /plot      = eigen rotation (1 2) (1 3) (2 3)
21    /extraction = paf
22    /rotation   = varimax
23    /save reg (all,fak).
24 formats fak1 to fak3 (f5.3).
25 *
26 .
27 subtitle "Auflistung der Faktorwerte für die ersten 20 Befragten.".
28 list variables = fbn fak1 to fak3
29    /cases = from 1 to 20.
30 *
31 * *********** WRITE  erzeugt den ASCII-File FAKWERTE.DAT mit den
32              -----  Faktorwerten (siehe SET-Befehl RESULTS)
33 .
34 write variables = fbn fak1 to fak3 anbieter.
35 *
36 .
37 * *********** SAVE  erzeugt den Systemfile CLUSTER.SYS für die
38              ----  Segmentierungs-Analyse
39 .
40 save out = "c:\progs\cluster.sys"
41    /drop = akzeptan to kompatib.
42 finish.
```

Abb. 62: SPSS/PC+ Programm FACTOR.INC zur Evoked Set-Analyse

*Die "System- und Ausgabesteuerung" enthält in diesem Programm als Besonderheit den Befehl SET RESULTS. Er ermöglicht, daß die Faktorwerte, die im Rahmen der Faktorenanalyse errechnet werden, in der Datei FAKWERTE.DAT im Hauptverzeichnis der Festplatte abgespeichert werden. Dabei ist zu beachten, daß SPSS/PC+ bei diesem Befehl **nicht** die Angabe eines Verzeichnisses erlaubt. Die Datei FAKWERTE.DAT wurde deshalb aus Gründen der Übersichtlichkeit von uns mit dem DOS-Befehl COPY in das Verzeichnis DATEN auf der Diskette kopiert. Die nachfolgende Prozedur arbeitet mit dem Systemfile AUSGANG.SYS, der in komprimierter Form die Daten, die Datendefinitionen und die Datenmodifikationen enthält.3)*

*Der Teil "**Prozeduren**" enthält zwei SPSS/PC+ Prozeduren und zwei SPSS/PC+ Befehle. Die explorative Faktorenanalyse wird durch die Prozedur **FACTOR** in Zeile 15 aufgerufen. Zuvor wurde mit dem SUBTITLE-Befehl noch eine zweite Überschrift für die aktuelle Prozedur eingeführt. Mit dem Unterbefehl **VARIABLES** in Zeile 15 wird der Prozedur FACTOR mitgeteilt, welche Variablen in die Faktorenanalyse einfließen sollen. Hier sind das alle Variablen, die in der DATA LIST des Systemfiles zwischen den Variablen AKZEPTAN und KOMPATIB enthalten sind.4) Jeder weitere Unterbefehl der Prozedur FACTOR wird durch einen Schrägstrich (/) eingeleitet. Für das vorliegende Programm wurden folgende Unterbefehle verwendet:5)*

- ***Der Unterbefehl MISSING: (Zeile 16)***
Mit dem Unterbefehl MISSING wird festgelegt, wie die Faktorenanalyse fehlende Werte bei einzelnen Variablen behandelt. Es gibt folgende Wahlmöglichkeiten:

  - *LISTWISE: Sobald bei einer der zu analysierenden Variablen ein fehlender Wert (missing value) auftritt, wird der gesamte Fall aus der Analyse ausgeschlossen. Dadurch wird erreicht, daß die Fallzahl bei allen Variablen gleich groß bleibt. Die Spezifikation **LISTWISE ist die Voreinstellung** des Systems, d.h. sie wird wirksam, wenn der Unterbefehl MISSING nicht angegeben wird.*

---

3) Der Systemfile AUSGANG.SYS wurde zuvor mit Hilfe des Programms AUSGANG.INC erzeugt. Vgl. hierzu Kap. V.4.1.
4) Die DATA LIST wurde in dem Ursprungsprogramm AUSGANG.INC aufgeführt. Aus ihr läßt sich entnehmen, welche einzelnen Variablen in die Faktorenanalyse einfließen. Vgl. Abb. 91 in Kap. V.
5) Wir behandeln im folgenden nur die uns als wesentlich erscheinenden Unterbefehle. Eine detaillierte Aufstellung aller möglichen Unterbefehle in der Prozedur FACTOR findet sich bei: SPSS Inc. (Hrsg.): SPSS/PC+ Advanced Statistics V2.0 for the IBM PC/XT/AT and PS/2, Chicago 1988, S. B-40ff. und C-24ff.

- *PAIRWISE:* Diese Spezifikation wurde in obigem Programm gewählt. Sie bewirkt, daß nur die Variablen mit fehlenden Werten aus der Analyse ausgeschlossen werden, nicht aber der gesamte Fall. Das führt allerdings dazu, daß die einzelnen Variablen mit unterschiedlich starker Fallzahl in die Analyse eingehen.
- *MEANSUB:* Durch die Angabe von MEANSUB werden alle fehlenden Werte durch die entsprechenden Variablen-Mittelwerte ersetzt. Durch diese Substitution können alle Fälle in der Analyse berücksichtigt werden.
- *INCLUDE:* Mit dieser Spezifikation werden die vom Anwender als fehlend deklarierten Werte mit in die Analyse einbezogen, d.h. wie gültige Werte behandelt.

- *Der Unterbefehl CRITERIA: (Zeile 17)*
Durch CRITERIA kann die Extraktion und die Rotation der Faktoren beeinflußt werden. Wichtige Wahlmöglichkeiten sind hier:

- *FACTORS(n):* Hier kann die genaue Zahl n der Faktoren angegeben werden, die extrahiert werden sollen.
- *MINEIGEN(eg):* Für eg wird ein Eigenwert als numerische Größe angegeben. Die Prozedur extrahiert dann alle Faktoren, die einen Eigenwert von mindestens eg besitzen. Standardmäßig ist eg auf 1 gesetzt, d.h. in der **Voreinstellung** werden die Faktoren entsprechend dem **Eigenwert-Kriterium** extrahiert. Im vorliegenden Programm hätten wir die Spezifikation FACTORS(3) auch vernachlässigen können, da wir ebenfalls nach dem Eigenwert-Kriterium die Zahl der Faktoren bestimmt haben.6)
- *ECONVERGE(e1):* Der Extraktion der Faktoren liegt ein Konvergenzkriterium zu Grunde, das **standardmäßig auf 0,001** gesetzt ist. In unserem Fall wurde die Voreinstellung aufgehoben und e1 auf 0,0025 erhöht. Dadurch wird gleichzeitig die Zahl der Iterationen bei der Extraktion verringert. Diese Maßnahme wurde hier ergriffen, da nach 25 Iterationen noch keine Konvergenz erreicht war.
- *ITERATE(ni):* Anzahl der Iterationen, die maximal bei der Extraktion und der Rotation der Faktoren durchgeführt werden sollen. Die **Voreinstellung ist 25.** Im vorliegenden Fall wurde bei der Extraktion der Faktoren nach 25 Iterationen noch keine Konvergenz erreicht. Deshalb wurde die Spezifikation ECONVERGE(0,0025) eingeführt, wodurch nach 23 Iterationen eine Konvergenz herbeigeführt werden konnte. Einen ähnlichen Effekt hätten wir erreicht, wenn wir bei der Spezifikation ITERATE die Zahl der Iterationen erhöht hätten.

---

6) *Vgl. die Ausführungen in Kap. III.2.1.2.2.*

- *Der Unterbefehl FORMAT: (Zeile 18)*
Mit Hilfe des Unterbefehls FORMAT kann die Interpretationsfähigkeit der unrotierten und rotierten Faktorladungsmatrix erhöht werden. Zwei Spezifikationsmöglichkeiten stehen zur Verfügung:

- *SORT:* Beginnend mit dem ersten Faktor, werden die Faktorladungen nach ihrer Höhe sortiert.
- *BLANK(n):* Alle Faktorladungen kleiner als n werden bei der Darstellung unterdrückt.

- *Der Unterbefehl PRINT: (Zeile 19)*
Mit Hilfe dieses Unterbefehls wird der Umfang der auszudruckenden Statistiken bestimmt. Wichtige Statistiken sind hier z.B.:

- *UNIVARIATE:* Errechnet für die zu analysierenden Variablen die jeweils gültige Fallzahl, den Mittelwert und die Standardabweichung.
- *INITIAL:* Erzeugt eine Tabelle mit den Ausgangswerten der Kommunalitäten, den Eigenwerten der (nicht reduzierten) Korrelationsmatrix sowie Prozentangaben zu den einzelnen Eigenwerten an der Summe der Eigenwerte und kumuliert.
- *CORRELATION:* Druckt die Korrelationsmatrix der Variablen.
- *EXTRACTION:* Erzeugt eine Tabelle mit den Endkommunalitäten, den Eigenwerten der extrahierten Faktoren sowie Prozentangaben zu den einzelnen Eigenwerten bezogen auf die Summe aller Eigenwerte und kumuliert. Außerdem druckt INITIAL die unrotierte Faktorladungsmatrix aus.
- *REPR:* Erzeugt die reproduzierte bzw. reduzierte Korrelationsmatrix und die Differenzwerte zwischen ursprünglicher und reproduzierter Korrelationsmatrix.
- *ROTATION:* Druckt die rotierte Faktorladungsmatrix.
- *FSCORE:* Druckt die Regressionskoeffizienten zur Berechnung der Faktorwerte.
- *ALL:* Erzeugt alle verfügbaren Statistiken.
- *DEFAULT:* Erzeugt die unter INITIAL, EXTRACTION und ROTATION beschriebenen Statistiken.

- *Der Unterbefehl PLOT: (Zeile 20)*
Mit Hilfe des Unterbefehls PLOT können graphische Darstellungen für den Scree-Test und die rotierte Faktorladungsmatrix angefordert werden:

- *EIGEN:* Graphik für den Scree-Test.
- *ROTATION(n1 n2) (n3 n4) ... :* Erstellt auf Basis der rotierten Faktorladungsmatrix graphische Darstellungen für die jeweils in Klammern angegebenen Faktoren-Paare. Die Spezifikation wird allerdings nur wirksam, wenn auch der Unterbefehl ROTATION explizit angegeben wird.

- *Der Unterbefehl EXTRACTION: (Zeile 21)*
  Hier wird angegeben, welche Methode zur Extraktion der Faktoren verwendet werden soll. Folgende Methoden stehen zur Verfügung:7)

    - *PC: Principal components analysis (Hauptkomponentenanalyse); kann auch mit der Spezifikation PA1 aufgerufen werden. Sie ist die **Voreinstellung** des Systems.*
    - *PAF: Principal axis factoring (Hauptachsenanalyse; kann auch mit der Spezifikation PA2 aufgerufen werden.*
    - *ALPHA: Alpha factoring.*
    - *IMAGE: Image factoring.*
    - *ULS: Unweighted least squares.*
    - *GLS: Generalized least spuares.*
    - *ML: Maximum likelihood.*

- *Der Unterbefehl ROTATION: (Zeile 22)*
  *Mit Hilfe des Unterbefehls ROTATION wird die Methode zur Berechnung der rotierten Faktorladungsmatrix spezifiziert. Die **Voreinstellung** ist hier die rechtwinklige Rotation (Spezifikation: **VARIMAX**). Daneben können aber auch verschiedene Verfahren zur schiefwinkligen Rotation angegeben oder die Rotation ganz unterdrückt werden (Spezifikation: **NOROTATE**).*

- *Der Unterbefehl SAVE: (Zeile 23)*
  Mit Hilfe von SAVE werden die errechneten Faktorwerte für die befragten Personen zunächst dem ACTIVE-File hinzugefügt.8) Gleichzeitig wird hier angegeben, nach welcher Methode die Faktorwerte zu berechnen sind. Folgende Methoden sind verfügbar:

    - *REG: Regressionsanalyse. (**Voreinstellung**)*
    - *BART: Bartlett Methode.*
    - *AR: Anderson-Rubin Methode.*

Nach der Berechnungsmethode für die Faktorwerte wird in Klammern noch angegeben für wieviele Faktoren auch Faktorwerte berechnet werden sollen und welchen Namen die Faktorwerte tragen sollen. In unserem Fall wurden für alle Faktoren auch Faktorwerte errechnet (Spezifikation: all) und die Faktorwerte heißen fak1, fak2 und fak3.
Mit dem Unterbefehl SAVE wird das Faktorenanalyse-Programm abgeschlossen, d.h. nach diesem Unterbefehl muß auch ein Punkt (.) zum Abschluß der Prozedur folgen. Eine Faktorenanalyse kann auch ohne die explizite Angabe der obigen Unterbefehle (mit Ausnahme des Unterbefehls VARIABLES) durchgeführt werden. In diesem Fall

---

7) *Vgl. ausführlich zu den einzelnen Extraktions-Methoden: Überla, Karl: Faktorenanalyse, 2. Aufl. Berlin-Heidelberg-New York 1977, passim.*
8) *Vgl. zu den von SPSS/PC+ verwendeten File-Typen die Ausführungen in Kap. V.2.3.*

werden die jeweils erwähnten Voreinstellungen relevant.

Der Prozedur FACTOR folgt in unserem Programm der SPSS/PC+ Befehl **FORMATS** *in Zeile 24. Mit seiner Hilfe wird das Format bestimmt, mit dem die Faktorwerte (fak1, fak2 und fak3) in der nachfolgenden Prozedur LIST ausgedruckt werden. Jeder Faktorwert soll 5 Stellen besitzen, wovon 3 Dezimalstellen sind.*
Durch die **Prozedur LIST** *in Zeile 28 können vorhandene Variablen aus einem Datenfile oder neu erzeugte Variablen im ACTIVE-File am Bildschirm angezeigt werden. Wir verwenden die Prozedur LIST hier um die Fragebogennummer (FBN) und die im ACTIVE-File gespeicherten Faktorwerte (fak1 bis fak3) aufzulisten. Der* **Unterbefehl CASES** *in Zeile 29 bewirkt, daß nur die Faktorwerte der ersten 20 Fälle angezeigt werden.9)*

Der SPSS/PC+ Befehl **WRITE** *in Zeile 34 schreibt die Faktorwerte in die Datei, die mit dem SET RESULTS-Befehl in Zeile 7 angegeben wurde. Dabei wird das mit dem FORMAT-Befehl festgelegte Ausgabeformat für die Faktorwerte wirksam. Erst durch den WRITE-Befehl sind die Faktorwerte auf einem Speichermedium (hier Festplatte) permanent in lesbarer Form verfügbar.*
Als letztes verwenden wir in Zeile 40 den **SAVE-Befehl**, *der die im ACTIVE-File gespeicherten Variablen und Daten als SPSS/PC+ Systemfile ablegt. Mit der Spezifikation* **outfile** *(in unserem Programm mit out abgekürzt) wird der Name angegeben, unter dem der Systemfile abgespeichert werden soll. Mit Hilfe des Unterbefehls* **DROP** *können die Variablen angegeben werden, die* **nicht** *in dem Systemfile abgespeichert werden sollen. In unserem Fall werden alle Ausgangsvariablen der Faktorenanalyse ausgeschlossen, so daß in dem Systemfile CLUSTER.SYS nur die Faktorwerte und die restlichen Variablen des Fragebogens abgespeichert sind.*
Durch den Befehl **FINISH** *wird das SPSS/PC+ Programm abgeschlossen und SPSS/PC+ verlassen.*

2.5.3. SPSS/PC+ *Programm zur Nachfrager-Segmentierung (CLUSTER.INC)*

Die Segmentierung der Nachfrager auf Basis der Faktorwerte erfolgte mit Hilfe der Prozedur **CLUSTER**. *Das Programm für die Clusteranalyse ist in Abbildung 63 dargestellt.*

---

9) Vgl. zu der Prozedur LIST ausführlich: SPSS Inc. (Hrsg.): SPSS/PC+ V2.0 Base Manual for the IBM PC/XT/AT and PS/2, Chicago 1988, S. B-21ff. und C-86ff.

```
 1 * ******************* SYSTEM- UND AUSGABESTEUERUNG *********************
 2                      ----------------------------.
 3 set more off.
 4 set echo off.
 5 set log  off.
 6 set listing = "c:\listings\cluster.lis".
 7 title "Backhaus/Weiber: 'Entwicklung einer Marketing-Konzeption'".
 8 get file "a:cluster.sys".
 9 * *********************************************************************.
10 * *************************** Prozedur ********************************
11                               --------
12 * .
13 subtitle "Segmentierung der CAD-Nachfrager nach der Drei-Faktor-Lösung.".
14 cluster  fak1 to fak3
15      /id      = fbn
16      /print   = schedule clusters(2 5)
17      /measure = seuclid
18      /method  = ward (segment)
19      /plot    = none
20      /save    = cluster (4)
21      /missing = listwise.
22 *
23 ***************** SAVE   erzeugt den Systemfile SEGMENT.SYS zur
24                   ----   Überprüfung der Clusteranalyse
25 .
26 save outfile = "c:\progs\segment.sys".
27 finish.
```

Abb. 63: SPSS/PC+ Programm CLUSTER.INC zur Segmentierung der Nachfrager-Gesamtheit

Im Rahmen der "**System- und Ausgabesteuerung**" wird durch den Befehl **GET FILE** der SPSS/PC+ Systemfile CLUSTER.SYS von der Diskette eingelesen. Er wurde durch das Programm FACTOR.INC im Rahmen der Faktorenanalyse erstellt (vgl. Abb. 62) und enthält in komprimierter Form die errechneten Faktorwerte für alle Befragten. Diese bilden die Ausgangsdaten-Basis für die Clusteranalyse.

Der **Prozedur-Teil** wird mit dem SUBTITLE-Befehl in Zeile 13 eingeleitet, der eine zweite Überschrift für die aktuelle Prozedur festlegt. Mit dem Befehl **CLUSTER** in Zeile 14 wird die Clusteranalyse aufgerufen. Unmittelbar nach dem Prozedurnamen werden die zu analysierenden Variablen (fak1, fak2, fak3) genannt, deren Bezeichnung im vorangegangenen Programm zur Faktorenanalyse festgelegt wurde.10) *Die folgenden Zeilen enthalten nun mögliche Unterbefehle der Prozedur CLUSTER, die alle durch einen Schrägstrich (/) eingeleitet werden. Wir haben in diesem Programm folgende Unterbefehle verwendet:11)*

- *Der Unterbefehl ID: (Zeile 15)*
*Der Unterbefehl ID legt eine Zeichenvariable fest, die bei der Aufstellung der Zugehörigkeit einzelner Fälle zu einem Cluster und der Dendrogramm-Erstellung als "Label" verwendet wird.12) Numerische Variable dürfen als IDentifikations-Variable nicht verwendet werden. Wird der Unterbefehl ID nicht verwendet, so werden die Fälle nur gemäß der laufenden Nummerierung den Gruppen zugeordnete (**Voreinstellung**).*

- *Der Unterbefehl PRINT: (Zeile 16)*
Mit Hilfe dieses Unterbefehls wird der Druckumfang bestimmt. Folgende Ausdrucke können angefordert werden:
  - *SCHEDULE: Druckt die Fusionierungstabelle. Aus ihr geht hervor, welche Fälle auf welcher Stufe fusioniert werden und wie sich der Koeffizient des gewählten Proximitätsmaßes entwickelt. Diese Tabelle ist die **Voreinstellung** für den Ausdruck im Rahmen der Prozedur CLUSTER.*
  - *CLUSTER(min,max): Druckt die Tabelle mit der Cluster-Zugehörigkeit der einzelnen Fälle. Da der Anwender vor Durchführung der Analyse noch nicht weiß, welche endgültige Cluster-Zahl zu wählen ist, kann durch die Angaben min und max eine Bandbreite von Cluster-Lösungen angefordert werden.*
  - *DISTANCE: Druckt die Matrix der Distanz- bzw. Ähnlichkeitskoeffizienten zwischen allen Fällen. Bei großer Fallzahl ist dieser Ausdruck sehr rechen- und platzintensiv.*
  - *NONE: Keine der obigen Tabellen wird gedruckt.*

- *Der Unterbefehl MEASURE: (Zeile 17)*
Mit Hilfe von MEASURE wird das Proximitätsmaß bestimmt, das zur Bestimmung der Ähnlichkeit zwischen den Objekten (Fällen) herangezogen werden soll. Folgende Proximitätsmaße stehen zur Verfügung:13)

---

10) *Vgl. den Befehl SAVE in Zeile 23 des Programms FACTOR.INC; Abb. 62. Dort wird festgelegt, daß die Faktorwerte den Namen "fak" tragen sollen. SPSS/PC+ fügt dann für jeden Faktor einen Zahlenwert an den Namen an.*
11) *Wir behandeln im folgenden nur die uns als wesentlich erscheinenden Unterbefehle. Eine detaillierte Aufstellung aller möglichen Unterbefehle in der Prozedur CLUSTER findet sich bei: SPSS Inc. (Hrsg.): SPSS/PC+ Advanced Statistics, a.a.O., S. B-71ff. und C-1ff.*
12) *Vgl. die Spalte LABEL in Abb. 39.*
13) *Vgl. zur Berechnung der verschiedenen Proximitätsmaße: BACKHAUS, Klaus/ ERICHSON, Bernd/ PLINKE, Wulff/ SCHUCHARD-FICHER, Christiane/ WEIBER, Rolf, a.a.O., S.117ff. und SPSS Inc. (Hrsg.): SPSS/PC+ Advanced Statistics, a.a.O, S. B-86.*

- *SEUCLID:* Quadrierte Euklidische Distanz. Dieses Distanzmaß ist die **Voreinstellung** und wird bei den Fusionierungsalgorithmen Centroid, Median und Ward empfohlen.
- *EUCLID:* Euklidische Distanz (Distanzmaß).
- *COSINE:* Kosinus von Variablen-Vektoren (Ähnlichkeitsmaß).
- *BLOCK:* Cityblock- oder Manhattan-Metrik (Distanzmaß).
- *CHEBYCHEV:* Chebychev'sches Distanzmaß.
- *POWER(p,r):* Minkowski-Metrik. Durch die Wahl der Parameter p (=Exponent der Minkowski-Metrik) und r (=Wurzel der Minkowski-Metrik) können unterschiedliche Distanzmaße erzeugt werden.

- *Der Unterbefehl METHOD: (Zeile 18)*
Der Unterbefehl METHOD legt fest, welcher Fusionierungsalgorithmus für die Bildung der Cluster verwendet werden soll. Folgende Fusionierungs-Methoden stehen zur Verfügung:14)

- *BAVERAGE:* Average-Linkage-Verfahren zwischen Gruppen. Diese Methode ist die **Voreinstellung** der Prozedur CLUSTER.
- *WAVERAGE:* Average-Linkage-Verfahren innerhalb der Gruppen.
- *SINGLE:* Single-Linkage-Verfahren (Nearest Neighbor).
- *COMPLETE:* Complete-Linkage-Verfahren (Furthest Neighbor).
- *CENTROID:* Centroid-Verfahren. Als Proximitätsmaß sollte hier SEUCLID verwendet werden.
- *MEDIAN:* Median-Verfahren. Als Proximitätsmaß sollte hier SEUCLID verwendet werden.
- *WARD:* Ward-Verfahren. Als Proximitätsmaß sollte hier SEUCLID verwendet werden.

- *Der Unterbefehl PLOT: (Zeile 19)*
Durch diesen Unterbefehl ist es möglich, verschiedene graphische Darstellungen für den Verlauf des Fusionierungsprozesses anzufordern. PLOT erzeugt dabei eine graphische Darstellung entsprechend der Fusionierungstabelle, die mit der Spezifikation SCHEDULE des PRINT-Unterbefehls ausgedruckt werden kann. Folgende Graphiken stehen zur Verfügung:

- *VICICLE(min,max,inc):* Erzeugt einen vertikalen Eiszapfen-Plot (**Voreinstellung**). Durch die Angaben min, max und inc kann folgendes festgelegt werden:

    min = Cluster-Zahl mit der der Plot beginnen soll.
    max = Cluster-Zahl mit der der Plot enden soll.
    inc = Intervallgröße (Increment) mit der vom kleinsten bis zum größten Cluster gezählt werden soll.

---

14) Vgl. zu den einzelnen Algorithmen: BACKHAUS, Klaus/ ERICHSON, Bernd/ PLINKE, Wulff/ SCHUCHARD-FICHER, Christiane/ WEIBER, Rolf, a.a.O., S.133ff. und SPSS Inc. (Hrsg.):SPSS/PC+ Advanced Statistics, a.a.O., S. B-82ff.

Werden diese Angaben nicht gemacht, so wird bei min und inc Voreinstellung 1 wirksam und max ist die um 1 verringerte Fallzahl.
- *HICICLE(min,max,inc): Erzeugt einen horizontalen Eiszapfen-Plot. Die Angaben min, max und inc entsprechen den Spezifikationen des vertikalen Eiszapfen-Plots (VICICLE).*
- *DENDROGRAM: Erzeugt ein Baum-Diagramm, bei dem die Distanzwerte des Fusionierungsprozesses auf eine Skala von 0 bis 25 normiert werden. Der größte Distanzwert der Fusionierungstabelle entspricht immer dem Wert 25 und der kleinste Distanzwert immer dem Wert 1. Die Fusionierungstabelle wird durch die Spezifikation SCHEDULE des PRINT-Unterbefehls angefordert.*
- *NONE: Keine der obigen Graphiken wird erstellt.*

- ***Der Unterbefehl SAVE: (Zeile 20)***

*Durch den Unterbefehl SAVE kann die Gruppenzugehörigkeit der einzelnen Objekte (Fälle) für eine, oder mehrere Clusterlösungen gespeichert werden. Mit der Spezifikation **CLUSTER (min,max)** wird angegeben, für welche Custerlösungen die Gruppenzugehörigkeiten gespeichert werden sollen. Wir hatten im vorliegenden Programm nur die Zahl 4 angegeben, d.h. es wird nur die 4-Cluster-Lösung gespeichert. Der Unterbefehl SAVE fügt die Gruppenzugehörigkeiten dem ACTIVE-File hinzu.15) Dabei verwendet er eine Gruppenvariable, die in unserem Fall den Namen "Segment" besitzt. Dieser Name ist durch den Anwender frei wählbar und muß im Rahmen des Unterbefehls METHOD (Zeile 18 in Abb. 63) hinter der Fusionierungsmethode in Klammern angegeben werden. Die Gruppenvariable(n) können durch Angabe des Namens plus die Zahl der Clusterlösung (hier: segment4) in anderen Prozeduren wieder aufgerufen werden.*

- ***Der Unterbefehl MISSING: (Zeile 21)***

Mit dem Unterbefehl MISSING wird festgelegt, wie die Clusteranalyse fehlende Werte bei einzelnen Variablen behandelt. Es gibt folgende Wahlmöglichkeiten:

- *LISTWISE: Sobald bei einer der zu analysierenden Variablen ein fehlender Wert (missing value) auftritt, wird der gesamte Fall aus der Analyse ausgeschlossen. Die Spezifikation LISTWISE ist die **Voreinstellung** des Systems, d.h. sie wird wirksam, wenn der Unterbefehl MISSING nicht angegeben wird.*
- *INCLUDE: Mit dieser Spezifikation werden die vom Anwender als fehlend deklarierten Werte mit in die Analyse einbezogen, d.h. wie gültige Werte behandelt.*

Mit dem Unterbefehl MISSING wird das Clusteranalyse-Programm abgeschlossen, d.h. nach diesem Unterbefehl muß auch ein Punkt (.) zum Abschluß der Prozedur folgen. Eine Clusteranalyse kann auch ohne die explizite Angabe der obigen Unterbefehle durchgeführt werden. In diesem Fall werden die jeweils erwähnten

---

15) Vgl. zu der Bedeutung des SPSS/PC+ ACTIVE-Files die Ausführungen in Kap. V.2.3.

Voreinstellungen relevant.

*Das Programm in Abbildung 63 enthält in Zeile 26 noch den SPSS/PC+ Befehl **SAVE**, durch den die im ACTIVE-File abgespeicherten Variablen und Daten als SPSS/PC+ Systemfile abgelegt werden können. Das ist in unserem Fall notwendig, da wir im Rahmen der Clusteranalyse die Gruppenvariable "segment" erzeugt haben, mit deren Hilfe die Güte der 4-Cluster-Lösung überprüft werden soll. Durch die Spezifikation outfile in Zeile 26 wird der Name angegeben, unter dem der Systemfile abgespeichert ist. Das ist hier der File SEGMENT.SYS, der als Basis für die folgenden Analysen dient. Durch den Befehl **FINISH** wird das SPSS/PC+ Programm abgeschlossen und SPSS/PC+ verlassen.*

*Neben der Prozedur CLUSTER bietet das Paket "SPSS/PC+ Advanced Statistics" unter der **Prozedur QUICK CLUSTER** eine weitere Möglichkeit zur Durchführung einer Clusteranalyse. Mit ihrer Hilfe können Fälle in eine **vorgegebene Anzahl** von Gruppen eingeordnet werden. Voraussetzung zur Anwendung von QUICK CLUSTER ist damit die Kenntnis der besten Cluster-Lösung. In solchen Fällen kann eine Clusteranalyse wesentlich schneller durchgeführt werden, insbesondere dann, wenn große Fallzahlen zu verarbeiten sind. Insgesamt bietet die Prozedur QUICK CLUSTER allerdings wesentlich weniger Möglichkeiten einer flexiblen Gestaltung des Clusteranalyse-Prozesses.*

2.5.4. SPSS/PC+ Programm zur Prüfung der Segmentierungsergebnisse (CACHECK.INC)

Außer dem Programm zur Clusteranalyse hatten wir im Rahmen der Segmentierungs-Analyse noch eine Diskriminanzanalyse durchgeführt. Sie hatte zum Ziel, die Güte der gefundenen 4-Cluster-Lösung zu überprüfen. Wir verwendeten zu diesem Zweck das in Abbildung 64 aufgelistete Diskriminanzanalyse-Programm.

```
 1 * ******************* SYSTEM- UND AUSGABESTEUERUNG ****************
 2                      -----------------------------.
 3 set more off.
 4 set echo off.
 5 set log  off.
 6 set listing = "c:\listings\cacheck.lis".
 7 title "Backhaus/Weiber: 'Entwicklung einer Marketing-Konzeption'".
 8 get file "a:segment.sys".
 9 * **************************************************************.
10 * ******************** DATENMODIFIKATIONEN *********************
11                       --------------------
12 *.
13 value labels segment4  1 "Segment A"  2 "Segment B"  3 "Segment C"
14                        4 "Segment D".
15 *.
16 * ************************ PROZEDUR ****************************
17                           --------
18 *.
19 subtitle "Diskriminanzanalyse zur Überprüfung der Clusteranalyse".
20 dscriminant  groups = segment4 (1 4)
21    /variables = fak1 to fak3
22    /analysis  = fak1 to fak3
23    /method    = direct
24    /priors    = size
25    /statistics = 13.
26 finish.
```

Abb. 64: SPSS/PC+ Programm CACHECK.INC zur Prüfung der gefundenen 4-Cluster-Lösung

Durch den GET-Befehl in Zeile 8 wird der SPSS/PC+ Systemfile SEGMENT.SYS eingelesen, den wir im Rahmen der vorangegangenen Clusteranalyse erzeugt hatten. Die in diesem Systemfile enthaltene Gruppenvariable SEGMENT4 wird im Rahmen der Diskriminanzanalyse verwendet (vgl. Zeile 20) und dient dort zur Definition der zu analysierenden Gruppen. Damit wird erreicht, daß die Diskriminanzanalyse genau die Gruppen (Cluster, Segmente) zugrunde legt, die durch die Clusteranalyse gefunden wurden.

Auf eine ausführliche Erläuterung der Prozedur DSCRIMINANT wird hier verzichtet, da wir im folgenden zur Identifikation der gefundenen Nachfragergruppen ebenfalls die Diskriminanzanalyse einsetzen, dessen Programm detailliert im folgenden Kapitel besprochen wird.

2.5.5. SPSS/PC+ *Programme zur Identifikation der Marktsegmente*

2.5.5.1. *Programm zur Diskriminanzanalyse (DSCRIM.INC)*

Zur Identifikation der Marktsegmente wurden mehrere Analysen durchgeführt. Mit Hilfe der Diskriminanzanalyse wurde geprüft, ob sich die durch die Clusteranalyse gefundenen Gruppen auch nach den erfragten Entscheidungshilfen diskriminieren lassen. Wir verwenden zu diesem Zweck die Prozedur **DSCRIMINANT**. *Das Programm für die Diskriminanzanalyse ist in Abbildung 65 dargestellt.*

```
 1 * ******************* SYSTEM- UND AUSGABESTEUERUNG *********************
 2                      ---------------------------.
 3 set more off.
 4 set echo off.
 5 set log off.
 6 set listing = "c:\listings\dscrim.lis".
 7 title "Backhaus/Weiber: 'Entwicklung einer Marketing-Konzeption'".
 8 get file "a:segment.sys".
 9 * ****************************************************************.
10 * ************************ DATENMODIFIKATIONEN *********************
11                            -------------------
12 .
13 value labels segment4   1 "Segment 1"   2 "Segment 2"   3 "Segment 3"
14                         4 "Segment 4".
15 *
16 * ************************** PROZEDUR ***************************
17                             --------
18 .
19 subtitle "Diskriminanzanalyse zur Identifikation der Marktsegmente".
20 discriminant   groups = segment4 (1 4)
21     /variables  = entsch1 to entsch8
22     /method     = wilks
23     /priors     = size
24     /options    = 4
25     /statistics = 1 2 10 11 12 13 14 15.
26 finish.
```

Abb. 65: SPSS/PC+ Programm DSCRIM.INC

Durch den Befehl **GET FILE** *in der* **System- und Ausgabesteuerungs**-*Teil wird der SPSS/PC+ Systemfile SEGMENT.SYS von der Diskette eingelesen. Er wurde durch das Programm CLUSTER.INC im Rahmen der Clusteranalyse erstellt (vgl. Abb. 63) und enthält in komprimierter Form die Zuordnung der 90 Befragten zu den gefundenen vier Gruppen. Diese Zuordnungen sind in dem Systemfile SEGMENT.SYS unter der Gruppenvariable SEGMENT4 abgelegt. Die Gruppenvariable SEGMENT4 wird von der Diskriminanzanalyse als abhängige Variable verwendet.*

Der Datenmodifikations-Teil dient in diesem Programm lediglich der Vergabe von Kennungen für die Variablenwerte der Gruppenvariable. Mit Hilfe des Befehls **VALUE LABELS** in Zeile 13 werden den einzelnen Werten der Variablen SEGMENT4 Bezeichnungen zugeordnet, die von der Diskriminanzanalyse verwendet werden.

Der Prozedur-Teil wird mit dem SUBTITLE-Befehl in Zeile 19 eingeleitet, der eine zweite Überschrift für die aktuelle Prozedur festlegt. Mit dem Befehl **DSCRIMINANT** in Zeile 20 wird die Diskriminanzanalyse aufgerufen und durch den Unterbefehl **GROUPS** wird die abhängige Variable der Diskriminanzanalyse festgelegt. Das ist hier die Gruppenvariable SEGMENT4. In Klammern wird die Zahl der zu analysierenden Gruppen (von) 1 (bis) 4 angegeben. Mit dem Unterbefehl **VARIABLES** werden die unabhängigen Variablen angegeben, mit dessen Hilfe die Gruppen diskriminiert werden sollen. Ein vollständiges Programm zur Diskriminanzanalyse muß mindestens die Unterbefehle GROUPS und VARIABLES enthalten. Die folgenden Zeilen enthalten weiterhin mögliche Unterbefehl der Prozedur DSCRIMINANT, die alle durch einen Schrägstrich (/) eingeleitet werden. Wir haben in diesem Programm folgende Unterbefehle verwendet:[16)]

- *Der Unterbefehl METHOD: (Zeile 22)*
Mit Hilfe des Unterbefehls METHOD wird festgelegt, mit Hilfe welcher Methode die unabhängigen Variablen in die Analyse einbezogen werden. Die **Voreinstellung** ist hierbei die sog. direkte Methode, die alle abhängigen Variablen simultan in die Diskriminanzfunktion(en) aufnimmt und über die Anweisung **DIRECT** aufgerufen wird. Alternativ können verschiedene stufenweise Methoden gewählt werden, bei denen die einzelnen Variablen nach einem bestimmten Kriterium in die Analyse einbezogen werden. Variable, die dieses Kriterium nicht erfüllen, werden auch nicht in der (den) Diskriminanzfunktion(en) berücksichtigt. Folgende Kriterien können gewählt werden:

- **WILKS:** Es werden nur solche Variablen in die Analyse einbezogen, die den Wert von Wilk's Lambda reduzieren können.
- **MAHAL:** Es wird jeweils die Variable aufgenommen, die die Mahalanobis-Distanz zwischen den beiden am nächsten beieinanderliegenden Gruppen maximiert.
- **MAXMINF:** Es wird jeweils die Variable aufgenommen, die den kleinsten F-Wert für jeweils zwei Gruppen maximiert.
- **MINRESID:** Es wird jeweils die Variable aufgenommen, die die größte nicht-erklärte Streuung für jeweils zwei Gruppen minimiert.
- **RAO:** Es wird jeweils die Variable aufgenommen, die den größten Anstieg

---

16) Wir behandeln im folgenden nur die uns als wesentlich erscheinenden Unterbefehle. Eine detaillierte Aufstellung aller möglichen Unterbefehle in der Prozedur DSCRIMINANT findet sich bei: SPSS Inc. (Hrsg.): SPSS/PC+ Advanced Statistics, a.a.O., S. B-1ff. und C-13ff.

von Rao's V bewirkt.

Die Kriterien WILKS und RAO ermöglichen eine bestmögliche Trennung aller Gruppen, während die übrigen Kriterien eine optimale Diskriminierung zwischen den am schlechtesten trennbaren Gruppen anstreben.

- *Der Unterbefehl PRIORS: (Zeile 23)*
Der Unterbefehl PRIORS ermöglicht die Festlegung von Wahrscheinlichkeiten, mit denen ein Fall einer Gruppe angehört. Diese Wahrscheinlichkeiten können über folgende Anweisungen bestimmt werden:

   - *EQUAL: ist die **Voreinstellung** und unterstellt, daß die Fälle alle mit gleicher Wahrscheinlichkeit einer bestimmten Gruppe angehören.*
   - *SIZE: Die Zugehörigkeitswahrscheinlichkeit wird entsprechend des Stichprobenumfangs einer Gruppe in bezug zur Größe der Gesamtstichprobe errechnet.*
   - *n1,n2,..: Der Anwender kann selbst festlegen, mit welcher Wahrscheinlichkeit ein Fall in eine bestimmte Gruppe gehört. Die Wahrscheinlichkeiten müssen zwischen 0 und 1 liegen und sich in der Summe zu 1 ergänzen. Die Anzahl und Abfolge der Wahrscheinlichkeiten muß der Gruppenzahl und der Gruppenabfolge entsprechen.*

- *Der Unterbefehl OPTIONS: (Zeile 24)*
Mit Hilfe des Unterbefehls OPTIONS kann die Durchführung der Diskriminanzanalyse weiter beeinflußt werden. Wichtige OPTIONS-Anweisungen sind z.B.:

   - *1: Es werden auch Fälle mit fehlenden Werten (missing values) in die Analyse einbezogen. In der **Voreinstellung** bleiben Fälle mit fehlenden Werten unberücksichtigt.*
   - *4: Unterdrückung der Druckausgabe für die einzelnen Schritte der stufenweisen Diskriminanzanalyse.*
   - *5: Unterdrückung der zusammenfassenden Abschlußtabelle (summary table).*
   - *8: Fälle mit fehlenden Werten werden zwar nicht in die Analysephase einbezogen, wohl aber in der Klassifizierungsphase berücksichtigt, indem die fehlenden Werte durch den Mittelwert der betreffenden Variable ersetzt werden.*

- *Der Unterbefehl STATISTICS: (Zeile 25)*
Der STATISTICS-Unterbefehls ermöglicht die Steuerung der Druckausgabe. Folgende Statistiken können z.B. für die Programmausgabe angefordert werden:

   - *1: Mittelwerte: Druckt die Gruppenmittelwerte und den jeweiligen Gesamtmittelwert für die betrachteten Variablen.*
   - *2: Standardabweichungen: Druckt die Standardabweichungen der Variablen in den jeweiligen Gruppen und in der Population.*
   - *10: Druckt die Gebietsaufteilung für die Gruppen, die durch die ersten beiden Diskriminanzfunktionen erzeugt werden. Diese Ausgabe kann nur bei mindestens zwei Diskriminanzfunktionen angefordert werden.*

- *11:* Druckt die unstandardisierten kanonischen Diskriminanzfunktionen.
- *12:* Druckt die Klassifikationsfunktionen für die einzelnen Gruppen (Fisher's linear discriminant functions).
- *13:* Druckt die Klassifikationsmatrix.
- *14:* Ausgabe der individuellen Klassifizierungsergebnisse für alle Objekte (Fälle).
- *15:* Druckt die Darstellung aller Gruppen im Diskriminanzraum in einer einzigen Graphik.
- *16:* Erzeugt für jede Gruppe eine separate Graphik mit den Positionen der zu der jeweiligen Gruppe gehörenden Fälle.

Die wichtigsten fallweisen Ergebnisse (Statistic 14) der Diskriminanzanalyse können mit Hilfe des SAVE-Unterbefehls in den Activ-File übernommen werden. Für jeden Fall können folgende Informationen gemäß den individuellen Klassifizierungsergebnisssen gespeichert werden:

- *CLASS:* Speichert unter einem beliebigen Namen die Zuordnung eines Falls zu einer bestimmten Gruppe.
- *SCORES:* Speichert die fallspezifischen Diskriminanzwerte.
- *PROBS:* Speichert die Wahrscheinlichkeiten, mit der ein Fall in eine bestimmte Gruppe einzuordnen ist.

Bezogen auf die von uns vorgenommene Analyse hätte der SAVE-Befehl etwa wie folgt spezifiziert werden können:

/SAVE CLASS = GRUPPE SCORES = DWERT PROBS = WAHRSCH

Dieser SAVE-Befehl würde in unserem Fall acht Variablen dem Activ-File hinzufügen, die für jedes Objekt folgende Informationen enthalten:

GRUPPE	--->	Gruppennummer eines Falls
DWERT1	--->	Diskriminanzwert der 1. Diskriminanzfunktion
DWERT2	--->	Diskriminanzwert der 2. Diskriminanzfunktion
DWERT3	--->	Diskriminanzwert der 3. Diskriminanzfunktion
WAHRSCH1	--->	Zugehörigkeitswahrscheinlichkeit für Gruppe 1
WAHRSCH2	--->	Zugehörigkeitswahrscheinlichkeit für Gruppe 2
WAHRSCH3	--->	Zugehörigkeitswahrscheinlichkeit für Gruppe 3
WAHRSCH4	--->	Zugehörigkeitswahrscheinlichkeit für Gruppe 4

Damit diese Informationen auch in späteren Prozeduren verwendet werden können, müßte abschließend der Activ-File (= der im Hauptspeicher zur Zeit vorhandene Systemfile) in einem Systemfile auf der Festplatte oder einer Diskette abgespeichert werden. Zur Speicherung verwendet man den Befehl SAVE:

SAVE OUTFILE = "A:SEGMENT.SYS".

Dadurch würde der zu Beginn unseres Programms aufgerufene Systemfile SEGMENT.SYS (vgl. Zeile 8 in Abb. 65) um die obigen Variablen ergänzt.

2.5.5.2. Programm zur Erstellung von Kreuztabellen (CROSSTAB.INC)

Neben der Diskriminanzanalyse haben wir mehrere Kreuztabellen berechnet, die ebenfalls zur Identifikation der Marktsegmente dienen. Die Erstellung von Kreuztabellen ist mit Hilfe der Prozedur CROSSTABS möglich und das verwendete Programm ist in Abbildung 66 dargestellt.

```
1 * ******************* SYSTEM- UND AUSGABESTEUERUNG *********************
2                      ----------------------------.
3 set more off.
4 set echo off.
5 set log  off.
6 set listing = "c:\listings\crosstab.lis".
7 title "Backhaus/Weiber: 'Entwicklung einer Marketing-Konzeption'".
8 get file "a:segment.sys".
9 * *********************************************************************.
10 * ************************ DATENMODIFIKATIONEN *************************
11                           --------------------
12 .
13 compute gruppe = $casenum.
14 *.
15 * Die Variable $CASENUM wird automatisch durch den SAVE-Befehl bei der
16   Erstellung eines System-Files erzeugt.
17 * Sie entspricht in unserem Fall genau der Fragebogennummer.
18 * $CASENUM ist jedoch metrisch und FBN nur ordinal skaliert.
19 *.
20 recode  gruppe   (  2  4 11 14 18 22 37 73 88
21                    28 = 1)
22                  (  3  6  8 10 12 15 16 42 48 50 55 56 61 69 70 81 89 90
23                    21 36 68 76 86 = 2)
24                  (  5  7 13 19 23 24 31 33 34 39 40 41 44 thru 47 54 59
25                    64 66 71 72 78 80 84 87
26                    51 53 63 65 74 79 = 3)
27                  (25 26 30 32 38 58 62 67
28                     9 82 = 4)
29                  (else = 0).
30 value labels gruppe   1 "Segment 1"  2 "Segment 2"   3 "Segment 3"
31                       4 "Segment 4".
32 missing value gruppe (0).
33 *
34 * ************************* PROZEDUR *************************
35                             --------
36 .
37 subtitle "Kreuztabellen zur Identifizierung der Nachfrager-Segmente".
38 crosstabs tables =  gruppe by phase zeitp funktion
39        /options   =  3 4
40        /statistic =  1.
41 finish.
```

Abb. 66: SPSS/PC+ Programm CROSSTAB.INC

Im System- und Ausgabesteuerungs-Teil wird durch den Befehl **GET FILE** der SPSS/PC+ Systemfile SEGMENT.SYS von der Diskette eingelesen. Er wurde durch das Programm CLUSTER.INC im Rahmen der Clusteranalyse (vgl. Abb. 63) erstellt.

Im Datenmodifikations-Teil wird durch den Befehl **COMPUTE** in Zeile 13 die Systemvariable $CASENUM, die die fortlaufende Nummerierung der Fälle enthält, gleichgesetzt mit der neuen Variablen GRUPPE. Diese Umformung ist notwendig, da die von uns verwendete Variable FBN (Fragebogennummer) im Systemfile als Zeichenvariable definiert wurde und somit nicht im Rahmen des RECODE-Befehls verwendet werden darf. Die neue Variable GRUPPE hingegen ist eine numerische Variable, deren Werte durch den RECODE-Befehl umdefiniert werden können. Mit Hilfe des RECODE-Befehls werden die in Klammer stehenden Werte der neu definierten Variable GRUPPE so umkodiert, daß am Ende diese Variable nur noch die Werte 1,2,3,4 und 0 besitzt. Durch den RECODE-Befehl haben wir die Fälle so den vier Segmenten zugeordnet, wie Sie in der Diskriminanzanalyse in der ACTUAL GROUP (vgl. Abb. 49) ausgewiesen wurden. Außerdem wurden auch die ungruppierten Fälle berücksichtigt, deren Fallnummern in den Zeilen 21, 23, 26 und 28 des Programms stehen.

Mit Hilfe des Befehls **VALUE LABELS** in Zeile 30 werden den einzelnen Werten der Variablen GRUPPE Bezeichnungen zugeordnet, die in der Kreuztabellierung verwendet werden. Der **MISSING VALUE**-Befehl in Zeile 32 erreicht, daß alle Fälle nicht in die Analyse eingehen, die bei der Variablen GRUPPE den Wert 0 aufweisen.

Der Prozedur-Teil wird mit dem SUBTITLE-Befehl in Zeile 37 eingeleitet, der eine zweite Überschrift für die aktuelle Prozedur festlegt. Mit dem Befehl **CROSSTABS** in Zeile 38 wird die Prozedur CROSSTABS aufgerufen und durch den Unterbefehl **TABLES** werden die einzelnen Kreuztabellen angefordert. In allen Kreuztabellen wird die Variable GRUPPE verwendet und jeweils gegen die Variablen PHASE, ZEITP bzw. FUNKTION in einer Kreuztabelle dargestellt. Die folgenden Zeilen enthalten weiterhin mögliche Unterbefehle der Prozedur CROSSTABS, die alle durch einen Schrägstrich (/) eingeleitet werden. Wir haben in diesem Programm folgende Unterbefehle verwendet:[17]

- *Der Unterbefehl OPTIONS: (Zeile 39)*
Mit Hilfe des Unterbefehls OPTIONS kann der Umfang der Druckausgabe gesteuert werden. Wir haben hier vereinbart, daß im Ergebnis-File nur die Prozentangaben der Zellenbesetzungen bezüglich der Zeile (Option 3) und der Spalte (Option 4) erscheinen.

---

[17] Wir behandeln im folgenden nur die von uns verwendeten Anweisungen bei den Unterbefehlen der Prozedur CROSSTAB. Eine detaillierte Aufstellung aller möglichen Anweisungen der Unterbefehle findet sich bei: SPSS Inc. (Hrsg.): SPSS/PC+ V2.0 Base Manual, a.a.O., S. B-93ff. und C-33ff.

- *Der Unterbefehl STATISTIC: (Zeile 40)*
Durch den STATISTIC-Unterbefehl können verschiedene Statistiken für die berechneten Kreuztabellen angefordert werden. Wir haben nur den Chi-Quadrat-Wert (Statistic 1) berechnen lassen. Weitere 10 statistische Größen stehen zur Verfügung.

Durch den Befehl **FINISH** wird das Programm abgeschlossen und SPSS/PC+ verlassen.

2.5.6. SPSS/PC+ Programm zur Positionierung der Nachfrager (CHART2.INC)

*Im Rahmen des Kapitels 2.4. haben wir abschließend eine Positionierung der Nachfrager auf Basis der Faktorwerte vorgenommen. Die Positionierung berücksichtigt dabei die Zugehörigkeit der Nachfrager zu den einzelnen Segmenten. Zu diesem Zweck verwenden wir die Prozedur **GRAPH**, die in unserem Fall mit der Graphik-Software Microsoft CHART 3.0 zusammenarbeitet. Das verwendete Programm ist in Abbildung 67 dargestellt.*

Der *System- und Ausgabesteuerungs-Teil* greift auf keinen Systemfile zurück. Die Daten werden hier von einem ASCII-File eingelesen.

Der **Datendefinitionsteil** *spezifiziert mit dem Befehl* **DATA LIST** *in Zeile 12 den File FAKWERTE.DAT als Datenfile. Diese Datei wurde im Rahmen der Faktorenanalyse erzeugt (vgl. Abb. 62) und enthält die Faktorwerte für die 90 befragten Personen. In Zeile 13 werden die Variablen definiert, die in der Datei FAKWERTE.DAT in den Spalten 2-3 (Variable FBN) und 4-21 (Variable fak1, fak2, fak3) enthalten sind. Die Variablen fak1 bis fak3 enthalten dabei 3 Dezimalstellen, was durch die in Klammern angegebene 3 gekennzeichnet wird. Alle Variablen wurden als numerische Variablen definiert. Der **VARIABLE LABELS**-Befehl in Zeile 15 ermöglicht die Vergabe von Kennungen für die Variablen.*

Im **Datenmodifikations-Teil** *ermöglicht der Befehl* **RECODE** *in Zeile 22, daß die Werte der Variablen FBN so umkodiert werden, daß am Ende diese Variable nur noch die Werte 1,2,3 und 0 besitzt. Durch den RECODE-Befehl haben wir die Fälle so den Segmenten zugeordnet, wie Sie in der Diskriminanzanalyse in der ACTUAL GROUP (vgl. Abb. 52) ausgewiesen wurden. Außerdem wurden auch die ungruppierten Fälle berücksichtigt, deren Fallnummern in den Zeilen 23, 25 und 28 des Programms stehen. Das Segment 4 findet bei der Positionierung keine Berücksichtigung.*
Mit Hilfe des Befehls **VALUE LABELS** *in Zeile 30 werden den einzelnen Werten der Variablen FBN Bezeichnungen zugeordnet, die in der Legende der Positionierung erscheinen. Der* **MISSING VALUE**-*Befehl in Zeile 31 erreicht, daß alle Fälle nicht in die Analyse eingehen, die bei der umkodierten Variablen FBN den Wert 0 aufweisen.*

```
 1 * ******************** SYSTEM- UND AUSGABESTEUERUNG **********************
 2                       ----------------------------.
 3 set more off.
 4 set echo off.
 5 set log  off.
 6 set listing = "c:\listings\chart2.lis".
 7 title "Backhaus/Weiber: 'Entwicklung einer Marketing-Konzeption'".
 8 * **************************************************************************.
 9 * ************************* DATENDEFINITIONEN ***************************
10                             -----------------
11 * .
12 data list file = "a:\daten\fakwerte.dat"
13      /fbn 2 - 3 fak1 to fak3 4-21(3).
14 missing value fak1 to fak3 (000000).
15 variable labels  fak1  "Unsicherheiten"
16      /fak2  "Technik"
17      /fak3  "Anwendungsbezug".
18 * **************************************************************************.
19 * ************************* DATENMODIFIKATIONEN ***************************
20                             -------------------
21 .
22 recode  fbn   ( 2   4 11 14 18 22 37 73 88
23                    28 = 1)
24               ( 3   6  8 10 12 15 16 42 48 50 55 56 61 69 70 81 89 90
25                    21 36 68 76 86 = 2)
26               ( 5   7 13 19 23 24 31 33 34 39 40 41 44 thru 47 54 59
27                   64 66 71 72 78 80 84 87
28                    51 53 63 65 74 79 = 3)
29               (else = 0).
30 value labels fbn  1 "S1"  2 "S2"   3 "S3".
31 missing value fbn (0).
32 *
33 * *************************** PROZEDUR ********************************
34                              --------
35
36 * HINWEIS: -  CHART.INC muß aus der Directory heraus gestartet werden,
37    -------    in der die SPSS-Programmfiles residieren!
38               Ansonsten verlangt MS-CHART einen erneuten Zugriff auf
39               die Datei CHART2.CHT und kann diese Datei nicht lesen!
40 *
41            - Stellen Sie sicher, daß durch den DOS-Befehl PATH eine
42              Verbindung zwischen CHART und SPSS besteht!
43 .
44 gset package=chart.
45 gshow.
46 subtitle "Nachfrager-Positionierung nach Faktorwerten für die Segmente 1-3".
47 graph scatterplot = fak1 by fak2 by fbn
48      /outfile = "c:\listings\position.cht".
49 finish.
```

Abb. 67: SPSS/PC+ Programm CHART2.INC

*Im **Prozedur-Teil** wird mit dem Befehl **GSET PACKAGE** in Zeile 44 definiert, daß SPSS/PC+ bei der folgenden Prozedur mit der Graphik-Software CHART zusammenarbeiten soll. Durch den Befehl **GSHOW** wird angezeigt, welche Version des Programms Chart auf der Festplatte installiert ist. Durch den **SUBTITLE**-Befehl in Zeile 46 wird eine zweite Überschrift für die aktuelle Prozedur festlegt. Mit dem Befehl **GRAPH** in Zeile 47 wird die Prozedur GRAPH aufgerufen, und die Anweisung SCATTERPLOT bestimmt, daß ein Streudiagramm gezeichnet werden soll.18) Das Streudiagramm verwendet für die Koordinaten die Werte der Variablen fak1 und fak2. Die Angabe FBN erreicht, daß die einzelnen Werte im Diagramm noch nach ihrer Zugehörigkeit (umkodierte Variable FBN) gekennzeichnet werden.*

*Der Unterbefehl **OUTFILE** in Zeile 48 bewirkt, daß das durch Microsoft Chart erstellte Diagramm unter dem Namen CHART2.CHT auf der Diskette (Laufwerk A) in dem Verzeichnis LISTINGS abgelegt wird. Damit kann das Diagramm zu einem späteren Zeitpunkt unter dem Namen CHART2.CHT auch direkt von Microsoft Chart aufgerufen werden.19)*

*Durch den Befehl **FINISH** in Zeile 49 wird das Programm abgeschlossen und SPSS/PC+ verlassen. Für die Zusammenarbeit zwischen SPSS/PC+ und Microsoft Chart, muß sichergestellt sein, daß mit Hilfe des DOS-Befehls PATH eine Verbindung zwischen Chart und SPSS/PC+ besteht. Außerdem verlangt SPSS/PC+, daß das Programm CHART.INC aus dem Verzeichnis heraus aufgerufen wird, in dem die SPSS/PC+ Programmfiles stehen. Ansonsten kann es vorkommen, daß Chart den SPSS/PC+ File nicht lesen kann.*

2.5.7. SPSS/PC+ Programm zur Potentialabschätzung (TABLES.INC)

Das Zusatzpaket SPSS/PC+ Tables V2.0 erlaubt die Erstellung präsentationsfähiger Tabellen. Wir haben im Rahmen der Zusammenfassung zur Nachfrageranalyse mit Hilfe von TABLES zum einen die segmentspezifische Wichtigkeit der Variablen Entscheidungshilfen berrechnet und eine Potentialabschätzung der Segmente vorgenommen. Das verwendete Programm ist in Abbildung 68 dargestellt. Die Prozedur Tables enthält eine Reihe von Unterbefehlen, die jeweils durch einen Schrägstrich (/) eingeleitet werden.20)

---

18) *Eine ausführliche Erläuterung der Prozedur GRAPH wurde von uns bereits in Kap. III.1.4.3. vorgenommen.*
19) *Vgl. zu weiteren möglichen Unterbefehlen der Prozedur GRAPH: SPSS Inc. (Hrsg.): SPSS/PC+ Graphics for the IBM PC/XT/AT, Chicago 1986, S. 6ff.*
20) *Wir behandeln hier nur die uns als wesentlich erscheinenden Unterbefehle. Eine detaillierte Aufstellung aller möglichen Unterbefehle in der Prozedur TABLES findet sich bei: SPSS Inc. (Hrsg.): SPSS/PC+ Tables V2.0 for the IBM PC/XT/AT and PS/2, Chicago 1988, S. C-1ff.*

```
 1 * ******************* SYSTEM- UND AUSGABESTEUERUNG *********************
 2                      ---------------------------.
 3 set length 65.
 4 set width wide.
 5 set eject on.
 6 set more off.
 7 set echo off.
 8 set log  off.
 9 set listing = "c:\listings\tables.lis".
10 title "Backhaus/Weiber: 'Entwicklung einer Marketing-Konzeption'".
11 get file "a:segment.sys".
12 * *****************************************************************.
13 * ********************** DATENMODIFIKATIONEN **********************
14                        --------------------
15 .
16 compute dm    = invest/1000.
17 compute gruppe = $casenum.
18 *.
19 * Die Variable $CASENUM wird automatisch durch den SAVE-Befehl bei der
20   Erstellung eines System-Files erzeugt.
21 * Sie entspricht in unserem Fall genau der Fragebogennummer.
22 * $CASENUM ist jedoch metrisch und FBN nur ordinal skaliert.
23 *.
24 recode  gruppe  (  2   4 11 14 18 22 37 73 88
25                        28 = 1)
26                 (  3   6  8 10 12 15 16 42 48 50 55 56 61 69 70 81 89 90
27                       21 36 68 76 86 = 2)
28                 (  5   7 13 19 23 24 31 33 34 39 40 41 44 thru 47 54 59
29                       64 66 71 72 78 80 84 87
30                       51 53 63 65 74 79 = 3)
31                 (25 26 30 32 38 58 62 67
32                        9 82 = 4)
33                 (else = 0).
34 variable labels gruppe  "Marktsegmente für CAD"
35                 dm      "Investitionsvolumen".
36 value labels gruppe    1 "Informierte"  2 "Neulinge"  3 "Entschiedene"
37                        4 "Anwender".
38 missing value gruppe (0).
39 *
40 * *************************** PROZEDUREN **************************
41                                ----------
42 .
43 subtitle "Durchschnittliche Wichtigkeit der Entscheidungskriterien".
44 means tables  =  entsch1 to entsch8 by gruppe.
45 *
46 *
47 * ------------------> Prozedur SPSS/PC+ TABLES <----------------------
48 .
49 formats dm (f5.0).
50 subtitle "Erstellung präsentationsfähiger Tabellen mit SPSS/PC+".
51 tables format = box bold cwidth(30,15) missing(' - ')
52                 ptspace(5) ttspace(3) indent(2) tfspace(3)
53      /index
54      /ptitle =  center 'Entwicklung einer Marketing-Konzeption'
55                 left   'Backhaus/Weiber'
56                 right  'Seite:)page
57      /pfootnote  =  'Tabellen-Ausdruck erstellt mit SPSS/PC+ TABLES' 'am:)date'
58      /observation = entsch1 to entsch8
59      /ftotal    = gesamt1 'Wichtigkeit über alle Segmente'
60                   gesamt2 'Potential pro Segment'
61                   gesamt3 'Marktpotential (alle Segmente)'
62      /table     = entsch1 + entsch2 + entsch3 + entsch4 + entsch5 + entsch6 +
63                   entsch7 + entsch8 by gruppe + gesamt1
64      /statistics = mean((f5.3)'durchschnittl. Wichtigkeit')
65                    stddev((f5.3)'Standardabweichung')
66      /ttitle 'Wichtigkeit von Entscheidungskriterien für die CAD-Beschaffung'
67               'Wichtigkeit:  1 = unwichtig     '
68               'Wichtigkeit:  7 = sehr wichtig'
69      /corner =  'Entscheidungskriterien'
70                 'CAD-Kauf'
71      /tfootnote 'CAD-CORP' 'Switzerland'
72      /table    = dm + gesamt2 by gruppe + gesamt3
73      /statistics = mean(gesamt2 'Durchschnittsinvestition')
74                    stddev(gesamt2 (f7,2)'Standardabweichung')
75                    sum ((f8.2) 'Summe') count(gesamt2 'Segmentgrösse')
76      /continued  = right '(wird fortgesetzt)'
77      /ttitle   'Investitionsvolumen der Unternehmen pro Marktsegment'
78                'CAD-CORP/ Switzerland'
79      /tfootnote 'Alle Angaben in Tausend-DM'.
80 finish.
```

Abb. 68: SPSS/PC+ Programm TABLES.INC

Der System- und Ausgabesteuerungs-Teil enthält im Gegensatz zu den bisherigen Programmen 3 Set-Befehle mehr, die die Gestaltung der Seitenausdrucke beeinflussen. Der *SET LENGTH-Befehl* in Zeile 3 weist SPSS/PC+ an, die Länge einer Ausgabeseite auf 65 Zeilen zu erhöhen, was für den Druck der Tabellen wichtig ist. Durch den Befehl *SET WIDTH WIDE* wird die Länge jeder Zeile auf 130 Zeichen erhöht, und der Befehl *SET EJECT ON* verhindert das Drucken einer gestrichelten Trennlinie zwischen den SPSS/PC+ Seiten. Durch den Befehl *GET FILE* wird der SPSS/PC+ Systemfile SEGMENT.SYS von der Diskette eingelesen. Er wurde durch das Programm CLUSTER.INC im Rahmen der Clusteranalyse (vgl. Abb. 63) erzeugt.

Der Datenmodifikations-Teil ist weitgehend vergleichbar mit den Datenmodifikationen des Programms CROSSTAB.INC (vgl. Abb. 66) und wird deshalb hier nicht weiter erläutert. Hinzugekommen ist hier lediglich der Befehl **COMPUTE** in Zeile 16, der die Variable "dm" erzeugt, die das geplante Investitionsvolumen der Unternehmen in Tausend-DM widerspiegelt.

Der Prozedur-Teil wird mit dem Befehl **SUBTITLE** in Zeile 43 eingeleitet, der eine zweite Überschrift für die aktuelle Prozedur festlegt. Es folgt in Zeile 44 die Prozedur **MEANS**, die die durchschnittliche Wichtigkeit für die Variablen Entscheidungshilfen (entsch1 bis entsch8) in allen vier Segmenten (Variable: Gruppe) berechnet. Diese Prozedur wurde hier nur aufgenommen, um die unterschiedliche Präsentationsgüte der Prozeduren MEANS und TABLES zu verdeutlichen; denn im Rahmen der Prozedur TABLES werden diese Durchschnittswerte nochmals berechnet.

Der Befehl **FORMATS** in Zeile 49 weist SPSS/PC+ an, die Variable "dm" als fünfstelligen, ganzzahligen Wert auszudrucken. Mit dem *SUBTITLE-Befehl* in Zeile 50 wird die Prozedur TABLES eingeleitet und durch den Befehl **tables** in Zeile 51 aufgerufen. Dabei wird in Zeile 51 zunächst das **generelle Format** der folgenden Tabellen bestimmt. Die hier vorgenommenen Spezifikationen besitzen folgende Bedeutung:

Die Option **BOX** gibt an, das die Tabelle(n) durch einen Kasten einzurahmen sind und horizontale Linien zwischen den Variablen erscheinen sollen. Die Option **BOLD** bestimmt, das die Tabellentitel, die Variablennamen und die Variablenkennungen fettgedruckt werden sollen. Mit der Option **CWIDTH** wird festgelegt, daß die Vorspalte der Tabellen 30 Zeichen und die Zellenweiten 15 Zeichen betragen. Die **MISSING**-Option bewirkt, daß fehlende Werte mit einem Minus-Zeichen ausgewiesen werden. Durch die **INDENT**-Option werden Variable, die unter einer anderen Variablen aufgerufen werden (nested variables), um zwei Zeichen eingerückt. Schließlich wird durch die SPACE-Optionen in Zeile 52 die Zahl der Leerzeilen zwischen Seitentitel und Kopfzeile (PTSPACE), zwischen Kopfzeile und Tabellenbeginn (TTSPACE) und zwischen Tabellenende und Fußzeile (TFSPACE) festgelegt.

Der Unterbefehl **INDEX** in Zeile 53 erstellt am Ende der Prozedur TABLES ein Verzeichnis aller erzeugten Tabellen. Ebenfalls globale Festlegungen für alle Tabellen werden durch die Optionen *PTITLE* (Seitentitel) und *PFOOTNOTE* (seitenbezogene Fußzeilen) vorgenommen. Der Unterbefehl *OBSERVATION* in Zeile 58 bestimmt numerische Variable, für die später bestimmte Statistiken erzeugt werden sollen. Schließlich werden durch den Unterbefehl *FTOTAL* temporäre Variable erzeugt, die Summenstatistiken von den Variablen enthalten, mit denen Sie im Rahmen des **Unterbefehls** TABLE (Zeile 62 und 72) **gemeinsam** aufgerufen werden. Alle bisher aufgeführten Unterbefehle der Prozedur TABLES haben globalen Charakter, d.h. sie gelten für alle Tabellen, die im Rahmen dieser Prozedur erzeugt werden.

Die erste Tabelle wird durch den Unterbefehl *TABLE* in Zeile 62 für die Variablen entsch1 bis entsch8 erstellt, wobei alle Variablen nach den Werten der Variable Gruppe differenziert werden, die die Segmentzuordnungen enthält. Durch die temporäre Variable "gesamt1" (vgl. Zeile 59) wird zusätzlich eine Summenvariable erzeugt, die über alle Gruppen hinweg Statistiken entsprechend dem Unterbefehl STATISTICS enthält.

Durch den Unterbefehl *STATISTICS* in Zeile 64 werden Mittelwerte (mean) und Standardabweichungen (stddev) für alle Variablen des TABLE-Befehls (Zeile 62) errechnet.

Eine weitere Tabelle wird durch den zweiten TABLE-Unterbefehl in Zeile 72 erzeugt, der analog zu obiger Beschreibung aufgebaut ist. Der STATISTICS-Unterbefehl in Zeile 73 enthält dabei folgende Optionen:
- *MEAN* berechnet für die Summenvariable "gesamt2" (vgl. Zeile 60) den Mittelwert.
- *STDDEV* berechnet für die Summenvariable "gesamt2" die Standardabweichung.
- *SUM* errechnet über alle Variablenwerte der Variablen "dm" die Summe.
- *COUNT* zählt für die Summenvariable "gesamt2" die Anzahl der gültigen Fälle.

Für beide Tabellen wird jeweils gesondert durch den Unterbefehl *TTITLE* (Zeile 66 und 77) eine Kopfzeile und durch den Unterbefehl *TFOOTNOTE* (Zeile 71 und 79) tabellenbezogene Fußnoten erzeugt. Zusätzlich wurde für die erste Tabelle durch den Unterbefehl *CORNER* (Zeile 69) eine Kennung für die Vorspalte der Tabelle vergeben. Die zweite Tabelle enthält zusätzlich den Unterbefehl *CONTINUED*, der in der unteren rechten Ecke einer jeden Tabellenseite "wird fortgesetzt" ausdruckt, wenn sich eine Tabelle über mehrere Seiten erstreckt.

Durch den Befehl FINISH in Zeile 80 wird das Programm abgeschlossen und SPSS/PC+ verlassen. Der Ausdruck der SPSS/PC+ Tabellen kann auf DOS-Ebene mit Hilfe des folgenden Befehls vorgenommen werden:

spssp device=gibm /output=lpt1 /input=spss.tab

*Die Option **DEVICE** legt dabei fest, welcher Drucker verwendet wird. Hier wurde ein IBM Graphics Printer ausgewählt. Mit der Option **OUTPUT** wird das Ausgabemedium bestimmt. Es kann direkt die Druckerschnittstelle angewählt werden (lpt1 oder prn), aber auch ein Ausgabefile spezifiziert werden, der später mit dem DOS PRINT-Befehl ausgedruckt wird. Durch die Option INPUT wird der TABLES-Druckerfile angezogen, der automatisch von der Prozedur TABLES unter dem Namen SPSS.TAB erzeugt wird.*

Neben dem Drucken auf DOS-Ebene kann auch direkt aus SPSS/PC+ heraus gedruckt werden. Der entsprechende SPSS/PC+ Befehl lautet in diesem Fall:

print tables device=gibm /output=lpt1 /input=spss.tab

*Im vorliegenden Programm wurde durch die Prozedur TABLES der Druckerfile spss.tab erzeugt, der von uns in **tables.tab** umbenannt und dann auf DOS-Ebene mit dem Befehl SPSSP ausgedruckt wurde.*

3. Analyse der Anbietersituation

3.1. Die Beurteilung der Anbieter

Die vorangegangenen Analysen haben herausgearbeitet, daß die Nachfrager offenbar drei zentrale Dimensionen für die Beurteilung von CAD-Systemen verwenden. Von ausschlaggebender Bedeutung ist es dabei zu erfahren, wie die Nachfrager die konkurrierenden Anbieter im Hinblick auf das Problemlösungspotential beurteilen.

Analysiert wurden 10 Anbieter und Abbildung 69 zeigt, welche Durchschnittswerte (Mean) und welche damit verbundene Standardabweichung (Std Dev) die Anbieter bezüglich der neun Beurteilungskriterien erhielten.

```
Analysis Number  1  Pairwise deletion of cases with missing values

            Mean      Std Dev   Cases   Label
AKZEPTAN    3.81610   .36696    10      Akzeptanzprobleme
BEDIENER    3.84160   .44764    10      Bedienerfreundlichkeit mangelhaft
PROGRAMM    3.88490   .46290    10      Unzureichende Anwendungsprogramme
TECHNIK     2.75300   .45572    10      Technische Probleme
REPARATR    3.68950   .32550    10      Reparaturanfälligkeit
ENTWICKL    3.80400   .35182    10      Entwicklungssprünge
ANTWZEIT    2.53510   .98890    10      Antwortzeitverhalten unbefriedigend
SOFTWARE    3.76890   .31696    10      Software veraltet zu schnell
KOMPATIB    3.91890   .32656    10      Kompatibilitätsprobleme
```

Abb. 69: Beurteilung der Anbieter

3.1.1. Die faktoranalytische Verdichtung der Beurteilungsdimensionen

In diesem Falle ist wieder zu prüfen, ob sich die Beschreibungsmerkmale auf einige wenige (dahinterstehende) "Faktoren" verdichten lassen. Genau wie bei der Nachfrageranalyse wurde auch in diesem Falle eine Faktorenanalyse durchgeführt. Das Ergebnis der Faktorenanalyse findet sich in den Abbildungen 70 - 74.

Da die Interpretation des Computer-Outputs analog zu dem der Nachfrageranalyse erfolgen muß, sollte der Leser im folgenden versuchen, die in Abbildung 70 bis 72 dargestellten Computer-Outputs in Analogie zu den Ausführungen in Kapitel 2 zu interpretieren. Im folgenden wird nur auf die wesentlichen Ergebnisse eingegangen.

Correlation Matrix:

```
            AKZEPTAN BEDIENER PROGRAMM TECHNIK REPARATR ENTWICKL ANTWZEIT SOFTWARE KOMPATIB
AKZEPTAN    1.00000
BEDIENER     .11118  1.00000
PROGRAMM     .08875   .82347  1.00000
TECHNIK     -.03604  -.31239  -.44384  1.00000
REPARATR     .24585  -.04046  -.13489   .71374  1.00000
ENTWICKL     .64947   .38902   .11090  -.00093   .07624  1.00000
ANTWZEIT    -.24323   .13532  -.06244   .55895   .59077   .02391  1.00000
SOFTWARE     .61740   .53923   .52731  -.46831  -.04202   .60749   .04030  1.00000
KOMPATIB     .42258   .27173   .19007  -.25792  -.14160   .68429   .12052   .67043  1.00000
```

Abb.: 70a

Extraction 1 for Analysis 1, Principal Axis Factoring (PAF)

Initial Statistics:

```
Variable   Communality *  Factor  Eigenvalue  Pct of Var  Cum Pct
                         *
AKZEPTAN    .89995       *    1    3.48508      38.7       38.7
BEDIENER    .88794       *    2    2.26028      25.1       63.8
PROGRAMM    .88131       *    3    1.50998      16.8       80.6
TECHNIK     .91609       *    4     .84396       9.4       90.0
REPARATR    .78478       *    5     .46974       5.2       95.2
ENTWICKL    .87217       *    6     .21569       2.4       97.6
ANTWZEIT    .92284       *    7     .12572       1.4       99.0
SOFTWARE    .93847       *    8     .07092        .8       99.8
KOMPATIB    .75846       *    9     .01863        .2      100.0
```

Abb.: 70b

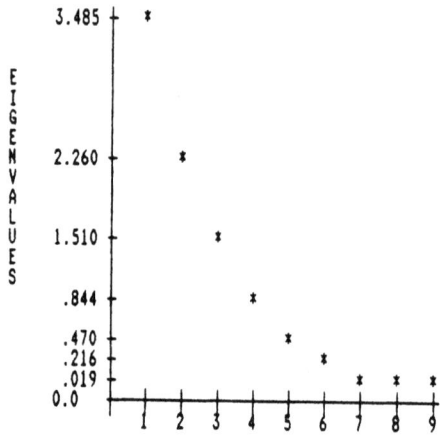

Abb.: 70c

Abb. 70: Ausgangsstatistiken zur Faktorenanalyse

```
Factor Matrix: (UNROTATED)

             FACTOR  1     FACTOR  2     FACTOR  3

SOFTWARE      .89470        .18042       -.05420
BEDIENER      .69896        .02619        .59612
ENTWICKL      .66033        .45674       -.31026
PROGRAMM      .64403       -.19409        .56804
KOMPATIB      .64296        .22405       -.23031
AKZEPTAN      .52663        .36923       -.42895

REPARATR     -.22123        .77154        .19760
TECHNIK      -.58023        .75429        .08996
ANTWZEIT     -.14740        .58669        .40190


Final Statistics:

Variable    Communality  *  Factor   Eigenvalue   Pct of Var   Cum Pct
                         *
AKZEPTAN      .59767     *    1       3.23792       36.0        36.0
BEDIENER      .84458     *    2       1.97449       21.9        57.9
PROGRAMM      .77512     *    3       1.22293       13.6        71.5
TECHNIK       .91372     *
REPARATR      .68327     *
ENTWICKL      .74091     *
ANTWZEIT      .52746     *
SOFTWARE      .83598     *
KOMPATIB      .51664     *
```

Reproduced Correlation Matrix:

```
             AKZEPTAN     BEDIENER     PROGRAMM     TECHNIK     REPARATR

AKZEPTAN      .59767*     -.01088       .06491       .02961      .16224
BEDIENER      .12206       .84458*      .03978       .01978     -.02383
PROGRAMM      .02384       .78368       .77512*      .02515      .04509
TECHNIK      -.06565      -.33217      -.46899       .91372*    -.01437
REPARATR      .08361      -.01663      -.17998       .72811      .68327*
ENTWICKL      .64948       .28856       .16039      -.06654      .14500
ANTWZEIT     -.03340       .15192       .01950       .56422      .56468
SOFTWARE      .56104       .59777       .51041      -.38792     -.06944
KOMPATIB      .52012       .31798       .23978      -.22479     -.01489


             ENTWICKL    ANTWZEIT     SOFTWARE     KOMPATIB

AKZEPTAN     -.00001     -.20982       .05635      -.09754
BEDIENER      .10046     -.01661      -.05854      -.04625
PROGRAMM     -.04948     -.08194       .01690      -.04971

TECHNIK       .06561     -.00526      -.08039      -.03313
REPARATR     -.06877      .02609       .02742      -.12672
ENTWICKL      .74091*    -.02202      -.08253       .08593
ANTWZEIT      .04593      .52746*      .08811       .17641
SOFTWARE      .69002     -.04782       .83598*      .04226
KOMPATIB      .59836     -.05589       .62817       .51664*
```

The lower left triangle contains the reproduced correlation matrix; The diagonal, communalities; and the upper right triangle, residuals between the observed correlations and the reproduced correlations.

There are   16 (44.0%) residuals (above diagonal) that are > 0.05

Abb. 71: Statistiken zur Faktorenextraktion

```
Varimax converged in    5 iterations.
Rotated Factor Matrix:

                FACTOR  1       FACTOR  2       FACTOR  3

ENTWICKL        .84846          .11215          .09186
AKZEPTAN        .77128         -.05190          .00969
SOFTWARE        .76194          .48993         -.12411
KOMPATIB        .68826          .19208         -.07779

BEDIENER        .21775          .89190          .04111
PROGRAMM        .09084          .86327         -.14705

TECHNIK        -.12176         -.38269          .86743
REPARATR        .09282         -.07899          .81756
ANTWZEIT       -.04227          .14794          .70978


Factor Transformation Matrix:

                FACTOR  1       FACTOR  2       FACTOR  3

FACTOR  1       .72816          .61942         -.29342
FACTOR  2       .45937         -.12333          .87964
FACTOR  3      -.50868          .77531          .37435

Factor Score Coefficient Matrix:

                FACTOR  1       FACTOR  2       FACTOR  3

AKZEPTAN       -.16860         -.28228        -1.00820
BEDIENER       -.10580          .85289          .95072
PROGRAMM       -.20321          .06868         -.82045
TECHNIK         .30090          .18359         1.88408
REPARATR        .13160          .10399          .54031
ENTWICKL        .42975         -.40029         -.79814
ANTWZEIT       -.38405         -.22167        -1.18633
SOFTWARE        .86885          .40461         1.54780
KOMPATIB        .09283          .15799          .45975


FAKTORWERTE:
----------

ANBIETER    AFAK1 AFAK2 AFAK3

APPLICON    -1.08 -.001 -.572
CAD-CORP     .805  .529  .394
CDC         1.160 -1.25 -1.59
COMPUTERVI   .866 -.402  .839
DEC         -.322 1.817 -1.54
HP           .300  .938  .575
IBM        -1.55 -1.40 -.504
NCR          .384 -.152 1.290
RHV          .550 -.056 -.080
ROTRING    -1.11 -.027 1.187

Number of cases read =    10   Number of cases listed =    10
```

Abb. 72: Rotierte Faktorladungs-Matrix und Faktorenwerte

Aufgrund der Ergebnisse in Abbildung 70b bietet sich nach dem Kaiser-Kriterium eine Drei-Faktor-Lösung an. Aus dem Scree-Test Diagramm in Abbildung 70c läßt sich jedoch auch eine Vier-Faktor-Lösung sinnvoll begründen. Wir haben uns für eine dreifaktorielle Lösung entschieden, da diese drei Faktoren bereits über 80% (vgl. Abbildung 70b) bzw. nach Extraktion 71,5% der Ausgangsvarianz (vgl. Abbildung 71: Final Statistics) erklären können. Für die Interpretation der Faktoren ziehen wir die rotierte Faktorladungsmatrix heran, die in Abbildung 72 wiedergegeben ist.

Die graphische Darstellung der rotierten Faktorladungsmatrix findet sich in Abbildung 73, die verdeutlicht, daß auch hier nahezu eine Einfachstruktur der Ladungsmatrix vorliegt:[1] Es zeigt sich, daß die Ladungen weitgehend denen der Nachfrageranalyse entsprechen (vgl. Abbildung 34), und damit analog wie folgt interpretiert werden können:

Faktor 1: Fähigkeit zur **Unsicherheitsreduktion**
Faktor 2: **Anwendungsbezug**
Faktor 3: Problemlösungs-Know how bei der **Technik**

Ein wichtiger Unterschied zu den Ergebnissen der Nachfrageranalyse ist allerdings darin zu sehen, daß die Faktoren 2 und 3 vertauscht sind. Das bedeutet, daß bei der Beurteilung des Problemlösungs-Know hows der Anbieter der Anwendungsbezug als wichtiger erachtet wird als die technische Seite (vgl. Eigenwerte in Abbildung 71: Final Statistics).

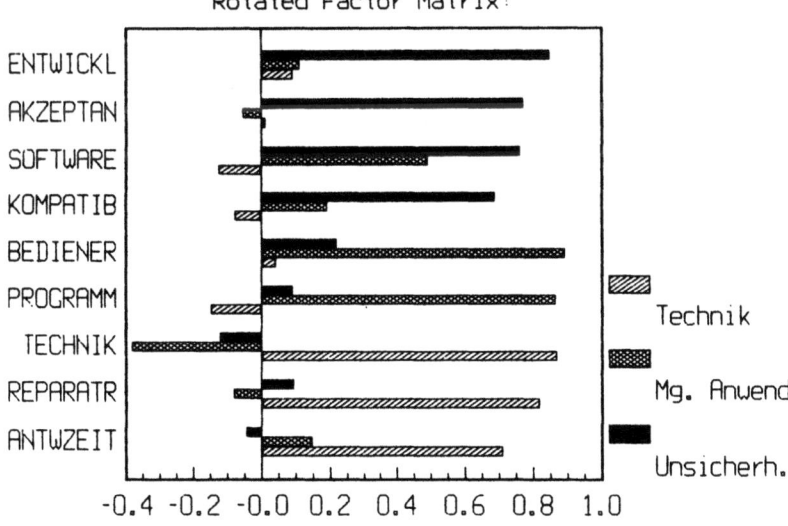

Abb. 73: Bedeutung der Faktorladungen

---

1) Die Abbildung 73 wurde mit dem Programm Graph-in-the-Box erstellt. Vgl. hierzu Kap. V.5.

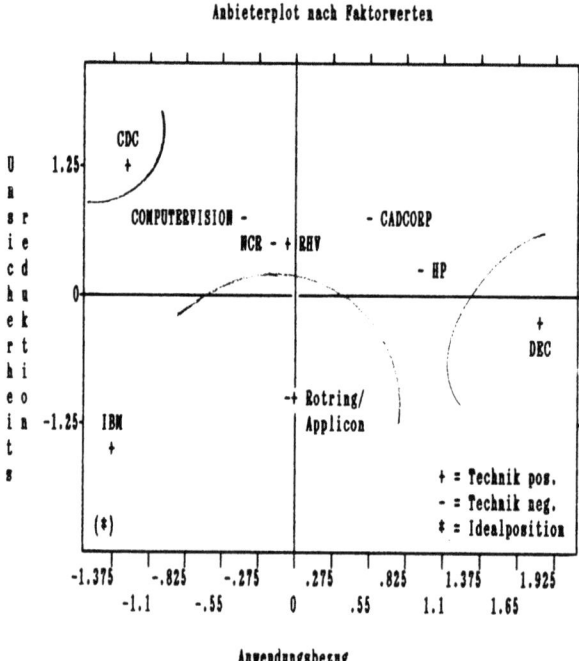

Abb. 74: Positionierung der CAD-Anbieter nach den ersten beiden Faktoren

Die Faktorenwerte der 10 verschiedenen Anbieter werden aus Abbildung 72 deutlich. Bei der Interpretation der Faktorwerte ist wiederum darauf zu achten, daß **hohe Ausgangswerte** (Schulnote: 5) **eine schlechte und niedrige Ausgangswerte** (Schulnote: 1) **eine gute Fähigkeit** der Anbieter zur Beseitigung der Kaufhemmnisse widerspiegeln. Folglich deutet ein **positiver** Faktorwert auf eine überdurchschnittlich **schlechte** und ein **negativer** Faktorwert auf eine überdurchschnittlich **gute** Problemlösungs-Fähigkeit eines Anbieters hin. Die drei Dimensionen der Faktorladungsmatrix lassen sich zu einer zweidimensionalen Darstellung vereinfachen, wenn man die positiven Faktorwerte der dritten Dimension (Technik) mit einem Minus und die negativen Faktorwerte mit einem Plus kennzeichnet. Dies verdeutlicht Abbildung 74.

Aus der zweidimensionalen Darstellung der Faktorwerte lassen sich verschiedene Anbieterpositionen, wie sie im Wahrnehmungsraum der Nachfrager gesehen werden, deutlich erkennen. Extrempositionen nehmen vor allem die Anbieter CDC, DEC und IBM ein. Bereits die visuelle Interpretation zeigt also, daß die Nachfrager offenbar unterschiedliche Anbietersegmente wahrnehmen. Dabei ist die Idealposition eines Anbieters in der linken unteren Ecke zu sehen, auf die die CAD-CORP hinarbeiten muß.

3.1.2. Der Einsatz der Clusteranalyse zur Anbietersegmentierung

Wie schon in der Nachfrageranalyse gezeigt wurde, ist es möglich, mit Hilfe der Clusteranalyse Gruppen von Objekten mit ähnlichen Merkmalsausprägungen herauszufinden. Dieses Verfahren läßt sich auch zur **Anbietersegmentierung** einsetzen. Im vorliegenden Falle werden daher die 10 Anbieter als Fälle betrachtet, die anhand der gefundenen Faktorwerte gruppiert werden. Das Ergebnis der hierarchischen Clusteranalyse zeigt Abbildung 75. Genau wie bei der Faktorenanalyse wird dem Leser auch bei dieser Clusteranalyse empfohlen, den in Abbildung 75 ausgedruckten Computer-Output der hierarchischen Clusteranalyse einmal in Analogie zur Nachfrageranalyse zu interpretieren. Auch hier wird wieder nur auf die wesentlichen Ergebnisse eingegangen.

Auf der Basis des Euklidischen Distanzmaßes zeigen sich bei Anwendung der Ward-Methode die Ergebnisse, die im Dendrogram dargestellt wurden. Bei der "Agglomeration Schedule using Ward Method" zeigt der Varianzkoeffizient einen großen Sprung zwischen Stufe 6 und 7. Dies wird auch aus dem Dendrogram deutlich. Schneidet man den Clusterungsprozeß an dieser Grenze ab, entsteht eine Vier-Cluster-Lösung; damit werden also 4 Anbietergruppen unterschieden, so wie sie auch in Abbildung 74 dargestellt sind.

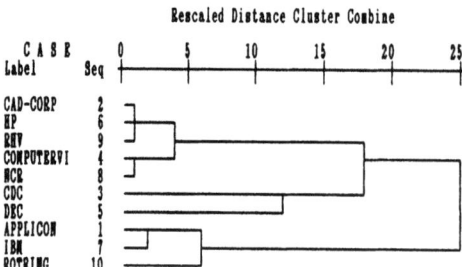

Abb. 75: Ergebnisse der Clusteranalyse

3.1.3. Fazit der Anbieteranalyse

Die Anbieteranalyse hat unter Einsatz der beiden multivariaten Analyseverfahren der Faktoren- und Clusteranalyse gezeigt, daß sich in Analogie zur Nachfrageranalyse auch in diesem Falle wiederum drei Faktoren herausdestillieren lassen, die die Beurteilungsdimensionen der Nachfrager bezüglich der Problemlösungsbeiträge der 10 betrachteten Anbieter beschreiben. Die Faktorenladungen zeigen, daß es sich im Prinzip **inhaltlich** um die gleichen Faktoren handelt, die wir auch schon in der Nachfrageranalyse gefunden hatten:

- eine allgemeine Unsicherheitsposition der Nachfrager
- Anwendungsbezug der CAD-Lösung
- technische Probleme.

Es wird darüber hinaus deutlich, daß im Wahrnehmungsraum der Nachfrager, der durch die drei Faktoren aufgespannt wird, die verschiedenen Anbieter durchaus unterschiedliche Problemlösungspositionen einnehmen. Das auf zwei Dimensionen reduzierte Positionierungsbild in der Abbildung 74 zeigt diese verschiedenen Positionen.

Aufgrund der Clusteranalyse haben wir uns für eine Vier-Gruppen-Lösung (Vier-Segment-Lösung) entschieden. Jeweils ein Segment bilden die beiden Anbieter CDC und DEC, ein weiteres Segment setzt sich zusammen aus den Anbietern IBM, Rotring und Applicon. Zwischen diesen drei Segmenten liegt ein großer Bereich, der insbesondere durch die Firmen Computervision, NCR, RHV, HP und CAD-CORP gebildet wird.

Abbildung 76 macht darüber hinaus deutlich, daß IBM bei allen drei Dimensionen nahezu in der zu erreichenden Zielposition liegt. Ziel von CAD-CORP muß es also sein, eine imagemäßige Wanderungsbewegung in Richtung auf IBM bzw. Rotring/Applicon zu realisieren (vgl. Abbildung 76).

126

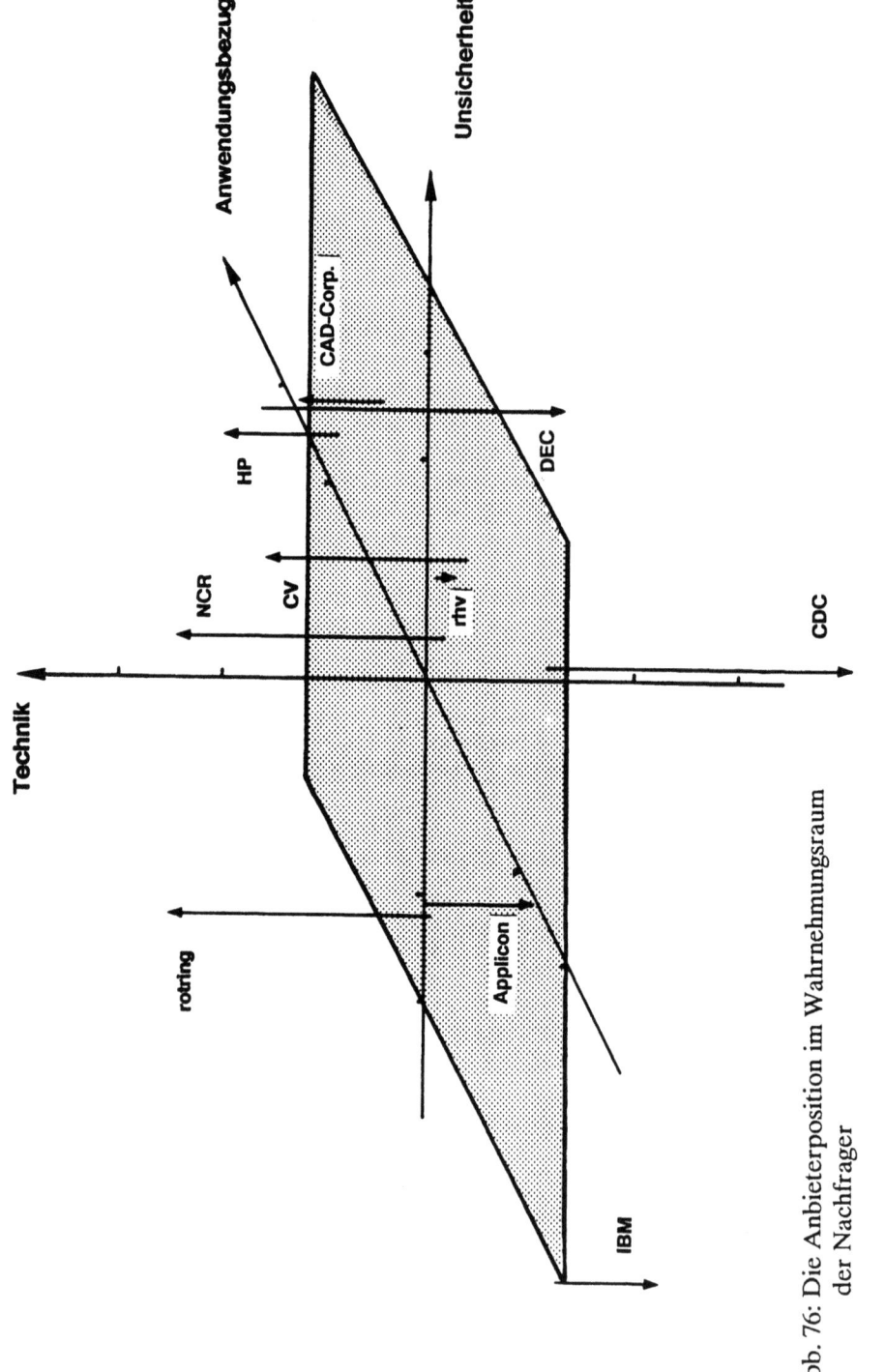

Abb. 76: Die Anbieterposition im Wahrnehmungsraum der Nachfrager

3.2. SPSS/PC+ Programme zur Anbieteranalyse

3.2.1. Verwendete SPSS/PC+ Prozeduren und genereller Programmaufbau

Im Rahmen der Anbieteranalysen wurden folgende SPSS/PC+ Programme erstellt:

Programm-Name	SPSS/PC+ Prozedur
AGGREGAT.INC	AGGREGATE
AFACTOR.INC	FACTOR
ACLUSTER.INC	CLUSTER
APLOT.INC	PLOT

Abb. 77: Verwendete SPSS/PC+ Programme im Rahmen der Anbieteranalysen

Das Basispaket von SPSS/PC+ enthält die Prozeduren AGGREGATE und PLOT. Die Prozeduren FACTOR und CLUSTER hingegen werden von SPSS/PC+ in dem Modul "Advanced Statistics" zur Verfügung gestellt. Wir werden im folgenden alle Programme detailliert besprechen. Dabei werden bewußt Wiederholungen in Kauf genommen, damit der Aufbau der verwendeten Prozeduren jeweils für sich alleine verständlich ist.

Ein SPSS/PC+ Programm untergliedert sich generell in die "System- und Ausgabesteuerung", den "Datendefinitions- und modifikations-Teil" und den eigentlichen "Prozedurteil".[1] Durch die Erstellung eines sog. **SPSS/PC+ Systemfiles** können die zu analysierenden Daten und alle permanent gültigen Datendefinitionen- und -modifikationen in komprimierter Form auf der Festplatte oder einer Diskette gespeichert werden. Das hat den Vorteil, daß in folgenden Programmen immer auf diesen Systemfile zurückgegriffen werden kann und die einzelnen SPSS/PC+ Programme nur noch die gewünschte Prozedur enthalten. Die Programme können dadurch schneller verarbeitet werden, sind wesentlich kürzer und damit auch übersichtlicher. Die in diesem Kapitel erläuterten Programme weisen folgende Gemeinsamkeiten auf:

Bei allen Programmen wurde in den Abbildungen zur besseren Kommentierung eine Zeilennummerierung aufgenommen, die allerdings bei einer Verarbeitung mit SPSS/PC+ nicht enthalten sein darf. Alle Zeilen, die mit einem Stern (*) beginnen, sind Kommentarzeilen, die lediglich zur Erläuterung und Übersichtlichkeit des Programms beitragen, aber keine Auswirkung auf seine Verarbeitung besitzen. Die Kommentarzeilen werden, ebenso wie alle übrigen Befehle, immer durch einen Punkt (.) abgeschlossen.

---

[1] Vgl. zum generellen Aufbau eines SPSS/PC+ Programms die detaillierten Ausführungen in Kap. V.3 und V.4.

Die "System- und Ausgabesteuerung" enthält bei allen Programmen folgende Befehle:

- *Der Befehl SET MORE OFF bewirkt, daß die Abfrage "MORE" nach dem Füllen eines Bildschirmes unterdrückt wird.*
- *Der Befehl SET ECHO OFF verhindert, daß die in den Programmen verwendeten SPSS/PC+ Befehle auch im Ergebnisfile aufgelistet werden.*
- *Der Befehl SET LOG OFF verhindert das Anlegen einer Log-Datei.2)*
- *Mit dem SET LISTING-Befehl wird eine Datei als Ergebnis-File bestimmt, die auf der Diskette (Laufwerk A) unter dem Verzeichnis LISTINGS abgelegt wird. Dieses Verzeichnis muß vor Programmstart auf der Festplatte angelegt werden.*
- *Mit dem TITLE-Befehl wird eine Überschrift definiert, die im LISTING-File jeweils in der ersten Zeile einer jeden SPSS/PC+ Seite erscheint.*
- *Durch den Befehl GET FILE wird jeweils der gewünschte SPSS/PC+ Systemfile von der Diskette eingelesen, der in komprimierter Form die Daten, die Datendefinitionen und die Datenmodifikationen enthält. Lediglich das Programm AFACTOR.INC verwendet keinen Systemfile.*

Bei den meisten Programm folgen unmittelbar anschließend an den System- und Ausgabesteuerungs-Teil die einzelnen Befehle der jeweils verwendeten Prozedur.

3.2.2. SPSS/PC+ Programm zur Aggregation des Datenfiles (AGGREGAT.INC)

Mit der Prozedur AGGREGATE stellt SPSS/PC+ eine Möglichkeit zur Verfügung, Daten zu aggregieren und anschließend in einem neuen Datenfile abzuspeichern. Wir verwenden diese Prozedur hier dazu, die individuellen Beurteilungen der 90 Nachfrager für die 10 Anbieter zu verdichten. Für die Beurteilungen eines jeden Anbieters werden Mittelwerte über alle Befragten gebildet. Diese Durchschnittsbeurteilungen werden in einem separaten Datenfile hinterlegt und liegen den nachfolgenden Programmen der Anbieteranalysen zu Grunde. Das Programm zur Errechnung der Mittelwerte ist in Abbildung 78 dargestellt.

*Die "System- und Ausgabesteuerung" enthält in diesem Programm als Besonderheit den Befehl SET RESULTS. Er legt fest, daß die Ergebnisse der Prozedur AGGREGATE in der Datei MITTEL.DAT im Hauptverzeichnis der Festplatte abgespeichert werden. Dabei ist zu beachten, daß SPSS/PC+ bei diesem Befehl **nicht** die Angabe eines Verzeichnisses erlaubt. Die Datei MITTEL.DAT wurde deshalb aus Gründen der Übersichtlichkeit von uns mit dem DOS-Befehl COPY in das Verzeichnis DATEN auf der Diskette kopiert. Aus diesem Verzeichnis kann der Datenfile dann von nachfolgenden Programmen aufgerufen werden. Die Prozedur AGGREGATE arbeitet mit dem Systemfile AUSGANG.SYS, der in komprimierter Form die Daten, die Datendefinitionen und die Datenmodifikationen enthält.3)*

---

2) *Vgl. zur Log-Datei Kap. V.2.3.*
3) *Der Systemfile AUSGANG.SYS wurde zuvor mit Hilfe des Programms AUSGANG.INC erzeugt. Vgl. hierzu Kap. V.4.1..*

```
 1 * ****************** SYSTEM- UND AUSGABESTEUERUNG *********************
 2                     ----------------------------.
 3 set more off.
 4 set echo off.
 5 set log  off.
 6 set listing = "c:\listings\aggregat.lis".
 7 set results = "c:mittel.dat".
 8 title "Backhaus/Weiber: 'Entwicklung einer Marketing-Konzeption'".
 9 get file "a:ausgang.sys".
10 *
11 * **************************** PROZEDUR *********************************
12                               --------
13 .
14 subtitle "Erzeugung des Datenfiles MITTEL.DAT für die Anbieter-Analyse".
15 aggregate outfile = *
16    /break       = anbieter
17    /akzeptan bediener programm technik reparatr entwickl antwzeit
18      software kompatib = mean (akzeptan to kompatib).
19 formats akzeptan to kompatib (f5.3).
20 write variables = anbieter akzeptan to kompatib.
21 finish.
```

Abb. 78: SPSS/PC+ Programm AGGREGAT.INC zur Verdichtung des Datenfiles

*Im "**Prozedur-Teil**" wird mit Hilfe des Befehls AGGREGATE in Zeile 15 die Prozedur Aggregate aufgerufen. Zuvor wurde mit dem SUBTITLE-Befehl in Zeile 14 noch eine zweite Überschrift für die aktuelle Prozedur eingeführt. Durch die Anweisung **OUTFILE** = * in Zeile 15 wird AGGREGATE mitgeteilt, daß der Active-File durch die nachfolgend erzeugten Ergebnisse ersetzt werden soll.4) Gibt man statt eines Sterns bei dieser Anweisung einen Namen in Anführungszeichen an, so wird ein neuer Systemfile unter diesem Namen angelegt. Jeder weitere Unterbefehl der Prozedur AGGREGATE wird durch einen Schrägstrich (/) eingeleitet. Für das vorliegende Programm wurden folgende Unterbefehle verwendet:5)*

- Der Unterbefehl BREAK: (Zeile 16)
Durch die Prozedur AGGREGATE werden Aggregationen für bestimmte Variablen vorgenommen. Durch den Unterbefehl BREAK wird festgelegt, für welche Variablen aggregiert werden soll. Für uns ist hier nur die Aggregation nach den Ausprägungen der Variable ANBIETER von Interesse.

---

4) Der ACTIVE-File ist der jeweils im Hauptspeicher aktive Programm-File. Vgl. hierzu auch die Ausführungen in Kap. V.2.3.
5) Wir behandeln im folgenden nur die uns als wesentlich erscheinenden Unterbefehle. Eine detaillierte Aufstellung aller möglichen Unterbefehle in der Prozedur AGGREGATE findet sich bei: SPSS Inc. (Hrsg.): SPSS/PC+ V.2.0 Base Manual for the IBM PC/XT/AT and PS/2, Chicago 1988, S. B 60ff. und C-11ff.

- *Wahl der Aggregations-Vorschrift (Zeile 17-18)*
*Die Prozedur AGGREGATE stellt zur Aggregation der Daten eine Reihe von Aggregations-Vorschriften zur Verfügung. Wir verwenden hier die Vorschrift **MEAN** (Zeile 18), die es erlaubt, für die verschiedenen Werte der BREAK-Variablen (hier: Anbieter) jeweils die Mittelwerte bestimmter Variablen zu berechnen. Für welche Variablen diese Mittelwerte zu berechnen sind (Ursprungsvariable), muß zuvor angegeben werden. Das sind in unserem Fall die in den Zeilen 17 und 18 angegebenen Variablen des Systemfiles AUSGANGS.SYS. Nach der Aggregations-Vorschrift müssen dann die Zielvariablen angegeben werden, die die errechneten Werte der Aggregationen aufnehmen. Wir haben hier für die Zielvariablen die gleichen Namen gewählt wie für die Ursprungsvariablen.*
*Weitere Aggregations-Vorschriften sind z.B. **SUM** (Summierung über alle Fälle), **SD** (Standardabweichungen), **MAX** (größter Wert einer Variablen über alle Fälle) oder **MIN** (kleinster Wert einer Variablen über alle Fälle).*

*Der Prozedur AGGREGATE folgt in unserem Programm der SPSS/PC+ Befehl **FORMATS** in Zeile 19. Mit seiner Hilfe wird das Format bestimmt, mit dem die aggregierten Werte abzuspeichern sind. Jede Aggregationsvariable soll danach 5 Stellen besitzen, wovon 3 Dezimalstellen sind.*

*Der SPSS/PC+ Befehl **WRITE** in Zeile 20 schreibt die aggregierten Werte in die Datei, die mit dem SET RESULTS-Befehl in Zeile 7 angegeben wurde. Dabei wird das mit dem FORMAT-Befehl festgelegte Ausgabeformat wirksam. Erst durch den WRITE-Befehl sind die aggregierten Werte auf einem Speichermedium (hier Festplatte) permanent in lesbarer Form verfügbar. Durch den Befehl **FINISH** wird das SPSS/PC+ Programm abgeschlossen und SPSS/PC+ verlassen.*

3.2.3. SPSS/PC+ Programm zur Faktorenanalyse (AFACTOR.INC)

Mit der Prozedur FACTOR stellt SPSS/PC+ eine explorative Faktorenanalyse zur Verfügung. Diese wurde von uns zur Ermittlung der zentralen Beurteilungsdimensionen für die Anbieter herangezogen. Das Programm ist in Abbildung 79 dargestellt.

```
1 * ****************** SYSTEM- UND AUSGABESTEUERUNG **********************
2                     ---------------------------.
3 set more off.
4 set echo off.
5 set log  off.
6 set listing = "c:\listings\afactor.lis".
7 title "Backhaus/Weiber: 'Entwicklung einer Marketing-Konzeption'".
8 * *************************************************************************.
9 * *********************** DATENDEFINITIONEN *************************
10                        -----------------
11 * .
12 data list file = "a:\daten\mittel.dat"
13       /anbieter 2-11(a) akzeptan bediener programm technik reparatr entwickl
14       antwzeit software kompatib 12-65(3).
15 variable labels  akzeptan "Akzeptanzprobleme"
16           /bediener "Bedienerfreundlichkeit mangelhaft"
17           /programm "Unzureichende Anwendungsprogramme"
18           /technik  "Technische Probleme"
19           /reparatr "Reparaturanfälligkeit"
20           /entwickl "Entwicklungssprünge"
21           /antwzeit "Antwortzeitverhalten unbefriedigend"
22           /software "Software veraltert zu schnell"
23           /kompatib "Kompatibilitätsprobleme".
24 value labels akzeptan to kompatib  1 "unwesentlich"  5 "sehr großes Problem".
25 *
26 * *************************** PROZEDUR ********************************
27                              --------
28 .
29 subtitle "Faktorenanalyse über die Anbieter (aggregiert)".
30 factor variables = akzeptan to kompatib
31       /missing    = pairwise
32       /format     = sort
33       /print      = univariate initial correlation extraction repr
34                     rotation fscore
35       /plot       = eigen rotation (1 2) (1 3) (2 3)
36       /extraction = paf
37       /rotation   = varimax
38       /save reg (all,afak).
39 formats afak1 to afak3 (f5.3).
40 subtitle "Auflistung der gewonnenen Faktorwerte für die Anbieter.".
41 list variables = anbieter afak1 to afak3.
42 *
43 ****** Erzeugung des Systemfiles CLUPLOT.SYS ********
44      ------------------------------------
45 .
46 variable labels  afak1 "Unsicherheiten"
47            /afak2 "Anwendungsbezug"
48            /afak3 "Technik".
49 save outfile = "c:\progs\cluplot.sys"  /drop = akzeptan to kompatib.
50 finish.
```

Abb. 79: SPSS/PC+ Programm AFACTOR.INC zur Evoked Set-Analyse

Der Aufbau der Prozedur FACTOR (Zeile 30-38) ist in diesem Programm identisch mit dem Faktorenanalyse-Programm zur Evoked Set-Analyse im Rahmen der Nachfrageranalysen. Zur Beschreibung der Prozedur FACTOR sei deshalb hier auf die Ausführungen in Kap. III.2.5.2. verwiesen. Wir gehen im folgenden nur auf die Besonderheiten des obigen Programms ein.

*Das Programm AFACTOR.INC arbeitet nicht mit einem SPSS/PC+ Systemfile zusammen, sondern greift auf den Datenfile MITTEL.DAT zurück, den wir mit Hilfe der Prozedur AGGREGATE erzeugt hatten.6) Der Datenfile wird durch den **DATA LIST**-Befehl in Zeile 12 eingelesen. In den Zeilen 13 und 14 sind die Spalten definiert, in denen die einzelnen Variablen im Datenfile stehen. Der SPSS/PC+ Befehl **VARIABLE LABELS** dient zur Vergabe von Variablen-Kennungen (Zeile 15-23) und der **VALUE LABELS**-Befehl (Zeile 24) zur Vergabe von Merkmalswerte-Kennungen.*

*Im Rahmen der Faktorenanalyse werden durch den Befehl **SAVE REG** in Zeile 38 Faktorwerte im ACTIVE-File gespeichert. Mit Hilfe der Prozedur LIST in Zeile 41 werden die errechneten Faktorwerte im Ergebnis-File gelistet. Gleichzeitig sollen sie aber auch in einem neuen Systemfile hinterlegt werden, den wir in den folgenden Analysen verwenden wollen. Zu diesem Zweck werden zunächst mit Hilfe des Befehls **VALUE LABELS** in Zeile 46 für die drei extrahierten Faktoren Variablen-Kennungen vergeben. Der SPSS/PC+ Befehl **SAVE**, schreibt die im ACTIVE-File gespeicherten Variablen und Daten in einen SPSS/PC+ Systemfile. Mit der Spezifikation **outfile** wird der Name angegeben, unter dem der Systemfile abgespeichert werden soll. Mit Hilfe des Unterbefehls **DROP** können die Variablen angegeben werden, die **nicht** in dem Systemfile abgespeichert werden sollen. In unserem Fall werden alle Ausgangsvariablen der Faktorenanalyse ausgeschlossen, so daß in dem Systemfile CLUPLOT.SYS nur die Faktorwerte und die restlichen Variablen des Fragebogens abgespeichert sind. Durch den Befehl **FINISH** wird das SPSS/PC+ Programm abgeschlossen und SPSS/PC+ verlassen.*

3.2.4. SPSS/PC+ Programm zur Gruppierung der Anbieter (ACLUSTER.INC)

Die Gruppierung der Anbieter auf Basis der Faktorwerte erfolgte mit Hilfe der Prozedur CLUSTER. Das Programm für die Clusteranalyse ist in Abbildung 80 dargestellt.

---

6) Vgl. das Programm AGGREGAT.INC in Abb. 78.

```
 1 * ****************** SYSTEM- UND AUSGABESTEUERUNG *********************
 2                     ----------------------------.
 3 set more off.
 4 set echo off.
 5 set log  off.
 6 set listing = "c:\listings\acluster.lis".
 7 title "Backhaus/Weiber: 'Entwicklung einer Marketing-Konzeption'".
 8 get file "a:cluplot.sys".
 9 * ****************************************************************.
10 * *************************** PROZEDUR ***************************
11                             --------
12 .
13 subtitle "Gruppierung der CAD-Anbieter nach der Drei-Faktor-Lösung.".
14 cluster  afak1 to afak3
15     /id       = anbieter
16     /print    = schedule distance clusters(2 5)
17     /measure  = seuclid
18     /method   = ward
19     /plot     = dendrogram.
20 finish.
```

Abb. 80: SPSS/PC+ Programm ACLUSTER.INC zur Gruppierung der Anbieter

Wir können hier auf eine detaillierte Erläuterung des Programms ACLUSTER.INC verzichten, da der Aufbau der Prozedur CLUSTER identisch ist mit dem Programm zur Nachfrager-Segmentierung in Kap. III.2.5.3. Hier ist nur auf folgende Besonderheiten hinzuweisen:

- *Das Programm arbeitet mit dem Systemfile CLUPLOT.SYS, den wir im Rahmen der vorangegangenen Faktorenanalyse erzeugt hatten (vgl. Abb. 79).*
- *Im Rahmen des Unterbefehls ID in Zeile 15 verwenden wir zur Identifikation der Fälle die Variable ANBIETER. Sie wird bei der Aufstellung der Zugehörigkeit einzelner Fälle zu einem Cluster und der Dendrogram-Erstellung als "Label" verwendet.*
- *Der Unterbefehl PRINT in Zeile 16 enthält auch die Anweisung DISTANCE. Dadurch wird die Matrix der Distanz- bzw. Ähnlichkeitskoeffizienten zwischen allen Fällen ausgegeben.*
- *Durch die Anweisung DENDROGRAM in Zeile 19 wird ein Baum-Diagramm erzeugt, bei dem die Distanzwerte des Fusionierungsprozesses auf eine Skala von 0 bis 25 normiert sind. Der größte Distanzwert der Fusionierungstabelle entspricht dem Wert 25 und der kleinste Distanzwert dem Wert 0.*
- *Die Fusionierungstabelle wird durch die Spezifikation SCHEDULE des PRINT-Unterbefehls angefordert.*

3.2.5. SPSS/PC+ Programm zur Positionierung der Anbieter (APLOT.INC)

Die Positionierung der Anbieter erfolgt auf Basis der Faktorwerte, die im Rahmen der Faktorenanalyse erzeugt wurden. Zur Darstellung der Positionen verwenden wir die Prozedur **PLOT**, *die zweidimensionale Liniendiagramme (Streudiagramme) erzeugen kann. Das verwendete Programm ist in Abbildung 81 dargestellt.*

```
1 * ******************* SYSTEM- UND AUSGABESTEUERUNG *********************
2                      ---------------------------.
3 set more off.
4 set echo off.
5 set log  off.
6 set listing = "c:\listings\aplot.lis".
7 title "Backhaus/Weiber: 'Entwicklung einer Marketing-Konzeption'".
8 get file "a:cluplot.sys".
9 * *********************************************************************.
10 * *************************** PROZEDUR ********************************
11                              --------
12 .
13 subtitle "Positionierung der CAD-Anbieter nach den ersten beiden Faktoren.".
14 plot cutpoints = (1)
15   /symbols    = "*2"
16   /vsize      = 15
17   /hsize      = 65
18   /title      = "Anbieterplot nach Faktorwerten"
19   /vertical   = "Unsicherheiten" reference (0 0) min (-1.6) max (1.6)
20   /horizontal = "Mangelnder Anwendungsbezug" reference (0 0)
21                min (-1.5) max (2.0)
22   /plot = afak1 with afak2.
23 finish.
```

Abb. 81: SPSS/PC+ Programm APLOT.INC zur Positionierung der Anbieter

Die Prozedur **PLOT** *greift mit Hilfe des Befehls* **GET FILE** *(Zeile 8) auf den SPSS/PC+ Systemfile CLUPLOT.SYS zurück, der die Faktorwerte für die Anbieter enthält und im Rahmen des Programms zur Faktorenanalyse (vgl. Abb. 79) erstellt wurde.*

Im **"Prozedur-Teil"** *wird mit Hilfe des Befehls* **PLOT** *in Zeile 14 die Prozedur Plot aufgerufen. Zuvor wurde mit dem* **SUBTITLE**-*Befehl in Zeile 13 noch eine zweite Überschrift für die aktuelle Prozedur eingeführt. Für die Gestaltung des Streudiagramms steht eine Reihe von Unterbefehlen zur Verfügung, von denen wir hier folgende verwendet haben:*[7]

---

7) *Wird behandeln im folgenden nur die von uns verwendeten Unterbefehle der Prozedur PLOT. Eine detaillierte Aufstellung aller möglichen Unterbefehle*

- *Der Unterbefehl CUTPOINTS = 1: (Zeile 14)*
Häufig liegen mehrere im Diagramm darzustellende Fälle sehr dicht beieinander. Anhäufungen von Punkten müssen deshalb aus Platzgründen mit dem gleichen Symbol dargestellt werden. Mit Hilfe des Unterbefehls CUTPOINTS wird die Größe des Intervalls festgelegt, das durch ein bestimmtes Symbol repräsentiert werden soll. Wir verwenden hier die Intervallgröße von 1 (= *Voreinstellung*), d.h. ein isoliert darstellbarer Fall wird mit 1 gekennzeichnet, 2 dicht beieinander liegende Fälle mit 2 usw.
Jeder weitere Unterbefehl der Prozedur PLOT wird durch einen Schrägstrich (/) eingeleitet.

- *Der Unterbefehl SYMBOLS: (Zeile 15)*
Hier kann bestimmt werden, mit welchen Symbolen die mit der Anweisung CUTPOINTS bestimmten Intervallgrößen gekennzeichnet werden sollen. Wir haben hier als Symbole den Stern (*) und die Zahl 2 angegeben. Damit wird jeder Einzelfall mit einem Stern dargestellt, und sobald mehr als ein Fall auf einer Position liegt wird die 2 ausgegeben. Statt der Angabe konkreter Symbole können hier noch folgende Anweisungen verwendet werden:

  - *ALPHANUMERIC:* Beinhaltet die Zahlen 1 bis 9, die Buchstaben A bis Z und den Stern. Sobald 36 oder mehr Fälle auf eine Position fallen wird der Stern (*) ausgegeben.
  - *NUMERIC:* Beinhaltet nur die Zahlen 1 bis 9. Fallen 10 oder mehr Fälle auf eine Position, so wird der Stern ausgegeben.

- *Der Unterbefehl VSIZE: (Zeile 16)*
Mit diesem Unterbefehl wird die Spannbreite der vertikalen Achse festgelegt. Sie wurde hier auf 15 Zeilen gesetzt.

- *Der Unterbefehl HSIZE: (Zeile 17)*
Mit diesem Unterbefehl wird die Spannbreite der horizontalen Achse festgelegt. Sie wurde hier auf 65 Zeichen gesetzt.

- *Der Unterbefehl TITLE: (Zeile 18)*
erlaubt die Angabe einer Überschrift für das erzeugte Streudiagramm.

- *Der Unterbefehl VERTICAL: (Zeile 19)*
Im Rahmen dieses Unterbefehls kann eine Kennzeichnung für die vertikale Achse vergeben werden (hier: Unsicherheitsreduktion). Die weitere Anweisungen dieses Unterbefehls betreffen die Skalierung der vertikalen Achse. Folgende Anweisungen stehen zur Verfügung:

---

findet sich bei: SPSS Inc. (Hrsg.) : SPSS/PC+ V.2.0 Base Manual, a.a.O., S. C-116ff.

- REFERENCE: *Durch diese Anweisung wird eine Referenzlinie in das Diagramm eingezeichnet. Sie soll hier senkrecht durch den Wert Null verlaufen (Angabe: 0 0).*
- MIN: *Gibt den kleinsten Wert für das Intervall der vertikalen Achse an.*
- MAX: *Gibt den größten Wert für das Intervall der vertikalen Achse an.*

- *Der Unterbefehl HORIZONTAL: (Zeile 20)*
Im Rahmen dieses Unterbefehls kann eine Kennzeichnung für die horizontale Achse vergeben werden (hier: Anwendungsbezug). Die weitere Anweisungen dieses Unterbefehls betreffen die Skalierung der horizontalen Achse. Folgende Anweisungen stehen zur Verfügung:

- REFERENCE: *Durch diese Anweisung wird eine Referenzlinie in das Diagramm eingezeichnet. Sie soll hier waagerecht durch den Wert Null verlaufen (Angabe: 0 0).*
- MIN: *Gibt den kleinsten Wert für das Intervall der horizontalen Achse an.*
- MAX: *Gibt den größten Wert für das Intervall der horizontalen Achse an.*

- *Der Unterbefehl PLOT: (Zeile 22)*
Hier wird angegeben, für welche Variable ein Streudiagramm erzeugt werden soll. Die erst genannte Variable (hier: afak1) wird auf der vertikalen Achse und die nach "WITH" genannte Variable (hier: afak2) wird auf der horizontalen Achse abgetragen.

- *Der Unterbefehl FORMAT:*
Mit Hilfe des FORMAT-Befehls kann die Art des zu erzeugenden Diagramms bestimmt werden. Wird dieser Unterbefehl nicht angegeben (wie in unserem Programm), so erzeugt die Prozedur PLOT ein bivariates Streudiagramm (Voreinstellung).8)

Durch den Befehl **FINISH** *in Zeile 23 wird das SPSS/PC+ Programm abgeschlossen und SPSS/PC+ verlassen.*

---

8) *Vgl. zu weiteren Diagrammarten: SPSS Inc. (Hrsg.): SPSS/PC+ V2.0 Base Manual, a.a.O., S. B-131ff. und C-116f.*

IV. Entwicklung eines Marketing-Konzeptes für CAD auf Basis der quantitativen und qualitativen Analysen

1. Das Ergebnis der Situationsanalyse

Auf der Basis der vorgelegten Situationsanalyse ist es möglich, die Komponenten der Marketing-Konzeption und ihre Abstimmung untereinander zu entwickeln. Die Entwicklung der Marketing-Konzeption erfolgt im folgenden in Analogie zur Abbildung 82.

Die quantitative und qualitative Situationsanalyse hatte u.a. folgende Ergebnisse erbracht:

- Die Nachfrage weist deutliche Zuwachsraten auf, die im zweistelligen Bereich liegen und damit den Markt vom Wachstum und Volumen her interessant machen.
- Aufgrund der bereits stattgefundenen Diffusionsprozesse wird deutlich, daß das Zuwachspotential vor allen Dingen aus dem Bereich der mittelständischen Industrie kommt.
- Der Markt befindet sich in einer Pre-Standardphase, in der sich erhebliche Wettbewerbskämpfe nachweisen lassen. Das nach der Standardsetzung üblicherweise sich vollziehende Anbieter-shake-out hat noch nicht stattgefunden. Insofern existiert noch keine dominante Lösungskonzeption.

Um in diesem wachstumsstarken Markt Markterfolge erringen zu können, ist es notwendig, die KKV-Position (komparativer Konkurrenzvorteil) der CAD-CORP zu bestimmen. Dazu ist eine relationale Betrachtungsweise notwendig. Die zentrale Frage ist: Wie sieht der Nachfrager das Leistungsangebot der CAD-Corporation im Vergleich zu den Konkurrenzlösungen (Marketing-Dreieck)?

Die **Nachfrageranalyse** hat gezeigt, daß Markterfolge nur erzielt werden können, wenn die drei zentralen Kaufwiderstandsdimensionen,

-- allgemeine Unsicherheiten,
-- Technik,
-- mangelnder Anwendungsbezug

von den Anbietern überwunden werden können.

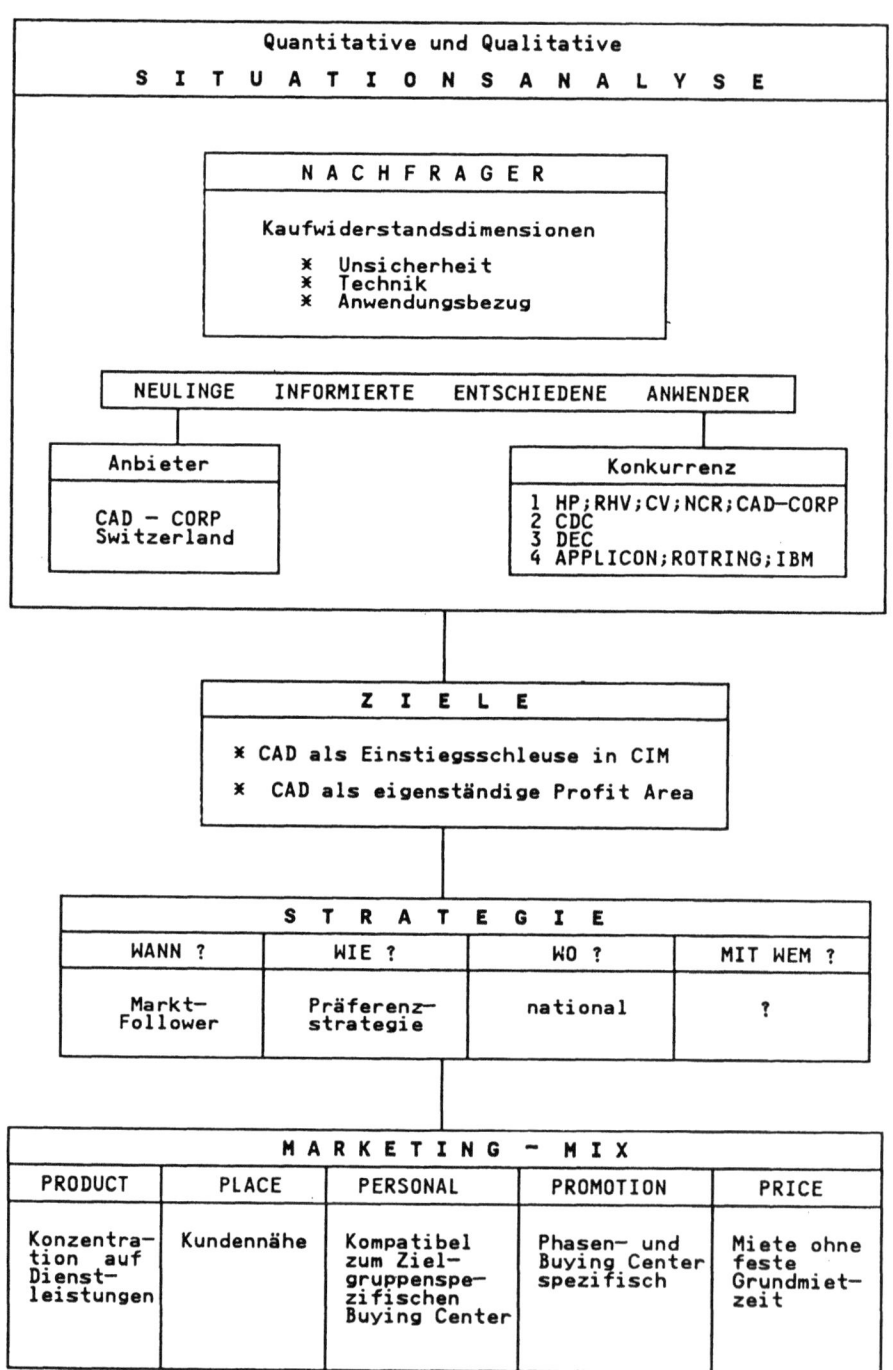

Abb. 82: Das Marketingkonzept im Überblick

Eine differenziertere Analyse hat gezeigt, daß die Nachfrager jedoch nicht als homogen anzusehen sind. Vielmehr zeigt sich eine segmentspezifische Variation des Nachfragerverhaltens. Dabei ist deutlich geworden, daß das Problemlösungsbedürfnis der Nachfrager offenbar mit den Kaufphasen variiert. Neulinge stellen andere Anforderungen als Informierte. Diese wiederum stellen andere Anforderungen als diejenigen, die sich bereits für eine Lösung entschieden haben bzw. die schon Anwendungserfahrungen besitzen. Diese vier Zielgruppen im Nachfragerverhalten sind bei der Bestimmung der KKV-Position zu berücksichtigen.

Bei der Beantwortung der Frage, wie die jeweiligen Nachfrager die am Markt befindlichen Anbieter beurteilen, ist deutlich geworden, daß die Anbieter in den Augen der Nachfrager relativ unterschiedliche Positionen einnehmen. Von den Nachfragern werden jeweils wiederum vier Gruppen von Anbietern unterschieden. Interessante Zielpositionen nehmen die Firmen IBM, Rotring und Applicon ein, die als die **Zielsegmentpositionierung** von CAD-CORP angesehen werden müssen.

2. Die Marketing-Ziele bestimmen die Marketing-Strategie

Im Einführungskapitel wurde betont, daß ein Marketing-Konzept nur in enger Betrachtung von Ziel, Strategie und Maßnahmenkatalog gesehen werden kann. Für die Einstiegsposition von CAD-CORP in den CAD-Markt ist von entscheidender Bedeutung, mit welchen Zielvorstellungen der Markteintritt erfolgt.

Es wurde bereits betont, daß CAD **eine** Einstiegsschleuse in das Systemgeschäft mit CIM darstellt. Insofern ist zu fragen, ob der Markteinstieg von CAD-CORP unter der Zielvorstellung erfolgen soll, daß CAD als Einstiegsschleuse zu CIM gesehen oder der CAD-Einstieg als weitgehend isolierter Profitbereich verstanden wird. Sucht CAD-CORP über den Nachweis der Kompetenz im CAD-Bereich einen Kompetenztransfer für CIM zu erreichen, dann ist der Markterfolg von CAD im späteren CIM-Verbund zu sehen. Damit wird auch ein kalkulatorischer Ausgleich über die Zeit möglich. Wird CAD dagegen als eigener Profitbereich betrachtet, so hat sich die Positionierung und Entgeltpolitik an diesem Ziel zu orientieren. Abbildung 83 verdeutlicht die Sachverhalte. Daraus wird vor allem deutlich, daß der Preis für ein CAD-System je nach strategischer Zielvorstellung unterschiedlich zu betrachten ist.

Aus der Fallstudie ergeben sich Hinweise, daß CAD-CORP offensichtlich CAD primär als eine Einstiegsschleuse für den Markteintritt in CIM interpretiert. Unter dieser Zielvorstellung werden die folgenden Überlegungen diskutiert.

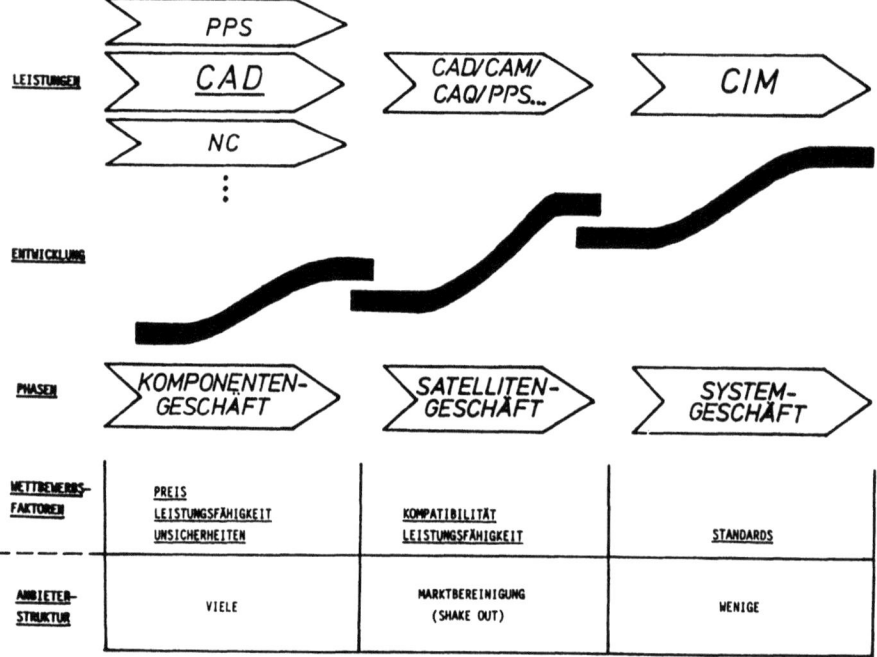

Abb. 83: CAD als "Einstiegsschleuse" zu CIM

3. Die strategische Marketing-Ausrichtung

Bei der strategischen Positionierung geht es darum festzulegen,

- zu welchem Zeitpunkt (Wann?),
- mit welchem KKV (Wie?),
- in welchem geographisch abgegrenzten Gebiet (Wo?),
- allein oder kooperativ (mit Wem?)

die Marktbearbeitung erfolgen soll.

3.1. Das Timing (Wann?)

Aus der Situationsanalyse ist deutlich geworden, daß CAD-CORP als **Markt-Follower** in den Markt eintritt. Das bedeutet, daß das Produkt seinen Markt im bereits bestehenden Wettbewerbsgefüge suchen muß. Gerade beim Markt-Follower ist darauf zu achten, daß sich das Produkt nicht einfach als weiteres unter anderen darstellt. Vielmehr läßt sich der Markt nur durch Verdeutlichen eines komparativen Konkurrenzvorteils (KKV) erschließen. Diese Überlegungen legen auch tendenziell den Zeitpunkt für den Markteintritt fest:

Ein zu früher Markteintritt ohne deutlichen KKV führt zur Position der "grauen Maus", die als Eintritt für das CIM- Geschäft die schlechteste aller Lösungen für den Markt-Follower ist. Insofern bestimmen der zu schaffende KKV und sein Realisationszeitpunkt eindeutig den Zeitpunkt des Markteintritts. Ein später Markteintritt mit einem klaren KKV ist einem frühen Markteintritt ohne KKV eindeutig vorzuziehen.

3.2. Der Inhalt des KKV (Wie?)

In vielen empirischen Untersuchungen ist festgestellt worden, daß sich KKVs im Prinzip über zwei Wege erreichen lassen (vgl. Abbildung 84):

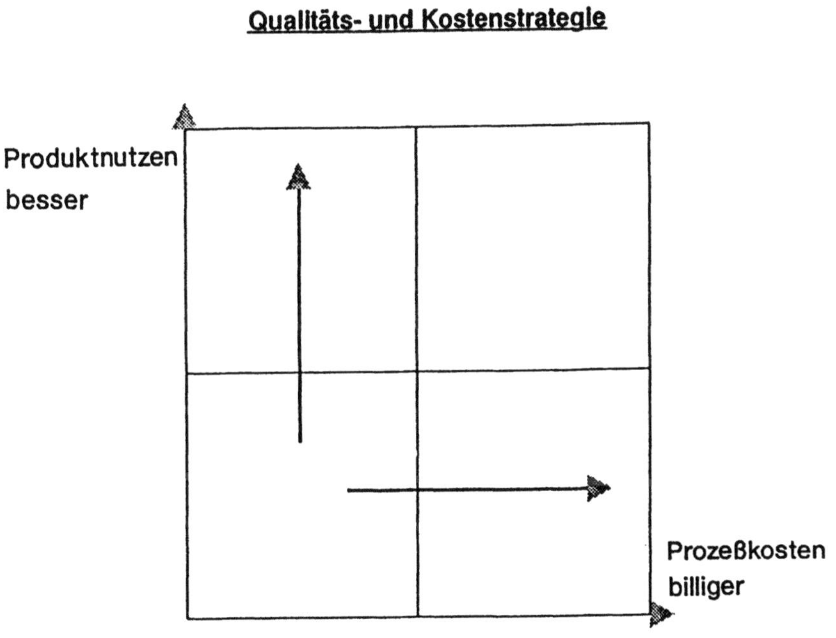

Qualitäts- und Kostenstrategie

Abb. 84: Die Strategierichtungen

Entweder geht der Weg zur Schaffung von KKVs über die Nutzenkomponente ("besser" zu sein als der Konkurrent) oder über eine klare Kostenstrategie ("billiger" zu sein als der Konkurrent). Unter der Zielvorstellung, daß das CAD-System als Einstieg in CIM zu verstehen ist, scheidet eine Kostenstrategie von vornherein aus. Es geht vielmehr darum, den Nachweis zu erbringen, daß CAD-CORP ein zuverlässiger Anbieter für CIM sein wird; und das muß bewiesen werden am CAD-System. Der KKV muß im Wege einer Präferenzstrategie umgesetzt werden.

3.3. Die Marktarealstrategie (Wo?)

Da es sich bei dem CAD-System von CAD-CORP um ein deutschsprachiges System handelt, ist sicherlich zunächst eine Einführung im deutschsprachigen Raum zwingend vorgeschrieben. Aufgrund der Integration von Märkten im Bereich von CIM ist jedoch bereits in frühen Stadien über eine schnelle internationale Marktausweitung nachzudenken. Damit wird auch die Frage nach strategischen Allianzen zur Erschließung von globalen Märkten von Bedeutung.

3.4. Die Kooperationsstrategie (mit Wem?)

Aufgrund der Tatsache, daß die Märkte regional zusammenwachsen und die Nachfrager in späteren Phasen einen bestimmten Standard erwarten werden, ist davon auszugehen, daß nach Standardsetzung eine Bereinigung der Anbieterstruktur erfolgen wird ("shake-out"). Die zu erwartenden hohen F&E-Kosten für die Entwicklung einer Gesamtphilosophie für CIM sowie die Verbreiterung der Marktpenetration durch ausgebaute Vertriebssysteme lassen es daher sinnvoll erscheinen, Partner für strategische Allianzen zu suchen, die auf dem Weg ins CIM-Geschäft mit komplementären Leistungsprofilen die Marktchancen erhöhen.

Zusammenfassend läßt sich somit feststellen, daß für CAD-CORP eine primär **national** ausgerichtete **Präferenzstrategie** als **Markt-Follower** zu einem Zeitpunkt erfolgen sollte, zu dem ein klarer KKV vorhanden und kommunizierbar ist. Wegen der Notwendigkeit, später globale Märkte zu bearbeiten, ist jedoch in diesem frühen Stadium bereits die Suche nach leistungsfähigen Partnern für **strategische Allianzen** aufzunehmen.

4. Das Marketing-Mix

Die Umsetzung der Marktstrategie erfolgt im Marketing-Mix. Im Rahmen des Marketing-Mix geht es darum, alle Marketing-Instrumente auf den Problemlösungsansatz auszurichten. Zu den Instrumenten des Marketing-Mix zählen wir die sogenannten "5 P's" (product, place, personnel, promotion, price).

4.1. Das Produkt (Product)

Aus der Nachfrageranalyse hat sich gezeigt, daß die technische Lösung zwar ein kaufentscheidendes Kriterium sein kann, daß diese Beurteilungsdimension aber hinter die beiden anderen Dimensionen "Allgemeine Unsicherheitsreduktion" und "Fehlender Anwendungsbezug" zurücktritt. Daraus läßt sich schließen, daß die technische Lösung zwar relevant ist, aber keine überragende Bedeutung für den Kaufentscheidungsprozeß hat. Insofern geht es in diesem Falle nicht um eine "Maximierung" der technischen Lösung, sondern die Technik hat die Funktion einer erforderlichen Nebenbedingung. Der Nachfrager geht davon aus, daß die Technik "stimmen muß". Im Zentrum der Überlegungen muß allerdings der Nachweis der kundenbezogenen Einsatzmöglichkeiten von CAD deutlich werden. Der Kunde kauft nicht eine Hardware-Konfiguration und ein Software-Programm, sondern er kauft eine bessere Lösung für seine Konstruktionsabteilung. Insofern wird deutlich, daß gerade in diesem Segment nicht das Produkt an sich, sondern der Nutzen eines Produktes relevant ist. Damit muß die Dienstleistungskomponente bei CAD-Systemen im Vordergrund stehen. Dienstleistungen sind **der** Ansatzpunkt für KKVs, da hier nahezu **alle** am Markt agierenden Anbieter relativ schlecht beurteilt werden. Als konkrete Vorschläge kämen in Betracht:

- ausgebaute nutzer-orientierte Teachware
- Schulung **vor** Einführung
- problembezogene Dokumentation
- Angebot von Testlösungen für Kundenprobleme **vor** Kauf.

4.2. Das Vertriebssystem (Place)

Zentrale Zielgruppe ist der Mittelstand. Für diese Zielgruppe sind Lösungskonzepte zu entwickeln. Für die Entscheidung zeigt sich eine Parallele zu dem eingangs dargestellten Beispiel von Nixdorf. Die Zielgruppe erfordert ein größtmögliches Maß an Kundennähe, was zwangsläufig dazu führen muß, daß ein breites Vertriebssystem aufzubauen ist, das in der Lage ist, die Kundenwünsche kurzfristig aufzunehmen und in Problemlösungen umzusetzen. Als Alternativen kommen grundsätzlich in Betracht:

- Indirekter Vertrieb über

    = Handelssysteme
    = Selbständige Vertreter
    = Softwarehäuser

- Direkter Vertrieb über eigene Vertriebsniederlassungen.

Der Breitenvertrieb über Vertriebspartner weist allerdings eine Reihe von Problemen auf:

(1) Wenn die Dienstleistungskomponente im Rahmen der Produktpolitik in den Vordergrund gestellt wird, muß sichergestellt sein, daß die Absatzmittler in der Lage sind, die notwendigen Beratungsleistungen gegenüber den Kunden zu erbringen. Das erfordert ein ausgefeiltes Absatzmittler-Schulungssystem.

(2) Beim indirekten Vertrieb ist der Typ des zu wählenden Absatzmittlers festzulegen, wobei prinzipiell auch ein mehrgleisiger Vertrieb in Frage kommt. Die Mehrgleisigkeit sichert einerseits die Vertriebsbreite, schafft aber

andererseits zusätzliche Konkurrenz- und möglicherweise Imageprobleme. Es ist daher zu fragen, welche Absatzmittler über ausreichend Kompetenz zur Sicherstellung der Dienstleistungen verfügen. Dazu kommen als erstes die Softwarehäuser als Partner in Frage.

(3) Sollte der Vertriebsweg über Ausschließlichkeitsverträge gesichert werden? Für CAD-CORP liegt der Anreiz für ein solches System sicherlich in der reduzierten Konkurrenz auf der Handelsstufe. Es ist allerdings zu prüfen, ob sich ausreichend Absatzmittler finden, die sich an **eine** Neueinführung binden werden - wenn der Produkterfolg noch nicht absehbar ist.

Wegen der Zielgruppe "Mittelstand" scheidet eine Direktvertriebs-Strategie aus, da aus Kostengründen die erforderliche räumliche Kundennähe kaum gesichert werden kann.

4.3. Das Personal (Personnel)

Die erforderliche Kundennähe hat auch Auswirkungen auf den Einsatz des Vertriebspersonals. CAD wird im Hinblick auf CIM nicht erfolgreich in den Markt zu bringen sein, wenn das Vertriebspersonal nicht in der Lage ist, die Vorteilhaftigkeit der CAD-Lösung von CAD-CORP beim Kunden zu verankern. Im einzelnen bedeutet das:

- Das Vertriebspersonal muß lernen, sich in Kundenprobleme hineinzudenken (Mitarbeiter von potentiellen Kunden einstellen?).
- Die persönliche Akquisition muß sich an den verschiedenen Nachfragergruppen und der dynamischen Marktkomponente orientieren.
- Die Akquisitionsanstrengungen sind auf die Neulinge, Interessierten und Informierten zu richten, da diese beiden Gruppen noch über kein anbieterspezifisches CAD-Urteil verfügen und ungefähr 40 % des Gesamtmarktes ausmachen.
- Wegen der erforderlichen Weiterentwicklung der Software ist eine intensive permanente Verkäuferschulung notwendig.

Vor allen Dingen hat die Personal Selling-Strategie der IBM (vgl. Fallstudie) gezeigt, daß es notwendig ist, einen Buying Center-spezifischen Einsatz der Vertriebsmitarbeiter zu planen. IBM hat gezielt das Buying Center erweitert, um seine KKVs umsetzen zu können.

Eine vergleichbare Strategie könnte auch für CAD-Corp. sinnvoll sein. CAD-Corp. gilt als einer der Weltmarktführer im Bereich der Produktionsautomatiierung. Damit muß CAD-Corp. auch über Vertriebskontakte zu den Fertigungsverantwortlichen bei Kunden verfügen. Diese Kontakte müssen genutzt werden mit dem Hinweis, daß der CIM-Verbund von der Fertigung in die Konstruktion hinein erweitert werden soll, wobei die Schnittstellenkompatibilität sichergestellt werden muß. Damit wird CAD nicht mehr zur Einstiegsschleuse von CIM, sondern als eine Erweiterungsinvestition für ein Fertigungsautomatisierungssystem positioniert.

Dies begründet auch die Bedeutung von (großen) **Leitkunden** für den Besuch des Vertriebspersonals: Die Firmen, die über ein Produktionsautomatisierungssystem der AUTAG verfügen, müssen als Lead Users gewonnen werden. Mit diesen Referenzen kann CAD als Einstiegsschleuse zu CIM bei mittelständischen Kunden angeboten werden. Evtl. würde sich hier sogar ein mehrgleisiger Vertrieb (vgl. Kap. 4.2) anbieten: Leitkunden werden über Direktvertrieb angesprochen, mittelständische Unternehmen über indirekte Vertriebskanäle.

4.4. Die Kommunikation (Promotion)

Die Kommunikation muß phasenspezifisch und Buying Center-gerecht aufbereitet werden. Das heißt im einzelnen, daß sich die Kommunikationsbemühungen auf Geschäftsleitung und Konstruktionsabteilungen auszurichten haben.

Das muß auch in allen Kommunikationsmitteln deutlich werden: Geschäftsleitung und Fachabteilung müssen adressatenspezifisch mit Informationen versorgt werden. In der Anzeige der IBM für die Einführung des Systems /370 wird eine solche differenzierte Ansprache deutlich. Zwei Zielgruppen werden unterschieden:

- Unternehmensleitung (Machtpromotoren)
- Fachleute der Datenverarbeitung (Fachpromotoren)

Beide Zielgruppen werden mit unterschiedlichen Argumenten angesprochen:

Die Computer-Mark wird aufgewertet: Das IBM System /370 Modell 125 ist da.

IBM erweitert das System /370 um einen neuen Computer mittlerer Größe, mit virtuellem Speicher.

Vor kurzem stellten wir neue Computermodelle des IBM System/370 und den virtuellen Speicher vor. Damit war für viele Unternehmen, die Computer der oberen Leistungsklasse einsetzen, die Tür zu neuen Computeranwendungen aufgestoßen.

Heute stellen wir das Modell 125 aus dem IBM System/370 vor. Ebenfalls mit virtuellem Speicher. Damit wird das, was man inzwischen die neue Dimension der Datenverarbeitung nennt, für einen noch breiteren Kreis von Unternehmen praktikabel.

Was heißt das für die Unternehmensleitung?

Sie kann dringend notwendige managementorientierte Anwendungen einführen lassen, und sie kann die Computerleistung allen Bereichen des Unternehmens anbieten.

Sie kann einen umfassenden innerbetrieblichen Informationsdienst aufbauen, damit mehr und bessere Informationen fließen. Und sie kann diese neuen Anwendungen zusätzlich zu den bereits laufenden realisieren.

Dies wird möglich, weil in dieser Leistungsklasse das Modell 125 durch sein Preis/Leistungsverhältnis neue Maßstäbe setzt. Denn es wird sowohl der Nutzungsgrad der Datenverarbeitung selbst drastisch gesteigert, als auch die Wirkung der Programmierung. Das führt schließlich zu einer höheren Effektivität bei den Mitarbeitern, die den Computer einsetzen, sowie bei denen, die seine Leistung nutzen.

Eine speziell für die Unternehmensleitung verfaßte Broschüre liegt für Sie bereit. Bitte fordern Sie diese mit dem Informations-Abruf an.

Unsere Vertriebsbeauftragten stehen Ihnen natürlich jederzeit für informative Gespräche zur Verfügung.

Was heißt das für den Fachmann der Datenverarbeitung?

Der Leiter des Rechenzentrums und der Programmierer können jetzt mit dem IBM System/370 Modell 125 Anwendungen realisieren, wie sie die Unternehmensleitung fordert. Denn das virtuelle Konzept öffnet die Grenzen des Hauptspeichers für neue Anwendungen.

Das Betriebssystem DOS/VS sichert die wirkungsvolle Nutzung des Systems. Außerdem können jetzt höhere Programmiersprachen angewendet werden.

Der Dialog zwischen Mensch und Maschine wird durch eine Bildschirmkonsole an der Zentraleinheit vereinfacht. Ein/Ausgabeeinheiten sind direkt (ohne Zusatzkanäle) anschließbar.

Die monolithische Technologie erstreckt sich nicht nur auf Systemlogik, sondern auch auf den Hauptspeicher. Die Selbstprüftechnik entspricht der von Großsystemen.

Eine detaillierte Beschreibung liegt für Fachleute in zwei IBM-Broschüren vor. Bitte fordern Sie diese mit dem Informations-Abruf an.

Unsere Vertriebsbeauftragten stehen Ihnen natürlich jederzeit für informative Gespräche zur Verfügung.

IBM IBM Deutschland GmbH 7000 Stuttgart

Informations-Abruf

*An die IBM Deutschland GmbH
7 Stuttgart 80, Postfach 800880, Abt. 3990.
Betrifft: IBM System/370 Modell 125.*

☐ *Bitte senden Sie uns die Information für die Unternehmensleitung IBM-Form P 12-1034.*

☐ *Vereinbaren Sie bitte einen Termin mit uns für ein Informationsgespräch.*

Name:

Position:

Firma:

Anschrift:

B 2 AN 19

Informations-Abruf

*An die IBM Deutschland GmbH
7 Stuttgart 80, Postfach 800880, Abt. 3990.
Betrifft: IBM System/370 Modell 125.*

☐ *Bitte senden Sie uns Informationen für Fachleute der Datenverarbeitung.
IBM-Form F 12-1044, F 12-1055*

☐ *Vereinbaren Sie bitte einen Termin mit uns für ein Informationsgespräch.*

Name:

Position:

Firma:

Anschrift:

B 2 AN 19

Abb. 85: Anzeige der Fa. IBM

Unternehmensleitung (Machtpromotoren)	Datenverarbeitungs-Fachmann (Fachpromotoren)
- Managementorientierte Anwendungen - Umfassendes, innerbetriebliches Informationssystem - Preis-/Leistungsverhältnis - Effektivität bei Mitarbeitern	- Virtuelles Konzept erweitert den Hauptspeicher - Höhere Programmiersprachen - Mensch-Maschine-Dialog - Monolithische Technologie - Selbstprüftechnik

Abb. 86: Zielgruppenspezifische Argumente in der IBM-Anzeige

Die Gegenüberstellung der verwendeten Argumente zeigt, daß je nach Aufgabenbereich der Zielgruppe spezifische Argumente verwendet werden, die auch dem jeweiligen Sprachgebrauch angepaßt sind.

Auf CAD-Corp. übertragen könnte dies bedeuten, daß der **Unternehmensleitung** der Lead User deutlich gemacht werden muß, daß CAD eben nicht als isoliertes System, sondern als Teilsystem im Rahmen eines größeren CIM-Systems interpretiert werden muß, bei dem das Nahtstellenproblem zur (vorhandenen) Fertigungsautomation eine große Rolle spielt, die eine übergeordnete Managemententscheidung erfordert, bei der Mitarbeiter aus Konstruktion und Fertigung zusammengebracht werden müssen.

Für die **Fachleute** muß deutlich werden, daß das CAD-Corp.-System in besonderer Weise in der Lage ist, das Schnittstellenproblem zu lösen.

Die **Fertigungsingenieure** müssen dabei in besonderer Weise bedient werden, weil sie intern den KKV verdeutlichen müssen. Vor allem auch deshalb, weil Konkurrenten andere Zielpersonen im Buying Center zu ihren Verbündeten machen werden, wie das Beispiel Rotring euroCAD zeigt:

Rotring befindet sich in einer anderen Ausgangsposition. Rotring verfügt aufgrund seiner starken Stellung im Bereich der "konventionellen Konstruktionsprodukte" wie Tuschefüller und Zeichenbrettern über eine starke Marktposition bei den Konstrukteuren. Diese wird man auszunutzen versuchen. Die nachfolgenden Zitate aus einem Rotring Werbeprospekt belegen dies.

- "Rotring euroCAD läßt Sie heute in die Technik der Zukunft einsteigen, ohne daß sich viel ändert. Wir halten nichts von abrupter Umstrukturierung und Konstrukteure sind keine Fachleute in Sachen Datenverarbeitung. Für sie ist wichtig, daß sie die gewohnte Arbeit auch auf ein CAD-System übertragen können. Rotring euroCAD macht das leicht und einfach.

- Rotring euroCAD kennt die Arbeitsgewohnheiten der Konstrukteure. Deswegen haben wir kompliziertes Computerchinesisch wegggelassen und dafür das für Sie Gewohnte übernommen. Z.B. den Dialog in der Muttersprache und den Aufstellort, der nicht klimatisiert zu werden braucht.

- Alle Rotring euroCAD-Berater sind seit einigen Jahren im CAD-Geschäft. Sie bringen die Erfahrung mit, die für Sie von Nutzen ist und brauchen sich nicht erst in die Lage des Konstrukteurs zu versetzen, weil sie alle früher einmal am Reißbrett gestanden haben."

Damit wird deutlich: Eine effiziente Kommunikationspolitik muß auf die Buying Center-spezifische Vermittlung von KKVs ausgerichtet sein. Diese variieren von Wettbewerber zu Wettbewerber, was in der Kommunikationspolitik zu berücksichtigen ist.

4.5. Der Preis (Price)

Die Preispolitik liefert einen der zentralen Parameter zur Reduktion der Unsicherheit. Da die Unsicherheit eines der entscheidenden Kaufwiderstandskriterien ist, ist die Preispolitik so auszurichten, daß die Barriere überwunden werden kann. Eine sinnvolle Möglichkeit bestünde z.B. darin, die CAD-Systeme ohne feste Grundmietzeit zu vermieten (oder zu leasen), so daß der Kunde die Möglichkeit hat, **vor** dem endgültigen Kauf zu entscheiden, ob das System eine adäquate Problemlösung für seine Bedürfnisse liefert. Diese preispolitische Maßnahme ist durch das Vertriebspersonal dahingehend zu unterstützen, daß bei auftretenden Kundenproblemen in kürzester Zeit eine Unterstützung erfolgt, die zur Lösung des Kundenproblems führt. Damit werden zwei Effekte erreicht:

- Die im Markt installierten CAD-Systeme lassen sich als Referenzanlagen für andere Zielgruppen verwenden.
- Bei Zufriedenheit des Kunden wird eine längerfristige Mietzeit, die dann auch entsprechende Erfolgsbeiträge bewirkt, erreichbar sein.

Gerade bei der Preispolitik wird der unmittelbare Zielbezug deutlich. Wenn es darum geht, das CAD-System von CAD-CORP als Kompetenznachweis für die umfassenderen CIM-Lösungen zu positionieren, sind alle Instrumente - auch der Preis - auf dieses Ziel auszurichten. Die Preispolitik erhält dann ihre Bedeutung vor dem Hintergrund eines kalkulatorischen Ausgleichs im CIM-Konzept. Die Rentabilisierung an jedem verkauften System tritt dann zurück.

V. Der Umgang mit SPSS/PC+ V2.0

1. Umfang und Installation der Statistik-Software SPSS/PC+

1.1. Einzelpakete von SPSS/PC+

Die Statistitik-Software SPSS/PC+ V2.0 ermöglicht die Durchführung uni- und multivariater Statistiken auf dem Personal Computer. Das Programm ist aus mehreren "Paketen" zusammengesetzt, die wiederum aus mehreren Modulen bestehen. Durch die Aufteilung der einzelnen Pakete in Module kann der Anwender jeweils die Module auf seinem Rechner installieren, die von ihm benötigt werden. Dadurch wird insbesondere Festplattenspeicherplatz eingespart, da SPSS/PC+ V2.0 mit allen Paketen fast 9 Megabyte Festplattenspeicherplatz benötigt. Im vorliegenden Buch wurde SPSS/PC+ Version 2.0 verwendet, die bereits mit einer deutschen Benutzerführung ausgestattet ist.

Für SPSS/PC+ V2.0 sind folgende Programmpakete verfügbar:

1. Das SPSS/PC+ V2.0 BASIS-PAKET
beinhaltet neben den grundlegenden Befehlen zur Definition, Modifikation und Selektion der Daten folgende Module zur Datenaggregation und Datenauswertung:

a) Modul I:
enthält die Prozeduren ANOVA, NPAR TEST, IMPORT und EXPORT und zusätzlich die neuen Kommandos MODIFY VARS und SYSFILE INFO.
b) Modul L:
enthält die Prozeduren AGGREGATE, PLOT, REPORT und SORT.
c) Modul R:
enthält die Prozeduren ONEWAY und REGRESSION.

Außerdem liefert SPSS zu dem Basis-Paket einen Editor mit dem Namen **REVIEW**, der zur Erstellung von SPSS/PC+ Daten- und Programm-Files verwendet werden kann und auch in der reinen DOS-Umgebung einsetzbar ist.[1] Weiterer Bestandteil ist ein **TUTORIAL**, das eine Einführung in die Handhabung von SPSS/PC+ V2.0 umfaßt. Das Tutorial arbeitet dabei interaktiv mit SPSS/PC+ V2.0 zusammen. Darüber hinaus wurde die Prozedur **TRANSLATE** in das Basispaket der Version 2.0 integriert, die die Weiterverarbeitung von SPSS/PC+ Daten in Tabellenkalkulations-Programmen und Datenbanken sowie das Einlesen von Daten aus Tabellenkalkulations-Porgrammen und Datenbanken in einen SPSS/PC+ File ermöglicht.

---

1) Vgl. hierzu auch Kap. V.6.

Mit Hilfe der Prozedur TRANSLATE ist ein Transfer von bzw. zu folgenden Programmen möglich:

- *Lotus 1-2-3*
- *Symphony*
- *Microsoft Multiplan*
- *dBase-II*
- *dBase-III und dBase-III PLUS.*

*Mit der Version 2.0 ist in dem Basis-Paket neben den oben genannten Programmen auch das Programm **Graph-in-the-Box** enthalten. Es dient zur Erstellung von Ad hoc-Graphiken aus anderen Anwendungsprogrammen heraus. Nach dem Start von Graph-in-the-Box ist dieses speicherresident vorhanden, d.h. es kann während der Arbeit mit SPSS/PC+ oder anderen Anwendungsprogrammen durch die Tastenkombination <ALT+G> aktiviert werden.2)*

2. Das Paket SPSS/PC+ Advanced Statistics V2.0

beinhaltet mehrere multivariate Verfahren und ist auf drei Module aufgeteilt:3)

a) Modul A:
enthält die Statistik-Prozeduren CLUSTER, FACTOR, HILOGLINEAR und QUICK CLUSTER.

b) Modul M:
enthält die Prozedur MANOVA zur Durchführung einer multivariaten Varianzanalyse.

c) Modul D:
enthält die Prozedur DSCRIMINANT zur Durchführung einer multivariaten Diskriminanzanalyse sowie die Prozedur RELIABILITY zur Skalenanalyse.

3. Das Paket SPSS/PC+ Trends V2.0

enthält statistische Prozeduren zur Analyse von Daten, die eine Funktion der Zeit darstellen. Es beinhaltet u.a. Kurvenanpassungen und -glättungen und Box-Jenkins-ARIMA-Modelle sowie Prozeduren zur Vorhersage zukünftiger Werte anhand verschiedener unterschiedlicher Modelle wie z.B. zur Errechnung von Marktanteilen, Verkaufszahlen oder Wahlergebnissen. TRENDS besteht aus folgenden Modulen:4)

a) Modul B:
enthält die Prozeduren CASEPLOT, CURVEFIT, EXSMOOTH, SEASON und TSPLOT.

---

2) *Vgl. hierzu auch Kap. V.5.*
3) *Vgl. SPSS Inc. (Hrsg.): SPSS/PC+ Advanced Statistics V2.0 for the IBM PC/XT/AT and PS/2, Chicago 1988.*
4) *Vgl. SPSS Inc. (Hrsg.): SPSS/PC+ Trends for the IBM PC/XT/AT, Chicago 1987.*

b) Modul K:
emthält die Prozeduren CREATE, READ MODEL, RMV,SAVE MODEL, SPECTRA, WLS und 2SLS.
c) Modul H:
besteht aus den Prozeduren ACF, AREG, ARIMA, CCF und PACF.

4. Das Paket SPSS/PC+ Graphics V2.0
ermöglicht die graphische Darstellung von Daten aus einer SPSS/PC+ Sitzung heraus.5) Der Vorteil ist dabei, daß die Datenselektion und -aufbereitung mit Hilfe von SPSS/PC+ erfolgen kann und die graphische Darstellung mit einer Graphik-Software erfolgt. SPSS unterstützt dabei folgende Graphik-Software-Pakete:

- Microsoft CHART
- CHART-MASTER
- GrafTalk

Wir arbeiten in diesem Buch mit dem Graphikprogramm **Microsoft CHART 3.0***.*

5. Das Paket SPSS/PC+ Tables V2.0
ermöglicht die Erstellung präsentationsfähiger Druckausgaben von Tabellenergebnissen, wie sie z.B. auch durch die Prozeduren DESCRIPTIVES, FREQUENCIES, MEANS und CROSSTABS erzeugt werden. Der Anwender besitzt mit SPSS/PC+ TABLES eine Vielzahl von Optionen, um die Druckausgabe seinen speziellen Bedürfnissen anzupassen.6)

6. Das Paket SPSS/PC+ Mapping V2.0
Mit Hilfe von MAPPING können Karten erstellt werden, in denen sich Daten geographisch illustrieren lassen. Als Umrißdateien werden die Länder der Welt und darüber hinaus Nordamerika und Westeuropa auf Staaten und Bundesländerebene zusammen mit ökonomischen und demographischen Daten angeboten. Speziell für die BR Deutschland sind u.a. Karten mit den Gemeindegrenzen und Kreisgrenzen der BR Deutschland verfügbar, sowie Karten für größere Postleitzahl-Bezirke.

7. Das Paket SPSS/PC+ Data Entry II
bietet die Möglichkeit einer komfortablen Datenerfassung bei gleichzeitiger Erstellung eines SPSS-Systemfiles.7)

---

5) *Vgl. SPSS Inc. (Hrsg.): SPSS/PC+ Graphics V2.0 for the IBM PC/XT/AT and PS/2, Chicago 1986.*
6) *Vgl. SPSS Inc. (Hrsg.): SPSS/PC+ Tables V2.0 for the IBM PC/XT/AT and PS/2, Chicago 1988.*
7) *Vgl. SPSS Inc. (Hrsg.): SPSS Data Entry II for the IBM PC/XT/AT, Chicago 1987. Siehe zu Data Entry auch Kap. V.7.*

*SPSS/PC+ V2.0 bietet durch den Befehl **SPSS MANAGER** die Möglichkeit, Prozeduren auf Diskette auszulagern und bei Bedarf wieder einzuspielen und damit Speicherplatz auf der Festplatte zu sparen. Welche Prozeduren derzeit auf einem PC installiert sind, kann durch den Befehl*

SPSS MANAGER STATUS.

überprüft werden. Der Speicherplatz, den die einzelnen Pakete auf der Festplatte benötigen, ist in der nachfolgenden Tabelle zusammengefaßt:

Programmpakete/ Module	Speicherplatz in KB	
BASISPAKET		
Modul I	575	
Modul L	623	
Modul R	628	
GRAPH-IN-THE-BOX	232	2058
ADVANCED STATISTICS		
Modul A	705	
Modul D	641	
Modul M	747	2093
TRENDS		
Modul B	776	
Modul K	786	
Modul H	848	2410
GRAPHICS (ohne Graphik-Software)	262	
TABLES	931	
MAPPING	250	
DATA ENTRY II	581	

Abb. 87: *Speicherplatzbelegung durch die Programmpakete von SPSS/PC+ Version 2.0*

1.2. Installation der Programmpakete von SPSS/PC+ V2.0

*Alle Programmpakete von SPSS/PC+ V2.0 werden auf 5,25' oder 3,5' Disketten ausgeliefert. Der Lieferumfang des Basispaketes umfaßt vier sog. U-Disketten (Universal-Disketten), die die Installationsprozeduren für alle SPSS/PC+ Programmpakete enthalten. Darüber hinaus besteht aber auch die Möglichkeit, die Zusatzpakete mit Hilfe des **SPSS MANAGER**-Befehls zu installieren. Eigenständige Installationsprozeduren enthalten nur das Graphikprogramm GRAPH-IN-THE-BOX, das Tutorial und die **deutsche Menüführung**, die ab der SPSS/PC+ Version 2.0 verfügbar ist. Die Installationen erfolgen von der Betriebssystem-Ebene aus wie folgt:*

INSTALLATION VON:	INSTALLATIONSBEFEHL
Universal-Disketten	a:install a: c:\spssdir
Deutsche Menüführung	a:deutsch a: c:\spssdir
Graph-in-the-Box	a:install a: c:\spssgraf
Tutorial	a:install

Abb. 88: Installationsprozeduren für SPSS/PC+ V2.0

Obige Installationsbefehle implementieren alle SPSS/PC+ V2.0-Pakete in ein vom Anwender gewähltes Verzeichnis auf der Festplatte. Hier wurde beispielhaft das Verzeichnis "SPSSDIR" angegeben. Bei dem Programm Graph-in-the-Box empfiehlt es sich, ein eigenständiges Verzeichnis zu wählen, das hier beispielhaft "SPSSGRAF" genannt wurde.

Mit dem Basispaket wird gleichzeitig eine **Schlüsseldiskette** ausgeliefert, die für den Programmstart erforderlich ist. Damit die Anwendungen der Zusatzpakete gestartet werden können, muß die Schlüsseldiskette zuerst für diese Anwendungen autorisiert werden. Die Autorisation erfolgt mit Hilfe des SPSS/PC+ Befehls **AUTHORIZE**.

Damit SPSS/PC+ V2.0 lauffähig ist, müssen die Dateien AUTOEXEC.BAT und CONFIG.SYS, die meist im Hauptverzeichnis (Root) der Festplatte stehen, wie folgt verändert werden:

1. Die Datei **AUTOEXEC.BAT** ist um folgenden Befehl zu erweitern:

path c:;c:\spssdir;c:\spssgraf;c:\chart;

Dabei steht "SPSSDIR" wiederum für das Verzeichnis auf der Festplatte, das der Anwender für die Installation von SPSS/PC+ V2.0 verwendet hat. Das Verzeichnis "SPSSGRAF" enthält das Programm Graph-in-the-Box, und "CHART" haben wir beispielhaft das Verzeichnis genannt, das für die Installation der Graphik-Software verwendet wurde, mit der SPSS/PC+ V2.0 im Rahmen des Pakets GRAPHICS zusammenarbeiten soll.

2. Die Datei **CONFIG.SYS** ist wie folgt zu verändern bzw. zu erweitern:

FILES=20
BUFFERS=8

Die obigen Änderungen können mit Hilfe des REVIEW-Editors vorgenommen werden, der Bestandteil des Basispakets von SPSS/PC+ V2.0 ist. Die Spezifikationen in den Dateien AUTOEXEC.BAT und CONFIG.SYS werden allerdings erst nach einem erneuten Sytemstart wirksam. Die erfolgreiche Installation der einzelnen Pakete kann durch entsprechende Testläufe überprüft werden, die gleichzeitig auch die Schlüsseldiskette für die jeweiligen Zusatzpakete autorisieren. Zu diesem Zweck werden zusammen mit den Installationsdisketten spezielle Testprogramme geliefert, die wie folgt auf Betriebssystem-Ebene ausgeführt werden können:

spsspc basetest.inc	--->	*Testprogramm für das BASISPAKET*
spsspc advtest.inc	--->	*Testprogramm für ADVANCED STATISTICS*
spsspc tbltest.inc	--->	*Testprogramm für TABLES*
spsspc chart.inc	--->	*Testprogramm für GRAPHICS mit dem Paket Microsoft-Chart*
spsspc trndtest.inc	--->	*Testprogramm für TRENDS*
spsspc maptest.inc	--->	*Testprogramm für MAPPING*

Abb. 89: *Testprogramme zu den Programmpaketen von SPSS/PC+ V2.0*

Bei obiger Befehlsausführung wurde unterstellt, das der Anwender zunächst in das Verzeichnis auf der Festplatte gewechselt ist, in dem alle SPSS-Files stehen. Mit dem Befehl

spsspc

wird SPSS/PC+ V2.0 gestartet, und durch die Files mit der Extension "INC" wird direkt nach dem Start von SPSS/PC+ V2.0 das entsprechende Testprogramm ausgeführt.

*Bei der praktischen Arbeit mit SPSS/PC+ V2.0 ist es empfehlenswert, den Programmfile **spsspc.com** in ein eigenes Verzeichnis zu kopieren, von dem aus dann alle Programme für SPSS/PC+ V2.0 gestartet werden. Dadurch wird vermieden, das die eigentlichen Programm-Files z.B. durch ungeschickte Namensvergabe gelöscht oder überschrieben werden. In der Datei AUTOEXEC.BAT ist dann dieses Verzeichnis ebenfalls in die PATH-Angabe aufzunehmen.*

1.3. Kommunikationsmöglichkeiten mit SPSS^x und früheren SPSS/PC Versionen

SPSS/PC+ V2.0 bietet die Möglichkeit, auch solche Programme zu verarbeiten, die mit früheren Versionen von SPSS/PC erstellt wurden. Außerdem können SPSS/PC+ V2.0 Programme mit der Großrechner-Version SPSS^x verarbeitet werden.
Durch den SPSS/PC+ Befehl **EXPORT** *können alle Informationen des ACTIVE-Files auf Diskette oder Festplatte in einem ASCII-File gespeichert werden. Mit EXPORT erzeugte Dateien können dann zu einem Großrechner (Host) übertragen werden und dort von SPSS^x verarbeitet werden. Zur Übertragung eines EXPORT-Files vom PC zum Großrechner dient das Programm* **KERMIT**, *das eigens zu diesem Zweck im Basispaket von SPSS/PC+ enthalten ist. Voraussetzung für den Datentransfer ist allerdings, daß KERMIT auf dem PC* **und** *auf dem Großrechner installiert ist.*

Umgekehrt kann mit dem SPSS/PC+ Befehl **IMPORT** *ein ASCII-File eingelesen werden, der mit Hilfe des EXPORT-Befehls im Rahmen von SPSS/PC (Version 1.0 und 1.1), SPSS/PC+ oder SPSS^x erzeugt wurde. Das Programm KERMIT kann dabei ebenfalls dazu verwendet werden, eine Datei vom Großrechner auf den PC zu übertragen. Weiterhin kann durch den IMPORT-Befehl ein mit der Statistik-Software SAS erzeugtes Programm in SPSS/PC+ eingelesen werden. Voraussetzung ist, daß das Programm im Rahmen von SAS mit dem Befehl "PROC TOSPSS" in einer Datei gespeichert wurde. Programme, die mit der Version 1.0 von SPSS/PC+ erstellt wurden, laufen ohne Änderung auch mit der Version 2.0.*

2. Besonderheiten der Statistik-Software SPSS/PC+

2.1. Arbeitsmodi von SPSS/PC+

Mit der Version 2.0 ist SPSS/PC+ erstmals mit einer Menüführung ausgestattet, die auch in deutscher Sprache verfügbar ist. Die deutsche Version umfaßt derzeit allerdings nur die reine Menüführung. Eine Übersetzung der übrigen Programmteile, wie z.B. des Glossars und der Help-Funktionen ist für Mitte 1989 geplant. Unmittelbar nach dem Start von SPSS/PC+ V2.0 gelangt der Benutzer in den **Menü-Modus.** *Der Bildschirm ist dabei, wie in Abbildung 90 dargestellt, in drei Fenster unterteilt:*

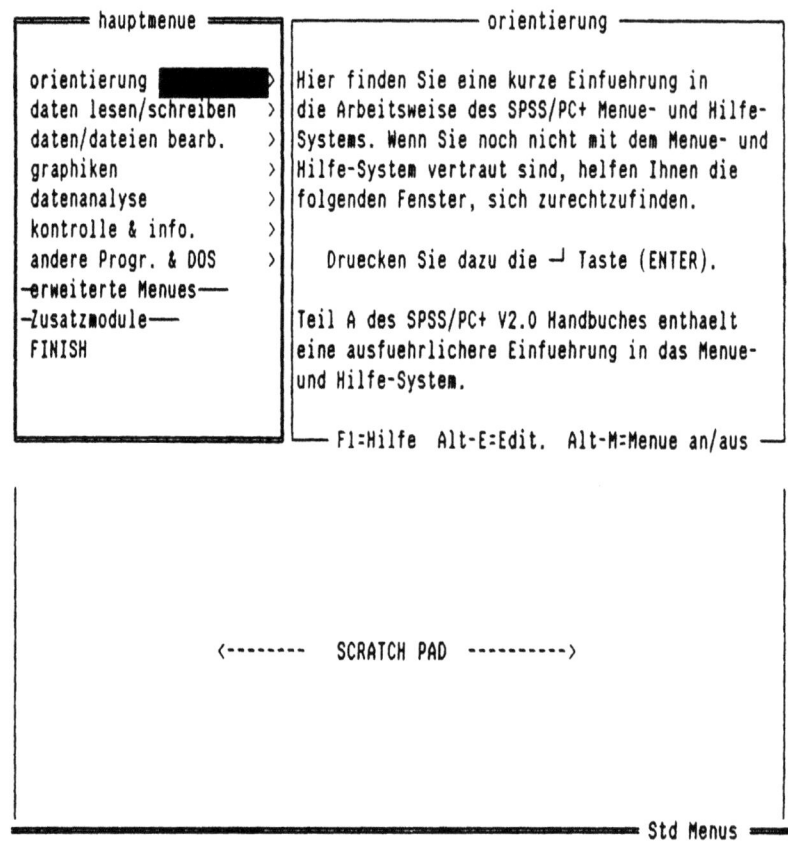

Abb. 90: Hauptmenü von SPSS/PC+ Version 2.0

In der oberen linken Hälfte erscheint das SPSS/PC+ Hauptmenü, das alle SPSS/PC+ Befehle mit den jeweiligen Parametern enthält. Beim Start wird zunächst das Standardmenü geladen, das die am häufigsten verwendeten SPSS/PC+ Befehle enthält. Der vollständige Befehlsatz von SPSS/PC+ ist allerdings nur in den "Erweiterten Menüs" enthalten, die mit <ALT+X> aktiviert werden können. Mit Hilfe der Menüführung können alle SPSS/PC+ Prozeduren und Befehle einschließlich ihrer Parameter ausgewählt und in das Arbeitsblatt (SCRATCH PAD) in der unteren Bildschirmhälfte kopiert werden. Das hat den Vorteil, daß auch Neulinge im Umgang mit SPSS/PC+ leicht in die Befehlssprache von SPSS/PC+ Eingang finden und Prozeduren und Befehle immer mit der richtigen Syntax eingegeben werden.

Neben dem Hauptmenü erscheinen in der rechten oberen Bildschirmhälfte **kontextsensitive Hilfen***, d.h. der Anwender erhält in diesem Fenster immer genau zu dem Punkt Erläuterungen, der gerade im Hauptmenü angewählt wurde.*

Weitere Hilfen werden dem Benutzer über die Funktionstaste F1 zur Verfügung gestellt. Durch das Drücken von F1 erscheint am unteren Bildschirmrand eine Auswahlleiste mit folgenden Hilfefunktionen:

- *REVIEW HELP: enthält Hilfestellungen für das Arbeiten im Editier-Modus.*
- *VAR LIST: zeigt alle Variablen eines Programmfiles an, wenn ein solcher bereits geladen ist.*
- *FILE LIST: zeigt den Inhalt eines beliebigen Verzeichnisses auf der Festplatte an, wobei die einzelnen Dateinamen in das Arbeitsblatt kopiert werden können.*
- *GLOSSARY: enthält ein Glossar mit Erläuterung zu allen SPSS/PC+ Prozeduren und Befehlen.*
- *MENU HLP: erlaubt die Hilfestellungen zur Menüführung ein- bzw. auszuschalten.*

*Die untere Bildschirmhälfte stellt den Arbeitsbereich (SCRATCH PAD) von SPSS/PC+ dar. Solange sich der Benutzer im **Menü-Modus** befindet, können in das Arbeitsblatt direkt **keine** Eingaben über die Tastatur gemacht werden, sondern nur SPSS/PC+ Befehle aus der Menüführung ausgewählt und in das Arbeitsblatt kopiert werden.*

*Soll das Arbeitsblatt direkt bearbeitet werden, d.h. will der Benutzer seine SPSS/PC+ Befehle sofort über die Tastatur eingeben, so muß mit Hilfe von <ALT+E> in den **Editier-Modus** umgeschaltet werden. Der Benutzer befindet sich damit in dem SPSS/PC+ Editor mit dem Namen REVIEW8). In diesem Modus können SPSS/PC+ Programme z.B. überarbeitet und ganz oder in Teilen ausgeführt werden. Die Ausführung von Programmteilen erfolgt im Editier-Modus mit Hilfe der Funktionstaste F10.*

*Die bisher vorgestellten Arbeitsmodi von SPSS/PC+ sind das primäre Merkmal der Version 2.0. Darüber hinaus kann mit SPSS/PC+ V2.0 aber auch im **interaktiven Modus** gearbeitet wurde, wie er von den Vorgängerversionen angeboten wurde. Der Benutzer gelangt aus dem Menü- bzw. Editier-Modus mittels der Funktionstaste F10 (Auswahl: Exit to prompt) in den interaktiven SPSS/PC+ Modus. In diesem Modus werden die einzelnen Befehle in das Programm eingegeben und von SPSS/PC+ sofort ausgeführt. Hilfestellungen sind in diesem Modus allerdings nicht verfügbar. Werden Hilfen gewünscht, so muß der Benutzer mit Hilfe des Befehls **REVIEW.** wieder in den Menü-Modus wechseln.*

*Während sich der Benutzer bei den bisher geschilderten Arbeitsmodi immer innerhalb des SPSS/PC+ Programms befindet, können SPSS/PC+ Programme auch außerhalb von SPSS/PC+ mit Hilfe des Editors REVIEW erstellt werden.9) Nachdem ein Programm erstellt ist, wird es in SPSS/PC+ eingelesen und dort "komplett" als sog. **Stapel-Job** verarbeitet. Zur besseren Kennzeichnung sollten Stapel-Programme am Ende immer die Extension INC (= INCLUDE) tragen.*

---

8) Vgl. zum REVIEW-Editor Kap. V.6.
9) Vgl. zum REVIEW-Editor Kap. V.6.

2.2. Start von SPSS/PC+ und grundlegender Befehlsaufbau

Die Ausführungen des vorangegangen Kapitels haben die unterschiedlichen Arbeitsmodi von SPSS/PC+ aufgezeigt. Der Benutzer kann aber beim Start von SPSS/PC+ bereits entscheiden, mit welchem Arbeitsmodus SPSS/PC+ gestartet werden soll. Standardmäßig geht SPSS/PC+ V2.0 nach dem Programmstart unmittelbar in den Menü-Modus. Möchte der Benutzer hingegen nach dem Start direkt interaktiv mit SPSS/PC+ V2.0 arbeiten, so muß mit Hilfe des REVIEW-Editors eine sog. Profile-Datei mit dem Namen **SPSSPROF.INI** angelegt werden. Fügt man in diese Datei den Befehl

SET RUNREVIEW = MANUAL

ein, so startet SPSS/PC+ im interaktiven Modus. Darüber hinaus können in diese Datei weitere SET-Befehle eingefügt werden, die jeweils beim Start relevant werden sollen. Der Programmstart von SPSS/PC+ V2.0 erfolgt auf Betriebssystem-Ebene mit Hilfe des Befehls:

spsspc

Sollen Stapel-Jobs mit SPSS/PC+ verarbeitet werden, die zuvor mit dem REVIEW-Editor erstellt wurden, so werden diese wie folgt gestartet:

spsspc name.ext

SPSS/PC+ arbeitet mit einer bestimmten Befehlssyntax, deren genaue Einhaltung unbedingt erforderlich ist. Wichtig ist dabei, daß die in den Handbüchern angegebene Syntax genau befolgt wird. Für die Schreibweise der Befehle lassen sich bestimmte Grundsätze aufstellen, die bei jedem Programm befolgt werden müssen:

1. *Alle Befehle müssen mit einem Punkt (.) abgeschlossen werden!*
2. *Jeder SPSS/PC+ Job endet mit dem Befehl: FINISH. Durch diesen Befehl wird SPSS/PC+ auch bei interaktiver Nutzung beendet. Synonym zu dem Befehl FINISH können auch die Befehle EXIT, STOP oder BYE verwendet werden.*
3. *Kommentarzeilen werden durch einen Stern (*) eingeleitet und enden mit einem Punkt (.), und können über mehrere Zeilen gestreckt werden.*
4. *Jeder SPSS/PC+ Befehl besteht mindestens aus dem Befehlsnamen und im Regelfall aus weiteren Unterbefehlen. Die Unterbefehle werden immer durch einen Schrägstrich eingeleitet (/) und der Befehl wird erst mit dem Punkt (.) abgeschlossen.*
   Dieser Aufbau gilt auch für Prozeduren, die letztendlich nur umfangreiche Befehle mit mehreren Unterbefehlen und Parametern darstellen.
5. *Alle SPSS/PC+ Befehle können durch die Angabe der ersten drei Buchstaben abgekürzt werden.*

*Für die Schreibweise der Befehle **nicht von Bedeutung** sind:*

- *Groß- oder Kleinschreibung;*
- *Beginn oder Ende eines Befehls auf bestimmten Spalten;*
- *bestimmte Anzahl von Leerzeichen zwischen Befehlen, Unterbefehlen oder Parametern zu Befehlen.*

2.3. Typen von Dateien bei SPSS/PC+

SPSS/PC+ unterscheidet verschiedene Arten von Dateien (Files), die sich wie folgt charakterisieren lassen:

1. DATENFILES
sind ASCII-Dateien (d.h. mit einem Editor direkt lesbare Dateien), die die zu analysierenden Daten enthalten und durch den Befehl:

DATA LIST FILE = "name".

in ein Programm eingelesen werden.

2. PROGRAMMFILES (Include-Files)
sind ebenfalls ASCII-Dateien, die ein vollständiges SPSS/PC+ Programm mit ein oder mehreren Prozeduren enthalten und als Stapel-Datei von SPSS/PC+ verarbeitet werden. Sie sollten am Ende die Extension INC (=INCLUDE) tragen und werden entweder mit dem Start von SPSS/PC+ aufgerufen oder innerhalb von SPSS/PC+ mit Hilfe des Befehls:

INCLUDE "laufwerk:\verzeichnis\name.ext".

3. SYSTEMFILES
sind von SPSS/PC+ in komprimierter Form gespeicherte Programmfiles. Sie bieten den Vorteil, daß alle Befehle für die Definition eines SPSS/PC+ Programms (mit Ausnahme der Datenauswertungs-Prozeduren) inklusive der Daten wesentlich schneller in SPSS/PC+ eingelesen und verarbeitet werden können. Ein Systemfile wird erzeugt, indem ein von SPSS/PC+ eingelesener Programmfile anschließend mit dem Befehl:

SAVE OUTFILE = "laufwerk:\verzeichnis\name".

auf einem Speichermedium (Festplatte oder Diskette) gesichert wird. Mit Hilfe des Befehls:

GET FILE = "laufwerk:\verzeichnis\name".

kann ein Systemfile wieder in SPSS/PC+ eingelesen werden.

4. ACTIVE-FILE
Wird SPSS/PC+ im interaktiven Modus gestartet, so legt das Programm einen sog. ACTIVE-FILE an. Der ACTIVE-FILE wird von SPSS/PC+ im Hauptspeicher gehalten und alle Eingaben in SPSS/PC+ werden zunächst dort gespeichert. Er enthält somit nach dem Aufbau eines SPSS/PC+ Programms

alle Befehle, die zur Programm-Erstellung eingegeben wurden und die zu analysierenden Daten. Weiterhin werden alle Rechnungen und Ergebnisse, die mit SPSS/PC+ erzeugt wurden, im ACTIVE-File festgehalten. Erst durch die Angabe einer Ausgabe-Datei werden die Ergebnisse aus dem ACTIVE-FILE auf den Ergebnis-File geschrieben.

5. LISTING-FILES (Ergebnisfiles)

enthalten die Ergebnisse aller mit SPSS/PC+ durchgeführten Prozeduren. Die Ergebnisse werden standardmäßig in der Datei SPSS.LIS abgelegt. Mit Hilfe des Befehls:

SET LISTING = "laufwerk:\verzeichnis\name".

kann aber für jedes Programm auch ein spezieller Ergebnisfile definiert werden. Ebenso ist es möglich, durch den Befehl:

SET LISTING = OFF.

das Erzeugen eines Ergebnisfiles zu unterdrücken.

6. LOG-FILES

enthalten ein Protokoll aller während einer SPSS/PC+ Sitzung eingegebenen Befehle. Sie eignen sich von daher insbesondere für die Fehlersuche nach der Verarbeitung von Stapel-Jobs. Standardmäßig werden die Befehlsprotokolle in der Datei SPSS.LOG abgelegt. Mit Hilfe des Befehls:

SET LOG = "laufwerk:\verzeichnis\name".

*kann aber auch eine bestimmte LOG-Datei angegeben werden.
Ebenso ist es möglich, durch den Befehl:*

SET LOG = OFF.

das Erzeugen einer LOG-Datei zu unterdrücken.

7. RESULT-FILES

enthalten Zwischenergebnisse einer SPSS/PC+ Prozedur. So werden z.B. die Faktorenwerte im Rahmen der Faktorenanalyse in einer Result-Datei hinterlegt. Standardmäßig werden solche Zwischenergebnisse von SPSS/PC+ in die Datei SPSS.PRC geschrieben. Mit Hilfe des Befehls:

SET RESULTS = "laufwerk:\verzeichnis\name".

kann aber auch ein konkreter RESULTS-File bestimmt werden. Zwischenergebnisse können mit folgenden SPSS/PC+ Prozeduren erzeugt werden: ONEWAY, CORRELATION, FACTOR, CLUSTER, QUICK CLUSTER, REGRESSION, WRITE, DSCRIMINANT, und MANOVA.

8. PORTABLE-FILES

enthalten Daten und Datenbeschreibungen, die mit Hilfe des Befehls EXPORT erzeugt wurden. EXPORT erzeugt ASCII-Files, die mit Hilfe des IMPORT-Befehls in SPSS/PC+ oder in $SPSS^x$ auf Großrechnern eingelesen werden *können. Der Namen eines Portable-Files ist dabei frei wählbar.*

9. SCRATCH PAD-FILE
Im Rahmen des Editier-Modus von SPSS/PC+ befindet sich der Benutzer in einem sog. Arbeitsbereich, der als SCRATCH-PAD bezeichnet wird. Sobald der Editier-Modus oder SPSS/PC+ verlassen wird, werden alle Eingaben in das Arbeitsblatt unter dem Namen SCRATCH.PAD gesichert.

3. Komponenten eines SPSS/PC+ Programms

Alle Programme, die mit SPSS/PC+ ausgeführt werden können, besitzen den gleichen Grundaufbau. Es lassen sich vier zentrale Komponenten eines SPSS/PC+ Programms unterscheiden:

> *1. Der System- und Ausgabesteuerungs-Teil*
> *2. Der Datendefinitions-Teil*
> *3. Der Datenmodifikations- und selektions-Teil*
> *4. Der Datenauswertungs-Teil (Prozedur-Teil)*

SPSS/PC+ Programme lassen sich auf drei verschiedene Arten ausführen:

a: Ein SPSS/PC+ Programm kann in einer SPSS-Sitzung interaktiv entwickelt werden.
b: Im Editier-Modus können auch Programmteile isoliert getestet werden.
c: Mit Hilfe des REVIEW-Editors können Programme unabhängig von SPSS/PC+ komplett erstellt und dann als Stapel-Job (Batch-Job) "auf einen Schlag" verarbeitet werden.

Ein interaktives Arbeiten mit SPSS/PC+ bietet den Vorteil, daß alle abgesetzten Befehle direkt auf Fehler überprüft werden. Andererseits lassen sich Stapel-Jobs besser strukturieren und können von SPSS/PC+ insgesamt abgearbeitet werden. Bei größeren Programmen, mit längerer Rechenzeit, hat das den Vorteil, daß der Anwender nicht ständig präsent sein muß. SPSS/PC+ Stapel-Jobs sind dadurch gekennzeichnet, daß sie am Ende des Filenamens die Extension INC (=INCLUDE) tragen. Wir arbeiten im vorliegenden Buch nur mit Stapel-Jobs, da sich nur so die Programme vollständig auflisten lassen und der Anwender damit den jeweiligen Programmaufbau nachvollziehen kann.

3.1. Grundlegende Befehle im System- und Ausgabesteuerungs-Teil

Der System- und Ausgabesteuerungs-Teil setzt die Parameter für eine SPSS/PC+ Sitzung und legt die Globaldefinitionen für den Ausgabefile fest. Wichtige Befehle sind dabei:

1. Der SET-Befehl:
Er ermöglicht die Steuerung von SPSS/PC+ und bestimmt die Ausgabefiles. Der SET-Befehl enthält eine Reihe von Optionen, mit deren Hilfe die Systemsteuerung möglich ist. Die Optionen des SET-Befehls sind mit der Version 2.0 wesentlich erweitert worden. Bei den Programmen des vorliegenden Buches wurden folgende Optionen gesetzt:

>   *SET MORE OFF.*
>   *SET ECHO OFF.*
>   *SET LOG OFF.*
>   *SET LISTING = "laufwerk:\verzeichnis\name".*

Der SET MORE OFF-Befehl unterdrückt die Abfrage MORE nach dem Füllen einer Bildschirmseite. Diese Festlegung ist vor allem bei der Verarbeitung von Stapel-Jobs empfehlenswert, damit der Programmablauf nicht durch das ständige Anhalten nach jeder Bildschirmseite gestört wird.
Der SET ECHO OFF-Befehl verhindert, daß die in den Programmen verwendeten SPSS/PC+ Befehle auch im Ergebnisfile aufgelistet werden.
Mit jedem SPSS/PC+ Programm wird eine sog. LOG-Datei unter dem Namen SPSS.LOG erzeugt, die alle Befehle einschließlich aller Systemmeldungen während einer SPSS/PC+ Sitzung oder bei der Verarbeitung eines Stapel-Programms in der Reihenfolge ihrer Eingabe protokolliert. Die LOG-Datei kann durch den Befehl

>   *SET LOG = "name".*

verändert bzw. durch SET LOG=OFF. kann die Erstellung eines LOG-Files verhindert werden.
Der SET LISTING-Befehl bestimmt das Laufwerk, das Verzeichnis und den Namen des Ausgabefiles, auf den die Ergebnisse eines SPSS/PC+ Laufs geschrieben werden.
Wird mit SET LISTING keine Ausgabedatei bestimmt, so schreibt SPSS/PC+ automatisch alle Ergebnisse auf den File SPSS.LIS. Dieser File steht in dem Verzeichnis, von dem aus SPSS/PC+ gestartet wurde. Das Setzen eines speziellen Ausgabefiles empfiehlt sich schon alleine aus Sicherheitsgründen, da der File SPSS.LIS mit jedem neuen Systemstart von SPSS/PC+ überschrieben wird.

2. Der TITLE-Befehl:
Er legt die Titelzeile für den Ausgabefile fest, die auf jeder SPSS/PC+ Seite als erstes ausgedruckt wird.

3.2. Grundlegende Befehle im Datendefinitions-Teil

Damit Daten einer Auswertung mit SPSS/PC+ unterzogen werden können, muß dem Programm zunächst mitgeteilt werden, wo und in welcher Form es die zu analysierenden Daten findet. Bezüglich des Einlesens von Daten in ein Programm *gibt es zwei Möglichkeiten:*

1. *Die Daten sind in den Programmfile eingebettet, d.h. es gibt keinen separaten Datenfile. Das Einlesen der Daten wird mit dem Befehl BEGIN DATA. eingeleitet und mit dem Befehl END DATA. beendet.*
2. *Die Daten werden in einem separaten Datenfile gespeichert und mit dem Befehl*

   DATA LIST FILE = "laufwerk:\verzeichnis\name"

   im Programmfile angefordert. Im vorliegenden Buch werden die Daten jeweils über separate Datenfiles eingelesen.

Bei der Datendefinition wird unterstellt, daß sich jeder Datensatz nach Merkmalsträgern (Fälle/ Cases), Merkmalseigenschaften (Variablen) und Merkmalswerten (Values; Attribute) unterscheiden läßt. Im vorliegenden Buch sind die Merkmalsträger die befragten 90 Personen, die Merkmalseigenschaften entsprechen den gestellten Fragen und die Merkmalswerte sind die jeweiligen Antwortmöglichkeiten auf die einzelnen Fragen. Eine vollständige Datendefinition enthält folgende Angaben:

1. **Name der Variable** *(max. acht Zeichen lang) und Angabe der genauen Spalten, in denen diese Variable zu finden ist. Diese Angaben enthält der DATA LIST-Befehl:*

   Bsp.:   *var1   5-12   ---> Variable 1 steht in den Spalten 5 bis 12.*
   var2   13-17(2)   ---> Variable 2 steht in den Spalten 13-17 und besitzt 2 Dezimalstellen.
   var3   18-25(a)   ---> Variable 3 steht in den Spalten 18 bis 25 und ist alphanumerisch.

   Sollen die Daten in freiem Format, d.h. ohne genaue Spaltenangaben, eingelesen werden, so setzt man im DATA LIST-Befehl den Zusatz FREE.
2. *Mit dem **MISSING VALUE-Befehl** werden diejenigen Merkmalswerte angegeben, die fehlende oder falsche Angaben kennzeichnen.*
3. *Mit dem **VARIABLE LABELS-Befehl** kann für jede Variable eine max. 60 Zeichen lange Namenskennung vergeben werden. Die 60 Zeichen lange Kennung kann allerdings nur von dem SPSS/PC+ Paket TABLES verwendet werden, während die übigen Prozeduren von SPSS/PC+ als Variablenkennung nur die ersten 40 Zeichen verwenden.*
4. *Mit dem **VALUE LABELS-Befehl** kann für die numerischen Merkmalswerte einer Variablen ebenfalls eine max. 60 Zeichen lange Kennung vergeben werden. Die volle Zeichenlänge kann wiederum nur von dem Paket TABLES ausgeschöpft werden, während die übrigen Prozeduren nur die ersten 20 Zeichen verwenden.*

3.3. Grundlegende Befehle im Datenmodifikations- und Datenselektions-Teil

Während der System- und Ausgabesteuerungs-Teil sowie der Datendefinitions-Teil für jeden SPSS/PC+ Job unbedingt notwendige Befehle enthalten, sind die Befehle im Datenmodifikations- und Datenselektions-Teil nur fallweise erforderlich. Datenmodifikationen liegen z.B. dann vor, wenn im Rahmen einer Auswertung bestimmte Variablen miteinander verknüpt werden oder bestimmte Variablenwerte einer Variablen zu Kategorien zusammengefaßt werden sollen. Befehle, die solche Datenmodifikationen ermöglichen, sind bei SPSS/PC+ z.B. der COMPUTE-Befehl und der RECODE-Befehl.

Weiterhin kann es bei bestimmten Rechnungen sinnvoll sein, nur ausgewählte Fälle aus einer Gesamterhebung zu betrachten. Mit Hilfe der Befehle SELECT IF und PROCESS IF können die gewünschten Datenselektionen vorgenommen werden. Der SELECT IF-Befehl bewirkt dabei eine permanente Datenselektion für alle folgenden Prozeduren in dem jeweiligen Programm, währen der PROCESS IF-Befehl nur eine temporäre Datenselektion für die unmittelbar folgende Prozedur vornimmt.

3.4. Grundlegende Befehle im Datenauswertungs-Teil (Prozeduren)

Jeder SPSS/PC+ Job schließt am Ende mit dem Aufruf der gewünschten Datenauswertungsverfahren (PROZEDUREN) ab. Jede Prozedur besitzt dabei ihre eigenen, spezifischen Befehle, und enthält im Regelfall verschiedene Optionen und Statistiken. Neben den reinen Statistik-Prozeduren (z.B. Regressionsanalyse, Varianzanalyse, Clusteranalyse, Faktorenanalyse, Diskriminanzanalyse) zählen wir zu den Prozeduren hier auch Auswertungsverfahren, die z.B. eine Aggregation der Daten (Prozedur AGGREGATE), ein Sortieren der Daten (Prozedur SORT) oder nur die Umwandlung des Programmfiles in einen Systemfile (Befehl SAVE) ermöglichen.

4. In diesem Buch verwendete SPSS/PC+ Programme

Für die im vorliegenden Buch durchgeführten Analysen mit SPSS/PC+ wurde eine Reihe von Programmen mit Hilfe des REVIEW-Editors erstellt, wobei jedes Auswertungsverfahren aus didaktischen Gründen in einem eigenen Programmfile hinterlegt wurde.10) Die jeweiligen Programme sind in den entsprechenden Kapitel dieses Buches abgedruckt. Im Normalfall wird man allerdings mehrere Auswertungsverfahren (Prozeduren) in einem Programmfile zusammenfassen.

Die Auswertungen zur allgemeinen Charakterisierung der Erhebungsgesamtheit und zur Nachfrageranalyse basieren alle auf demselben Datenfile, der in Kapitel 2 des Anhangs abgedruckt ist. Der Datenfile für die Anbieteranalysen wurde mit Hilfe der Prozedur AGGREGATE erzeugt und ist in Kapitel 3 des Anhangs wiedergegeben.

---

10) Vgl. zum REVIEW-Editor Kap. V.6.

4.1. Das Basisprogramm der vorliegenden Fallstudie

Das Basisprogramm enthält die Kodierungen des vollständigen Fragebogens. In einem ersten Schritt wurde dieses Basisprogramm in einen SPSS/PC+ Systemfile umgewandelt. Alle Programme zur Nachfrageranalyse und zur Charakterisierung der Erhebungsgesamtheit basieren auf diesem Systemfile.11) Die folgende Abbildung zeigt das Basisprogramm, mit dem Namen AUSGANG.INC, das mit Hilfe des SAVE-Befehls in den Systemfile AUSGANG.SYS umgewandelt wird.

Im Programm in Abbildung 91 ist zur besseren Kommentierung noch eine Zeilennummerierung aufgenommen worden. Die Zeilennummerierung muß allerdings entfernt werden, damit eine Verarbeitung mit SPSS/PC+ möglich ist.

Die Zeilen 1/2, 8-11, 51-54, 69-74 und 76-81 stellen Kommentarzeilen dar und wurden lediglich zur Kommentierung des Programms eingefügt. Sie beginnen alle mit einem Stern (*) und enden mit einem Punkt (.) Der Verarbeitungsprozeß von SPSS/ PC+ wird durch die Kommentarzeilen nicht beeinflußt.

*Im **System- und Ausgabesteuerungs**-Teil finden wir vier SET-Befehle, wobei der erste SET-Befehl (Zeile 3) die Abfrage MORE nach dem Füllen eines Bildschirmes unterdrückt. Der SET ECHO OFF-Befehl in Zeile 4 bewirkt, daß die SPSS/PC+ Befehle im Ergebnisfile nicht aufgelistet werden. Der SET-Befehl in Zeile 5 verhindert das Anlegen eines LOG-Files. Der SET LISTING-Befehl in Zeile 6 gibt an, daß die Ergebnisdatei für dieses Programm auf der Festplatte (Laufwerk: C) in dem Verzeichnis LISTINGS unter dem Namen AUSGANG.LIS abgelegt werden soll. Der TITLE-Befehl (Zeile 7) bewirkt, daß jede SPSS/PC+ Seite der Ergebnisdatei mit der Überschrift*

"Backhaus/Weiber: 'Entwicklung einer Marketing-Konzeption'"

versehen wird.

*Der **Datendefinitions-Teil** besteht insgesamt aus vier Befehlen:*

*Der erste Befehl ist der **DATA LIST-Befehl**, der in Zeile 12 beginnt und in Zeile 16 mit dem Punkt beendet wird. Die Angabe nach FILE in Zeile 12 besagt, daß die Daten auf Diskette (Laufwerk: A) in dem Verzeichnis DATEN unter dem Namen AUSGANG.DAT gespeichert sind. Mit dem Schrägstrich (/) in Zeile 13 wird die Liste der Variablen eingeleitet, die auf dem Datenfile zu finden sind. Die einzelnen Variablennamen dürfen dabei max. 8 Zeichen lang sein. Die Zahlenangaben hinter den Variablen geben die genauen Spalten an, in denen die jeweilige Variable zu finden ist. Hinter der Variablen KOMPATIB steht z.B. die Spaltenangabe 17 bis 34.*

---

11) Vgl. auch Abb. 93 in Kap. V.4.2.

```
01 * ***********   SYSTEM- UND AUSGABESTEUERUNG   **************
02                 ------------------------------.
03 set more off.
04 set echo off.
05 set log off.
06 set listing = "c:\listings\ausgang.lis".
07 title "Backhaus/Weiber: 'Entwicklung einer Marketing-Konzeption'".
08 *
09 * ******************* DATENDEFINITIONEN *********************
10                     ------------------.
11 .
12 data list file = "a:\daten\ausgang.dat"
13    /fbn 2-3(a) branche 5 groesse 7-11 funktion 15 akzeptan bediener
14    programm technik reparatr entwickl antwzeit software kompatib 17-34
15    anbieter 39-48(a) zeitp 52 phase 54
16    /entsch1 to entsch8 7-14 anzsys 17-19 invest 21-30(2).
17 missing value branche funktion to kompatib zeitp to entsch8 (0)
18    /groesse (00000) /anzsys (999) /invest (000000000).
19 variable labels funktion "Funktion im Unternehmen"
20    /akzeptan "Akzeptanzprobleme"
21    /bediener "Bedienerfreundlichkeit mangelhaft"
22    /programm "Unzureichende Anwendungsprogramme"
23    /technik  "Technische Probleme"
24    /reparatr "Reparaturanfälligkeit"
25    /entwickl "Entwicklungssprünge"
26    /antwzeit "Antwortzeitverhalten unbefriedigend"
27    /software "Software veraltet zu schnell"
28    /kompatib "Kompatibilitätsprobleme"
29    /zeitp    "Geplanter Beschaffungszeitpunkt"
30    /phase    "Phase des Beschaffungs-Prozeß"
31    /entsch1  "Infos über zukünftige Entwicklungen"
32    /entsch2  "Testinstallationen"
33    /entsch3  "Einführungs-Hilfen"
34    /entsch4  "Schulungen"
35    /entsch5  "Anschaffungskosten"
36    /entsch6  "Systemvergleiche"
37    /entsch7  "Anwendungsunterstützung"
38    /entsch8  "Wartungsanfälligkeit"
39    /anzsys   "Zahl der geplanten CAD-Systeme"
40    /invest   "Geplantes Investitionsvolumen".
41 value labels branche 1 "Maschinenbau" 2 "Elektrotechnik"
42    3 "Fahrzeugbau" 4 "Wissenschaft" 5 "Sonstige"
43    /funktion 1 "Konstruktionsabtlg." 2 "EDV-Abteilung"
44    3 "Geschäftsleitung" 4 "Sonstige"
45    /akzeptan to kompatib 1 "unwesentlich" 5 "sehr großes Problem"
46    /zeitp 1 "dieses Jahr" 2 "nächstes Jahr" 3 "Ungewiss" 4 "Beschafft"
47    /phase 1 "Orientierung" 2 "Erste Infos" 3 "Ang. eingeholt"
48    4 "Testphase" 5 "Beschafft"
49    /entsch1 to entsch8 1 "unwichtig" 7 "sehr wichtig"
50    /anzsys 999 "Ungewiss".
51 *
52 * ****************** DATENMODIFIKATIONEN ********************
53                     -------------------
54 .
55 compute interval = invest/1000.
56 compute apinvest = invest/anzsys.
57 recode interval (1 thru 15000 = 1) (15001 thru 30000 = 2)
58    (30001 thru 50000 = 3) (50001 thru hi = 4) (else = 0).
59 recode groesse (1 thru 100 = 1) (101 thru 500 = 2) (501 thru 1000 = 3)
60    (1000 thru hi = 4) (else = 0).
61 missing value interval groesse (0).
62 variable labels interval "Investitionsvolumen"
63    /apinvest "Investitionen pro Arbeitsplatz"
64    /groesse  "Beschäftigtenzahl"
65 value labels interval 1 "bis 15TDM" 2 "15TDM bis 30TDM"
66    3 "30TDM bis 50TDM" 4 "über 50 TDM"
67    /groesse 1 "bis 100 Besch." 2 "100 bis 500 Besch."
68    3 "500 bis 1000 Besch." 4 "über 1000 Besch.".
69 *
70 * ********************* PROZEDUREN **********************
71                        ----------
72 * .
73 * **** SHOW ---> zeigt die Voreinstellungen des Systems für die
74                  Ausgabensteuerung.
75 show.
76 * ----------------------------------------------------------
77 * Durch den Befehl SAVE wird der Systemfile AUSGANG.SYS erzeugt,
78 * der dann mit Hilfe des Befehls GET bei folgenden Prozeduren
79 * verwendet werden kann.
80 * ----------------------------------------------------------
81 .
82 save outfile = "c:\progs\ausgang.sys".
83 finish.
```

Abb. 91: Basisprogramm für die Nachfrageranalysen und die Charakterisierung der Erhebungsgesamtheit

Diese Angabe bezieht sich auf insgesamt 9 Variablen (nämlich von AKZEPTAN bis KOMPATIB) und SPSS/PC+ errechnet daraus, daß jede Variable genau 2 Stellen einnimmt. Stehen hinter einer Variablen nur die Spaltenangaben, so handelt es sich immer um numerische, ganzzahlige Werte. Steht hingegen in Klammern ein weiterer Zahlenwert, so gibt dieser die Kommastellen einer Variablen an. Bei alphanumerischen Variablen wird in Klammern der Buchstabe A angegeben. Der Schrägstrich in Zeile 16 zeigt an, daß die Variablen ENTSCH1 bis INVEST in einer zweiten Datenzeile stehen. Jeder weitere Schrägstrich würde einen Sprung in eine weitere Datenzeile bewirken. In dem Datensatz AUSGANG.DAT besteht somit jeder Fall aus zwei Datenzeilen.

*Der zweite Befehl ist der **MISSING VALUE-Befehl**, durch den angegeben wird, welche Ziffern bei einer Variablen fehlende Werte kennzeichnen. Als nächstes folgt der **VARIABLE LABELS-Befehl**, mit dessen Hilfe jeder Variablen aus der DATA LIST eine max. 60 Zeichen lange Kennung zugewiesen werden kann. Jede neue Variablenkennung wird durch einen Schrägstrich eingeleitet, und der Befehl endet in Zeile 40 mit einem Punkt.*
*Der **VALUE LABELS-Befehl** ist der letzte Befehl im Datendefinitions-Teil. Mit seiner Hilfe können weiterhin den Merkmalswerten einer Variablen Kennungen zugewiesen werden. Die Wertekennungen für die einzelnen Variablen werden ebenfalls mit einem Schrägstrich eingeleitet und dürfen max. 60 Zeichen lang sein.*

*Das Programm in Abbildung 91 enthält vier Datenmodifikationen: Zwei **COMPUTE- und** zwei **RECODE-Befehle**. Durch den COMPUTE-Befehl in Zeile 55 wird eine neue Variable mit dem Namen INTERVAL durch Division der Variablen INVEST und ANZSYS erzeugt. Gleiches gilt für die Variable APINVEST, die durch den COMPUTE-Befehl in Zeile 56 erzeugt wird. Mit Hilfe des RECODE-Befehls in Zeile 57 werden die Merkmalswerte der "neuen" Variable INTERVAL zu insgesamt 4 Kategorien zusammengefaßt. Ebenfalls eine Kategoriebildung bewirkt der RECODE-Befehl in Zeile 59 für die Variable GROESSE aus der DATA LIST. Die Befehle in den Zeilen 61, 62 und 65 ermöglichen eine Festlegung von fehlenden Werten, Merkmalskennungen und Merkmalswertekennungen für die erzeugten bzw. rekodierten Variablen im Datenmodifikations-Teil.*

*Als letztes folgt in unserem Basisprogramm der **Datenauswertungs-Teil (Prozeduren)**, wobei der SHOW-Befehl in Zeile 75 keine Prozedur darstellt, sondern dem Anwender lediglich zeigen soll, welche Voreinstellungen hier von SPSS/PC+ vorgenommen wurden. Der SHOW-Befehl dient i.d.R. nur zur Überprüfung der mit SET vorgenommenen Spezifikationen. Die Abbildung 92 zeigt das Ergebnis des SHOW-Befehls, das von SPSS/PC+ im Ergebnisfile AUSGANG.LIS abgelegt wurde.[12]*

---

12) Vgl. zum SHOW-Befehl: SPSS Inc. (Hrsg.): SPSS/PC+ V2.0 Base Manual for the IBM PC/XT/AT and PS/2, Chicago 1988, S. C-192.

```
SPSS/PC+ V2  (02-215)        Workspace:       272.0K
Machine: IBM                 Free disk space: 9272K
Coprocessor installed        Work Device C:   9272K
Current directory: C:ÖSPSSLIST
SPSS/PC+ directory: c:Öspss

LISTING  gsÖausgang.lis    SCREEN    ON      INCLUDE   ON
LOG      OFF               PRINTER   OFF     BEEP      ON
RESULTS  SPSS.PRC          PTRANSL   ON      MORE      OFF
NULLINE  ON                ECHO      OFF     EJECT     OFF

PROMPT   SPSS/PC:          LENGTH    24      WIDTH     79
CPROMPT  :                 BLOCK     ■       BOX       -|+L┐H+
ENDCMD   .                 HIST      ■       SEED      747539295
COLOR    (15, 1, 1)        COMPRESS  OFF     BLANKS    .
WEIGHT   OFF               ERRORBREAK ON     VIEWLENGTH 25
_____ Review Settings _____

AUTOMENU  ON               HELPWINDOWS ON    MENUS     STANDARD
RCOLOR   ( 1, 2, 4)                          RUNREVIEW AUTO
```

Abb. 92: *Ergebnis des SHOW-Befehls*

Mit Hilfe des Befehls SAVE OUTFILE in Zeile 82 wird der Programmfile AUSGANG.INC in einen SPSS/PC+ Systemfile umgewandelt und auf der Festplatte (Laufwerk: C) im Verzeichnis PROGS unter dem Namen AUSGANG.SYS abgelegt. Dieser Systemfile bildet jetzt den Ausgang für alle weiteren Prozeduren, die im Zusammenhang mit der allgemeinen Charakterisierung der Erhebungsgesamtheit und der Nachfrageranalyse durchgeführt werden. Mit dem Befehl FINISH. wird das Programm beendet und SPSS/PC+ wieder verlassen.

4.2. Zusammenhang zwischen den in diesem Buch verwendeten Daten- und Programmfiles

Alle Analysen, die in diesem Buch mit SPSS/PC+ durchgeführt werden, liefern Informationen zur Entwicklung einer Marketing-Konzeption für das Unternehmen CAD-CORP Switzerland der Fallstudie. Die einzelnen Programme sind von daher nicht isoliert zu betrachten, sondern stellen Elemente eines Ganzen dar. Sie lassen sich aber entsprechend des Marketing-Dreiecks klassifizieren:

1. *Charakterisierung der Nachfrage*
2. *Analyse des Nachfragerverhaltens*
3. *Analyse der Anbietersituation*

Die Abbildung 93 zeigt die Zusammenhänge zwischen den einzelnen Programmen auf.

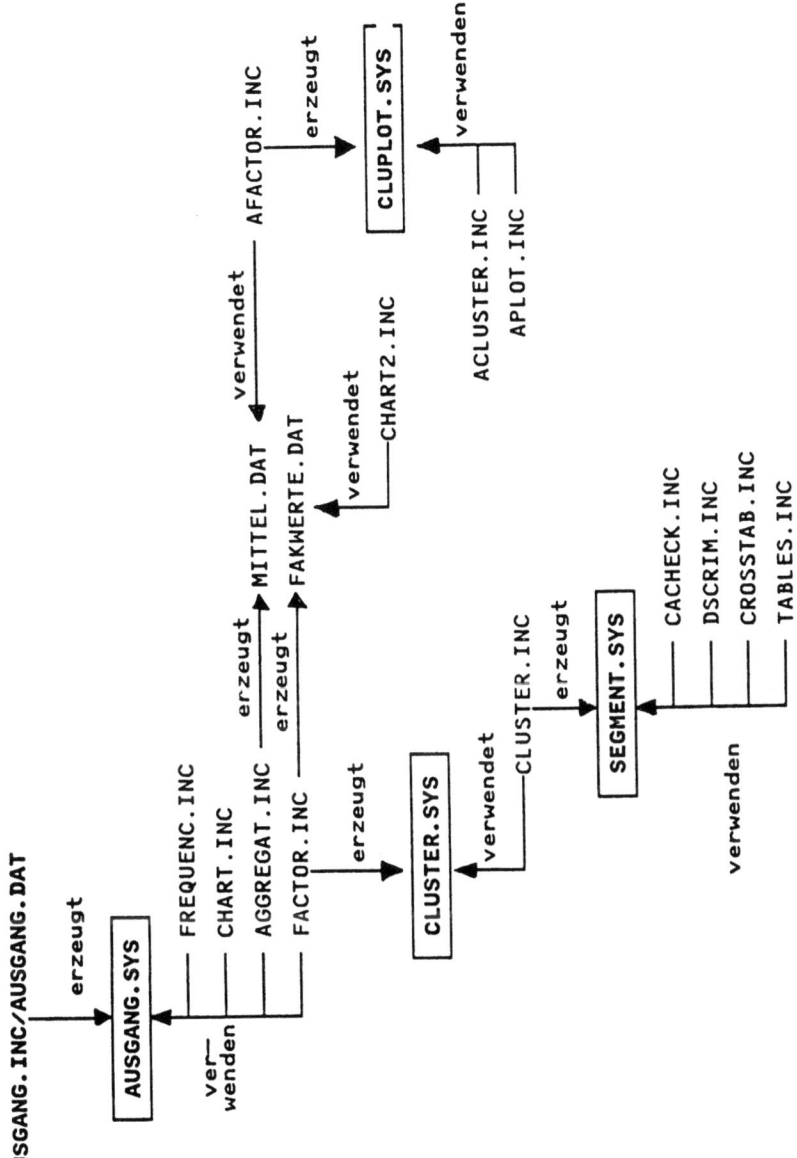

Abb. 93: Zusammenhänge zwischen den SPSS/PC+ Programmen zur Entwicklung einer Marketing-Konzeption

Alle Programme in Abbildung 93, die die Extension INC tragen, können direkt als Stapel-Jobs in SPSS/PC+ eingelesen werden und lassen sich auch mit Hilfe des REVIEW-Editors verändern. Die Programme AUSGANG.SYS, CLUSTER.SYS, CLUPLOT.SYS und SEGMENT.SYS hingegen sind SPSS/PC+ Systemfiles, die sich nicht mit dem Editor ansehen oder verändern lassen. Die Systemfiles dienen als Basis für nachfolgende INClude-Programme.

*Zur allgemeinen **Charakterisierung der Nachfrage** dienen die Programme **FREQUENC.INC** und **CHART.INC**. Beide Programme verwenden den Systemfile AUSGANG.SYS. Das Programm FREQUENC.INC enthält einfache Tabellenauswertungen und zeigt die Anwendung der SPSS/PC+ Prozedur FREQUENCIES. Das Programm CHART.INC zeigt den Aufbau einer Verbindung zu der Graphik-Software Microsoft Chart 3.0 und erstellt auf Basis der SPSS/PC+ Daten ein Balken- und ein Linien-Diagramm.*

*Bei der **Analyse des Nachfragerverhaltens** werden eine Faktorenanalyse (Programm: FACTOR.INC) und eine Clusteranalyse (Programm: CLUSTER.INC) durchgeführt. Das Programm **FACTOR.INC** basiert auf dem Systemfile AUSGANG.SYS, der die Originalantworten aller Befragten enthält. Durch das Programm FAKTOR.INC werden die Faktorenwerte für alle 90 Befragten in dem Datenfile FAKWERTE.DAT abgelegt. FAKWERTE.DAT ist ein ASCII-File, d.h. er läßt sich mit Hilfe des REVIEW-Editors ansehen und gegebenenfalls verändern. Weiterhin erzeugt das Programm FACTOR.INC den SPSS/PC+ Systemfile CLUSTER.SYS, der **ebenfalls** die Faktorenwerte enthält und als Ausgangspunkt für die Clusteranalyse dient.*

*Durch das Programm **CLUSTER.INC** werden mit Hilfe der Prozedur CLUSTER Nachfrager-Segmente gebildet. Die Güte der Segmentierung wird durch das Programm **CACHECK.INC** geprüft. CLUSTER.INC erzeugt außerdem den Systemfile SEGMENT.SYS, der die Basis für die Diskriminanzanalyse (Programm: DSCRIM.INC) darstellt. Mit Hilfe von **DSCRIM.INC** wird geprüft, ob die im Rahmen der Clusteranalyse gefundenen Segmente auch einen Bezug zum Buying Center aufweisen. Das Programm **CROSSTAB.INC** dient zur Identifikation der gefundenen Marktsegmente und erzeugt zu diesem Zweck verschiedene Kreuztabellen. Durch das Programm **CHART2.INC** wird eine Positionierung der Nachfrager auf Basis der gewonnenen Faktorenwerte aus der Faktorenanalyse erstellt, wobei eine Zuordnung nach den gefundenen Segmenten der Clusteranalyse erfolgt. CHART2.INC verwendet allerdings nicht den Systemfile CLUSTER.SYS, sondern greift direkt auf den Datenfile FAKWERTE.DAT zurück, der ebenso wie CLUSTER.SYS die Faktorwerte enthält. Der Rückgriff auf FAKWERTE.DAT wird nur aus didaktischen Gründen vorgenommen, um zu verdeutlichen, wie als ASCII-File gespeicherte Faktorenwerte in nachfolgenden Programmen weiterverarbeitet werden können. Abschließend werden durch das Programm **TABLES.INC** zwei Tabellen erzeugt, die die durchschnittliche Wichtigkeit der Entscheidungshilfen in den Segmenten und eine Potentialabschätzung der Segmente widerspiegeln.*

*Die **Anbieter-Analyse** basiert auf den Durchschnittsbeurteilungen der 10 CAD-Anbieter durch die betrachteten 90 Nachfrager. Der zugrunde liegende Datenfile MITTEL.DAT wird mit Hilfe des Programms AGGREGAT.INC erzeugt, wobei AGGREGAT.INC ausschließlich zur Berechnung dieser Mittelwerte erstellt wurde. Folgende Programme werden im Rahmen der Anbieter-Analyse verwendet:*

    AFACTOR.INC   ---> führt eine Faktorenanalyse durch.
                                   SPSS-Prozedur: FACTOR

    ACLUSTER.INC ---> Durchführung einer Clusteranalyse auf Basis der
                                   Faktorwerte.
                                   SPSS-Prozedur: CLUSTER

    APLOT.INC   ---> Positionierung der Anbieter auf Basis der Faktorwerte.
                                   SPSS-Prozedur: PLOT

Das Programm AFACTOR.INC greift auf den Datenfile MITTEL.DAT zurück und erzeugt gleichzeitig durch den Befehl SAVE den Systemfile CLUPLOT.SYS. Der Systemfile CLUPLOT.SYS enthält dabei die Faktorenwerte in komprimierter Form und dient als Ausgangspunkt für die Programme ACLUSTER.INC und APLOT.INC.

Die obigen Programme stehen somit in einem Abhängigkeitsverhältnis, wobei Ergebnisse aus bestimmten Analysen in anderen Programmen verwendet oder weiter analysiert werden. Alle Analysen haben qualitativen Charakter, da sie Tendenzen über die Zusammenhänge beim Kaufverhalten für CAD-Systeme aufzeigen und die Basis für die Entwicklung der Marketing-Konzeption bilden.

5. Grundlegende Bedienfunktionen des Graphikprogramms GRAPH-IN-THE-BOX

Das Programm Graph-in-the-Box von der New England Software Inc. ist ab der Version 2.0 Bestandteil des Basis-Paketes von SPSS/PC+. Es dient der Erstellung von Ad-hoc-Graphiken, auf Basis von Zahlen aus anderen Anwendungsprogrammen. Nach dem Laden von Graph-in-the-Box ist das Programm speicherresident vorhanden und kann über die Tastenkombination <ALT+G> innerhalb anderer Anwendungsprogramme aktiviert werden. Nach der Aktivierung von Graph-in-the-Box erscheint am unteren Bildschirmrand die Hauptmenü-Leiste, die sich wie folgt präsentiert:

Capture	Data	Layout	Show	Printout	Files	Erase	Quit

Die Auswahl der einzelnen Menüpunkte geschieht entweder durch Drücken des ersten Menü-Buchstabens oder durch Auswahl eines Menüpunktes mit der Leertaste und anschließendem Drücken der Return-Taste. Die einzelnen Menüpunkte haben dabei folgende Bedeutung:

Capture: Die Auswahl CAPTURE führt zum Ausgangsschirm des Anwendungsprogramms, der die Zahlen enthält, die graphisch darzustellen sind. Mit Hilfe der Cursor-Tasten und der Return-Taste können nun Zahlen und Texte für die zu erstellende Graphik "eingefangen" (captured) werden.

Data: Die Auswahl DATA führt zum Daten-Schirm des Programms. Hier lassen sich Zahlen verändern und hinzufügen sowie Kennzeichnungen für die Variablen und Variablenwerte vergeben.

Layout: Der Menüpunkt LAYOUT führt zu einem Auswahlschirm, der insgesamt 12 verschiedene Darstellungsmöglichkeiten einer Graphik enthält. Die einzelnen Darstellungen werden mit Hilfe der Page-Up- bzw. Page-Down-Taste ausgewählt. Darüber hinaus können im Layout-Schirm der Titel sowie die Bezeichnung für die Y- und X-Achse angegeben werden.

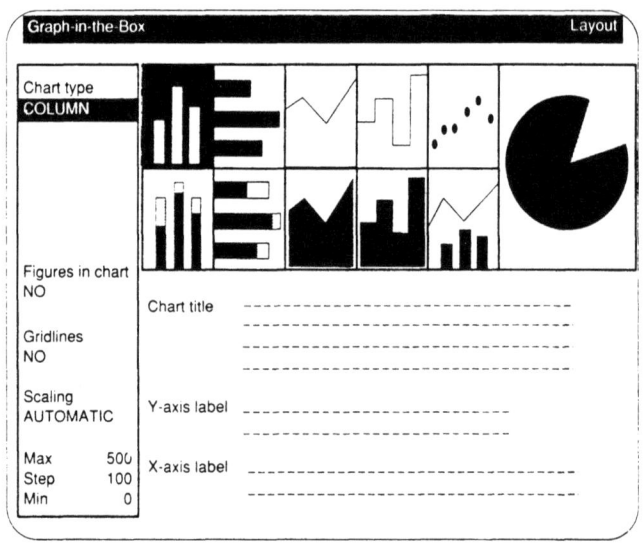

Abb. 94: LAYOUT-Schirm von Graph-in-the-Box

Show: Die Auswahl SHOW führt zu einer direkten Anzeige der ausgewählten Daten in einer Graphik.

Printout: Mit diesem Menüpunkt kann die erzeugte Graphik über einen Drucker oder Plotter ausgegeben werden.

Files: Die Auswahl FILES ermöglicht das Speichern, Laden und Löschen von Graphiken auf Diskette oder Festplatte. Alle mit Graph-in-the-Box erstellten Graphiken tragen als Extension am Namensende die Bezeichnung

Erase: ERASE löscht eine in Arbeit befindliche Graphik aus dem Arbeitsspeicher. Dabei können die Graphik komplett oder aber nur die Daten gelöscht werden.

Quit: Verläßt das Programm und führt zurück zu dem Anwendungsprogramm, von dem aus Graph-in-the-Box gestartet wurde. Mit <ALT+G> kann Graph-in-the-Box wieder aktiviert werden.

Neben der Menüleiste kann Graph-in-the-Box auch teilweise mit Hilfe der Funktionstasten bedient werden. Wichtige Funktionstasten sind dabei:

F1: stellt Hilfen für die Bedienung zur Verfügung.
F2: führt aus dem Daten- oder LAYOUT-Schirm direkt in den CAPTURE-Modus.
F4: ermöglicht die Veränderungen von Voreinstellungen, die bei der Installation mit Hilfe des Programm GBSETUP vorgenommen wurden.
F9: wechselt zwischen Daten- und LAYOUT-Schirm.
F10: führt direkt zur Anzeige einer Graphik.

6. Grundlegende Bedienfunktionen des REVIEW-Editors (SPSS/PC+ Editier-Modus)

*Editoren sind Programme, die es dem Anwender ermöglichen, Dateien (Files) auf der Festplatte oder einer Diskette am Bildschirm in ihrem Aufbau und Inhalt sichtbar zu machen. Mit Hilfe des Editors können die Dateien dann verändert und wieder auf dem Speichermedium abgelegt werden. Sehr komfortable Editoren sind z.B. Textverarbeitungsprogramme. Der REVIEW-Editor wurde eigens für die Erstellung und Bearbeitung von SPSS/PC+ Programmen entwickelt und ist auf die Besonderheiten von SPSS/PC+ abgestimmt. Er bildet die Oberfläche für den SPSS/PC+ **Editier-Modus**. Die Besonderheiten des REVIEW-Editors liegen z.B. in:*

- *der wahlweisen Bereitstellung der SPSS/PC+ Menüführung;*
- *der Aufrufmöglichkeit aller Hilfe-Funktionen und des Glossars zu SPSS/PC+ Befehlen;*
- *dem gezielten Anspringen von SPSS/PC+ Seiten in einer SPSS/PC+ Ergebnisdatei;*
- *dem isolierten Ausführen bestimmter Programmteile, die als Block gekennzeichnet wurden, innerhalb einer SPSS/PC+ Sitzung;*
- *dem gleichzeitigen Ansehen und Bearbeiten der Ergebnisdatei und der LOG-Datei mit Hilfe der Fenster-Funktion (Windows) innerhalb einer SPSS/PC+ Sitzung. Die Ergebnisdatei und die LOG-Datei werden mit Hilfe des Befehls*

REVIEW BOTH.

gleichzeitig durch den REVIEW-Editor angezeigt.

Für die Erstellung und Veränderung von SPSS/PC+ Stapel-Programmen (INClude-Dateien) bietet sich das isolierte Arbeiten mit dem REVIEW-Editor an, d.h. ohne daß SPSS/PC+ gestartet wurde. Der Aufruf des REVIEW-Editors erfolgt dabei auf Betriebssystem-Ebene wie folgt:

spss/re name.inc

Der REVIEW-Editor wird damit gestartet und die Datei NAME.INC angelegt bzw. eingelesen. Jetzt kann sofort mit der Eingabe der einzelnen Programmbefehle begonnen werden. Es besteht aber auch die Möglichkeit, gleichzeitig zwei Dateien mit dem REVIEW-Editor zu bearbeiten. Zu diesem Zweck müssen beim Start des Editors beide Dateien angegeben werden:

spss/re datei1.ext datei2.ext

Nach dem Laden sind beide Dateien in zwei Fenstern (windows) am Bildschirm sichtbar. Die Funktionstaste F2 ermöglicht ein Springen zwischen beiden Fenstern und die Bestimmung der jeweiligen Fenstergröße. Durch die übrigen Funktionstasten werden weitere Editierfunktionen bereitgestellt, die ein komfortables Editieren von Dateien ermöglichen. Abbildung 95 gibt einen Überlick der möglichen Editierfunktionen mit Hilfe der Funktionstasten.

Wird eine Funktionstaste direkt (ohne Shift) angewählt, so verzweigt der REVIEW-Editor jeweils in eine Menüleiste, die am unteren Bildschirmrand erscheint. Über dieses Menü stehen dann ein oder mehrere Auswahlmöglichkeiten der Funktionsgruppe zur Verfügung. Eine schnellere Auswahl der Editierfunktionen bietet das Drücken der Funktionstasten in Verbindung mit der SHIFT-Taste (Umschalte-Taste), der ALT-Taste oder der KONTROL-Taste (Ctrl-Taste).

Den Umgang mit den Funktionstasten erlernt man am besten durch Ausprobieren der jeweiligen Tasten an einer konkreten Datei.

*Zur **Bewegung des Cursors** in einer Datei, werden vor allem die folgende Tasten verwendet:*

- *Mit der RETURN-Taste springt man von Zeile zu Zeile, wenn man sich im Überschreibe-Modus befindet. Im Einfüge-Modus bewirkt das Drücken der RETURN-Taste das Einfügen einer weiteren Zeile. Mit Hilfe der INSERT-Taste kann zwischen dem Überschreibe-Modus und dem Einfüge-Modus gewechselt werden.*
- *Mit der HOME-Taste springt man zur ersten Zeile und mit der END-Taste an das Ende der letzten Zeile des jeweiligen Bildschirms.*
- *Drückt man die Ctrl-Taste und die HOME-Taste gleichzeitig, so gelangt man in die erste Zeile der Datei.*
- *Drückt man die Ctrl-Taste und die END-Taste gleichzeitig, so gelangt man zur letzten Zeile der Datei.*
- *Durch gleichzeitiges Drücken der Ctrl-Taste und der Pfeiltaste nach links, gelangt man an den Beginn einer Zeile.*

FUNKTIONS-GRUPPEN			OHNE SHIFT	MIT SHIFT	MIT ALT-TASTE	MIT CTRL-TASTE
INFORMATION		F1	Hilfe REVIEW	Menüführung laden	Dateiverzeichnis anzeigen	SPSS/PC+ Variablenliste
FENSTER		F2	Fenster wechseln			Fenstergröße ändern
ANDERE FILES		F3	Anderen File einfügen	Anderen File bearbeiten		
ZEILEN MANIPULATION		F4	Zeile nach aktueller Zeile einfügen	Zeile vor aktueller Zeile einfügen	Zeile löschen rückgängig machen	Zeile löschen
ERSETZEN		F5	Suchen ab Cursor-position vorwärts	Ersetzen ab Cursor-position rückwärts		
SUCHEN		F6	Suchen einer SPSS/PC + Seite	Suchen ab Cursor-position rückwärts		Suchen einer SPSS/PC+ Seite
MARKIERUNGEN		F7	Zeile markieren	Spalten markieren	Markierung suchen	Zahlenwerte in Markierung runden
MARKIERUNGEN BEARBEITEN		F8	Markierung kopieren	Markierung verschieben		Markierung löschen
SICHERN/ LÖSCHEN		F9	Markierten Bereich sichern	File sichern		File löschen
ENDE		F10	REVIEW verlassen	REVIEW verlassen	REVIEW verlassen	

Abb. 95: Aufruf der Editierfunktionen im REVIEW-Editor mit Hilfe der Funktionstasten

- Durch gleichzeitiges Drücken der Ctrl-Taste und der Pfeiltaste nach rechts, gelangt man an das Ende einer Zeile.

Alle Programme des vorliegenden Buches und der Datenfile AUSGANG.DAT wurden mit dem REVIEW-Editor erstellt.

7. Integrierte Daten- und Systemfile-Erstellung mit dem Programmpaket SPSS/PC+ DATA ENTRY II

7.1. Zielsetzungen von SPSS/PC+ DATA ENTRY II

Bei der Erstellung von Daten- und Programmfiles mit Hilfe des REVIEW-Editors muß der Anwender die genaue Syntax der SPSS/PC+ Befehlssprache kennen und einhalten. Ebenso müssen die Datendefinitionen, die in einem Programm vereinbart wurden, bei der Datenfile-Erstellung genau befolgt und die Daten spaltengenau eingegeben werden. Die Notwendigkeit des exakten Einhaltens der SPSS/PC+ Befehlssyntax ist eine der wesentlichen Fehlerquellen bei der Programmerstellung und der Datenerfassung. Darüber hinaus ergeben sich weitere Fehlerquellen aus dem Umstand, daß bis zur Datenverfügbarkeit in einem Datenfile meist mehrere Personen eingeschaltet sind. Bei Fragebogenaktionen sind das z.B. die befragten Personen, die Interviewer, die Datentypisten und der SPSS/PC+ Programmierer.

Das Programmpaket SPSS/PC+ DATA ENTRY II (DE) bietet die Möglichkeit, die Fehlerquellen bei der Datenerhebung und der Datenerfassung zu verringern. Außerdem ermöglicht DE eine Menüunterstützung sowohl bei der Programmerstellung als auch bei der Datenerfassung. Die wesentliche Vorteile des Einsatzes von DE sind in folgenden Punkten zu sehen:

- *Menügestützte Programm-Erstellung:*
  Alle Spezifikationen aus dem Datendefinitions-Teil können mit Hilfe von DE vorgenommen werden. Die jeweiligen Spezifikationen werden dabei menügestützt eingegeben. Das bietet den Vorteil, daß der Anwender eine wesentliche Hilfe bei der Einhaltung der SPSS/PC+ Befehlssyntax erhält, was zu einer weiteren Fehlerreduktion beiträgt.
- *Direkte Erstellung eines SPSS/PC+ Systemfiles:*
  Nach der Festlegung der Datendefinitionen kann im Rahmen von DE sofort mit der Datenerfassung begonnen werden.
  Nach Beendigung der Dateneingabe wandelt DE die Datendefinitionen und die erfaßten Daten in einen SPSS/PC+ Systemfile um. Für die Datenauswertung kann auf diesen Systemfile zurückgegriffen werden. Evt. erforderliche Datenmodifikationen oder -selektionen werden dann im jeweiligen Datenauswertungs-Programm vorgenommen.
- *Menügestützte Befragung am Bildschirm:*
  Eine befragte Person kann ihre Antworten direkt am Bildschirm des Personal

Computers eingeben. Dadurch wird nicht nur eine Zeitersparnis erreicht, sondern auch die Fehlerquellen bei der Datenerfassung wesentlich verringert.
- *Verringerung von Dateneingabefehlern:*
  DATA ENTRY prüft die Dateneingabe aufgrund bestimmter Wertebereiche für einzelne Variable (Ranges) und kontrolliert vorgegebene logische Regeln (Rules).
- *Direkte Auswertungmöglichkeit nach Befragungsende:*
  Die am Bildschirm erfaßten Daten werden unmittelbar nach der Eingabe in einen SPSS/PC+ Systemfile umgewandelt, und die Auswertungen mit SPSS/PC+ können sofort beginnen.

Das Programmpaket SPSS/PC+ DATA ENTRY II ist somit insbesondere für solche Situationen geeignet, in denen mehrere Personen bei der Datengewinnung und -auswertung beteiligt sind. Es bietet in diesen Fällen eine Reihe von Möglichkeiten, Fehlerquellen auszuschalten oder zumindest zu verringern. Außerdem kann die Zeitspanne von der Datenerfassung bis zum Vorliegen der Auswertungsergebnisse wesentlich verkürzt werden.

Für das vorliegende Buch wurde allerdings **nicht** mit DE gearbeitet, da der Leser einen detaillierten Einblick in den Datensatz und den Aufbau der einzelnen Programme erhalten soll. Das wäre bei einer Datenerfassung über DE nicht möglich gewesen, da DE die Datendefinitionen und erfaßten Daten in einem SPSS/PC+ Systemfile abspeichert, der mit dem REVIEW-Editor nicht mehr lesbar ist. Allerdings bietet DE die Möglichkeit, SPSS/PC+ Systemfiles einzulesen und die enthaltenen Daten anschließend in einen ASCII-File zu schreiben. Ebenso ist das Einlesen von reinen ASCII-Daten in DE möglich.

Im folgenden wollen wir nur aufzeigen, wie für die diesem Buch zugrunde liegende Fallstudie eine Datenaufbereitung mit DE ausgesehen hätte.

7.2. Grundlegender Aufbau von SPSS/PC+ DATA ENTRY II

Das Programmpaket SPSS/PC+ DATA ENTRY II (DE) wird über den Befehl

spss/de

auf Betriebssystem-Ebene gestartet und kann mit der Tastenkombination **Shift-F10 wieder verlassen** werden. DE ist in insgesamt **sieben Abschnitte (Branches)** untergliedert, mit deren Hilfe alle Schritte von der File-Definition bis zur Dateneingabe durchgeführt werden. Jeder Abschnitt ist direkt über die Shift-Taste (Umschalte-Taste) in Verbindung mit einer entsprechenden Funktionstaste aufrufbar. Zusammengefaßt sind die sieben Abschnitte in einem **Hauptmenü** (Main-Menu), das als weitere Optionen noch eine Hilfe-Funktion und die Beendigung einer DE-Sitzung enthält. Darüber hinaus verfügt DE über ein **Kontroll-Menü** (Ctrl-Menu), das über die Funktionstasten in Kombination mit der Ctrl-Taste gesteuert wird und im wesentlichen Editierfunktionen (z.B. Texte und Zeilen kopieren, Zeichen suchen) enthält. Beide Menüs werden mit Hilfe der Funktionstasten bedient, wobei die **Funktionstasten in jedem Abschnitt unterschiedliche Bedeutung** besitzen.

Eine Ausnahme bildet hier die F1-Taste, mit der sich immer eine kontextabhängige Hilfe-Funktion aufrufen läßt. Durch die Bedienung über Funktionstasten muß der Anwender keine besondere Befehlssprache für das Arbeiten mit DE erlernen. Die Abbildung 96 zeigt die Bedeutung der jeweiligen Funktionstasten für das Haupt- und das Kontroll-Menü.

Die sieben Abschnitte von DE sind vom Hauptmenü aus direkt durch Drücken der entsprechenden Funktionstaste erreichbar. Befindet man sich hingegen in einem der Abschnitte, so erreicht man einen anderen Abschnitt durch Betätigung der Funktionstaste in Kombination mit der Shift-Taste (Umschalte-Taste). Sobald ein bestimmter Abschnitt angewählt wurde, erscheint automatisch ein Hilfsbildschirm, der die Bedeutung der Funktionstasten für diesen speziellen Abschnitt wiedergibt. Durch das Drücken der Leertaste kann der Hilfsbildschirm unterdrückt und mit der F1-Taste wieder aufgerufen werden.

A: Das Hauptmenü von DATA ENTRY II

Die einzelnen Abschnitte des Hauptmenüs übernehmen folgende Aufgaben:

Abschnitt 1: Files einlesen/ sichern
   (GET/ SAVE FILES: Shift-F2)

Die Funktionstasten dieses Abschnittes ermöglichen alle notwendigen Datei-Operationen, wobei SPSS/PC+ Systemfiles und ASCII-Files von DE bearbeitet werden können. Wichtige Funktionen dieses Abschnittes sind z.B.:

- *der Aufruf eines bereits existierenden DE-Files (F2)*
- *das Sichern eines mit DE bearbeiteten Files (F3)*
- *das Anlegen eines neuen Files (F4)*
- *das Löschen eines Files (F9)*

Einige Funktionen dieses Abschnittes werden über die Funktionstasten in Verbindung mit der ALT-Taste ausgeführt. Sie betreffen vorwiegend den Umgang mit ASCII-Daten und sind in Abbildung 96 **nicht** *enthalten.*

Abschnitt 2: Eingabemasken erstellen/ editieren
   (CREATE/ EDIT FORM: Shift-F3)

Die Funktionstasten in diesem Abschnitt ermöglichen das Anlegen von Eingabemasken, die der Benutzer individuell gestalten und auf seine spezielle Anwendung abstimmen kann. Auf Wunsch kann aber auch mit Hilfe der F2-Taste ein Eingabeschirm automatisch durch das System erzeugt werden (Default-Form), der sich ebenfalls noch durch den Benutzer verändern läßt. Für die Erstellung anwendungsspezifischer Eingabemasken stehen z.B. folgende Funktionstasten zur Verfügung:

- *das Plazieren und Deplazieren von Variablen (F3/F4)*
- *das Einfügen und Löschen einer Zeile (F5/F6)*
- *das Verschieben eines Blocks (F7)*
- *die Festlegung der Eingabereihenfolge der Variablen (F8).*

	Abschnitt 1: F2/S-F2	Abschnitt 2: F3/S-F3	Abschnitt 3: F4/S-F4	Abschnitt 4: F5/S-F5	Abschnitt 5: F6/S-F6	Abschnitt 6: F7/S-F7	Abschnitt 7: F8/S-F8	CTRL-MENÜ
	FILES	EINGABE-MASKEN	VARIABLEN-VERZEICHNIS	DATEN	WERTEBER./REGELN	SPRUNG-REGELN	OPTIONEN	
F1	HILFE	HILFE	HILFE	HILFE	HILFE	HILFE	HILFE	HILFE
F2	File einlesen	Eingabemaske automatisch erstellen	Variable definieren	Aktuellen Fall löschen	Wertebereich/Regeln definieren	Sprungregeln definieren	Optionen einlesen	Text in Speicher kopieren
F3	File sichern	Variable plazieren	Variable editieren	Ungültigen Fall aufsuchen	Wertebereich/Regeln editieren	Sprungregeln editieren	Optionen sichern	Feld in Speicher kopieren
F4	Neuen File anlegen	Variable deplazieren	Variable kopieren	Eingabefehler anzeigen	Regel-Name editieren		Vorein-stellungen verwenden	Gespeicherten Text schreiben
F5	Wörterbuch kopieren	Zeile einfügen	Wertekennung editieren	Variablenwerte suchen und ersetzen	Fehlerbericht drucken			Gespeicherten Text ansehen
F6	Dateiverzeichnis	Zeile löschen	Wertekennung kopieren	Fälle aufnehmen	File-Inhalt löschen			Leerfeld einfügen
F7	ASCII-Daten einlesen	Block verschieben		Fall N aufsuchen	Wertebereich/Regeln kopieren	Sprungregeln kopieren		Suche wiederholen
F8	ASCII-Daten sichern	Variablen-reihenfolge ändern	Anzeige-Modus festlegen	Gehe zu Variable	Wertebereich/Regeln überprüfen	Sprungregeln prüfen		Feld editieren
F9	File löschen	Variable anzeigen	Variable löschen	Spezifikation der aktuellen Var. anzeigen	Wertebereich/Regeln löschen	Sprungregeln löschen		Spezifikationen aller Variablen anzeigen
F10		Box zeichnen		Eingabe-Modus wechseln	Wechsel zw. Wertebereich und Regeln			Spezifikationen akzeptieren

HAUPTMENÜ (S-F10: DE verlassen)

Abb. 96: Bedeutung der Funktionstasten bei DATA ENTRY II

Abschnitt 3: Variablen-Verzeichnis erstellen/ editieren
        (CREATE/ EDIT DICTIONARY: Shift-F4)
Die Funktionstasten in diesem Abschnitt umfassen alle Operationen, die für die Spezifikationen des Datendefinitions-Teils eines SPSS/PC+ Programms erforderlich sind. Die einzelnen Spezifikationen werden für jedes Programm in einem eigenen Wörterbuch oder Lexikon (Dictionary) festgehalten. Wichtige Funktionstasten sind hier:

- das Einrichten einer Variablen (F2)
- die Änderung von Variablenspezifikationen (F3)
- das Kopieren einer Variablen (F4)
- das Editieren und Kopieren von Kennungen für Merkmalswerte (F5/F6)
- das Löschen von Variablen (F9)

Abschnitt 4: Daten eingeben/ editieren
        (ENTER/ EDIT DATA: Shift-F5)
Die Funktionstasten in diesem Abschnitt unterstützen die Datenerfassung auf Basis einer in Abschnitt 2 definierten Eingabemaske. Hierzu zählt im einzelnen:

- das Löschen des aktuellen Falles (F2)
- das Aufsuchen von Fällen, die den in Abschnitt 5 festgelegten Regeln widersprechen (F3)
- das Anzeigen der fehlerhaft eingegebenen Variablen eines Falles (F4)
- das Aufsuchen und Ersetzen von Variablenwerten für alle eingegebenen Fälle (F5)
- den Dateneingabe-Modus ein-/ ausschalten (F6)
- das Aufsuchen eines bestimmten Falles (F7)
- das Aufsuchen einer bestimmten Variablen (F8)
- das Anzeigen von Variablenspezifikationen (F9)
- der Wechsel des Eingabe-Modus (Tabellenform oder Eingabemaske) (F10)

Abschnitt 5: Wertebereich/ Regeln aufstellen
        (EDIT CLEANING SPECS: Shift-F6)
Die Funktionstasten in diesem Abschnitt ermöglichen die Festlegung von gültigen Wertebereichen für einzelne Variablen (Range) und das Aufstellen von logischen Regeln für Einzelvariable oder Kombinationen von Variablen (Rule). Wichtige Funktionstasten sind hier z.B.:

- das Anlegen von Wertebereichen und Regeln für Variable (F2)
- die Änderung der Spezifikationen für Wertebereiche und Regeln (F3)
- das Kopieren von Wertebereichen und Regeln (F7)
- die Überprüfung von Wertebereichen und Regeln (F8)
- das Löschen von Wertebereichen und Regeln (F9)

Abschnitt 6: Sprungregeln aufstellen/ editieren
        (CREATE/ EDIT SKIP RULES: Shift-F7)
Dieser Abschnitt ermöglicht die Definition von Regeln, die bestimmte Verzweigungen

zulassen. So kann z.B. definiert werden, daß bei der Eingabe eines bestimmten Variablenwertes bestimmte Variablen der Eingabemaske übersprungen werden oder sofort der nächste Fall bearbeitet wird. Auch kann definiert werden, daß beim Überspringen einer Angabe durch den Benutzer das System automatisch einen Wert für ein oder mehrere Variablen einsetzt. Die Funktionstasten übernehmen hier folgende Funktionen:

- Aufstellen von Sprungregeln (F2)
- Veränderung von Sprungregeln (F3)
- Kopieren von Sprungregeln (F7)
- Prüfen von Sprungregeln (F8)
- Löschen von Sprungregeln (F9)

Abschnitt 7: Optionen (OPTIONS: Shift-F8)
Das Programmpaket DATA ENTRY II verfügt über bestimmte Voreinstellungen, die in diesem Abschnitt geändert werden können. Hier kann z.B. bestimmt werden, wie die Daten standardmäßig angezeigt werden sollen (Eingabemaske oder Tabellenform), in welcher Reihenfolge die Variablen erscheinen sollen (Eingabereihenfolge oder alphabetisch), welche Farbgebung des Bildschirms gewünscht wird und ob bei Löschungen das System eine Bestätigung verlangen soll. Außerdem kann in diesem Abschnitt das automatische Erscheinen der Hilfsbildschirme für die Funktionstasten unterdrückt werden. Die gemachten Voreinstellungen können anschließend über die F3-Taste in einem beliebigen File hinterlegt werden, der in jeder Sitzung über die F2-Taste wieder aktiviert werden kann. Hinterlegt man die Voreinstellungen in dem File *SPSSPROF.INI*, so werden die gemachten Voreinstellungen automatisch bei jedem Systemstart aktiviert.

B: Das Kontroll-Menü von DATA ENTRY II

Die Funktionen des Kontroll-Menüs werden über die Funktionstasten in Verbindung mit der Ctrl-Taste aktiviert. Es enthält primär Editierfunktionen, die in den Abschnitten 2 und 4 verwendet werden können. In Abschnitt 2 kann z.B. mit der Ctrl-F2-Taste Text in einen Zwischenspeicher (Buffer) kopiert werden, der dann mit Ctrl-F4 wieder an eine andere Stelle des Bildschirms geschrieben wird.
Die Tasten Ctrl-F3 (Eingabefeld kopieren), Ctrl-F6 (Leerfeld einfügen) und Ctrl-F8 (Eingabefeld editieren) sind nur in Abschnitt 4 wirksam. Mit ihrer Hilfe wird die Dateneingabe unterstützt. Außerdem lassen sich mit Ctrl-F9 die Spezifikationen aller Variablen aufrufen und gezielt ansehen. Die Taste Ctrl-F10 dient in den Abschnitten 3, 5 und 6 zur permanenten Übernahme der jeweils vorgenommenen Spezifikationen.

7.3. Ablaufschritte zur Erstellung einer Eingabemaske für die vorliegende Fallstudie mit SPSS/PC+ DATA ENTRY II

Im folgenden demonstrieren wir am Beispiel des diesem Buch zugrunde liegenden Fragebogens die Gestaltung einer entsprechenden Eingabemaske. Mit ihrer Hilfe ist *eine Erfassung der Daten am Personal Comupter oder eine direkte computergestützte Befragung möglich. Die erstellte Eingabemaske ist auf der anzufordernden Diskette unter dem Verzeichnis DENTRY mit dem Namen **MASKE.SYS** (ohne Daten) abgelegt. Für die Erstellung der Eingabemaske waren folgende Schritte erforderlich:*

1. Schritt: Maskenname definieren

Das Programmpaket DATA ENTRY wird mit dem Befehl

spss/de

auf Betriebssystem-Ebene gestartet. Nach dem Systemstart erscheinen zwei Hilfsbildschirme mit den Funktionstasten des Haupt- und des Kontroll-Menüs. Mit der F1-Taste kann man in den Hilfe-Modus umschalten und erhält bei Betätigung einer Funktionstaste in Verbindung mit der Shift-Taste eine entsprechende Erläuterung zu der jeweiligen Funktionstaste. Ein Betätigen der Escape-Taste (Esc) schaltet wieder in den Bearbeitungs-Modus zurück.

Wir drücken zunächst die F2-Taste (oder Shift-F2), um in den Abschnitt 1: FILES EINLESEN/ SICHERN zu gelangen. Jetzt erscheint ein weiterer Hilfsbildschirm, der die Bedeutung der Funktionstasten dieses Abschnittes enthält. Mit der Leertaste lassen sich die Hilfsbildschirme unterdrücken und durch Betätigung der F1-Taste wieder aufrufen. Gemäß der Voreinstellung von DATA ENTRY erscheinen in jedem Abschnitt die entsprechenden Hilfsbildschirme. Falls dies nicht gewünscht ist, können diese mit Hilfe von Abschnitt 6: OPTIONEN auch unterdrückt werden.

In Abschnitt 1 betätigen wir die F4-Taste (Neuen File anlegen) und erhalten eine Eingabezeile für die Namensgebung unserer Eingabemaske. Hier wird der Name FORMULAR.SYS eingegeben und mit der Return-Taste abgeschlossen.

2. Schritt: Variablen definieren

Mit Hilfe von Shift-F4 gelangen wir aus Abschnitt 1 in den Abschnitt 3: VARIABLEN-VERZEICHNIS ERSTELLEN/ EDITIEREN. In diesem Abschnitt werden alle Variablen-Definitionen vorgenommen. Mit der Funktionstaste F2 (Variablen definieren) wird ein Eingabeschirm eröffnet, in dem wir alle Variablen definieren und entsprechende Namenskennungen (VARIABLE LABELS) zu den Variablen vereinbaren können. Außerdem werden hier auch die Werte angegeben, die später MISSING VALUES kennzeichnen sollen. Nachdem alle Variablen definiert sind, gelangen wir mit F5 (Wertekennung editieren) zu einem weiteren Eingabefeld, das die Festlegung von Kennungen für die Merkmalswerte (VALUE LABELS) ermöglicht. Sind die Merkmalskennungen für mehrere Variablen gleich, so können die für eine Variable festgelegten Kennungen mit der F6-Taste (Wertekennung kopieren) kopiert werden. Das ist bei der vorliegenden Studie z.B. bei den Variablen ENTSCH1 bis ENTSCH8 der Fall, da der Wert 1 immer "unwichtig" und der Wert 7 immer "sehr wichtig" bedeutet. Durch das Kopieren von Wertekennungen werden bei evtl. später notwendigen Änderungen automatisch (falls gewünscht) alle kopierten

Wertekennungen modifiziert. Mit der F3-Taste lassen sich bereits definierte Variable verändern, und mit der F9-Taste können Variable auch wieder gelöscht werden.

3. Schritt: Aufbau der Eingabemaske

Der Aufbau der Eingabemaske erfolgt in Abschnitt 2: EINGABEMASKEN ERSTELLEN/ EDITIEREN. Wir erreichen diesen Abschnitt durch Drücken von Shift-F3. Wird keine spezielle Eingabemaske gewünscht, so kann über die F2-Taste auch eine Eingabemaske automatisch durch das System (Default Form) erzeugt werden. Wir wollen hier aber eine auf unseren Fall zugeschnittene Eingabemaske anlegen.

Der Abschnitt 2 enthält zunächst nur einen leeren Bildschirm. Wir können jetzt den Text des Fragebogens auf diesem Bildschirm in frei gestaltbarer Form eingeben. Es empfiehlt sich zunächst den Fragebogentext vollständig auf den Bildschirm zu übertragen. Nachdem dies geschehen ist, bringen wir den Cursor an die Stelle, wo die erste Eingabe durch den Befragten erfolgen soll. Durch das Drücken der F3-Taste (Variable plazieren) erscheint eine Menü mit allen Variablen, aus dem wir nun die Variable auswählen, die auf die vorher bestimmte Cursor-Position gebracht werden soll. Die gewünschte Variable wird über die Pfeiltasten angesteuert und durch das Drücken der Return-Taste plaziert. Nach der Plazierung wird die Variable automatisch aus dem Auswahlmenü gelöscht. Die Abbildung 97 zeigt das Auswahlmenü der Variablen für die vorliegende Fallstudie:

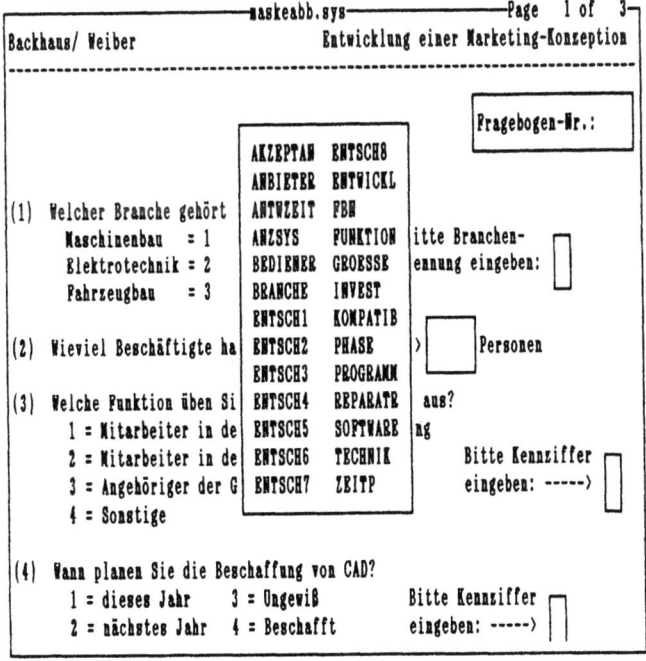

Abb. 97: Auswahlmenü zur Plazierung der Variablen bei DATA ENTRY II

Für die vorliegende Fallstudie ergeben sich insgesamt drei Eingabemasken, die in Abbildung 98 dargestellt sind.

```
┌────────────────────maskeabb.sys─────────────Page 1 of 3─┐
│ Backhaus/ Weiber              Entwicklung einer Marketing-Konzeption │
│ ─────────────────────────────────────────────────────── │
│                                                         │
│                     F R A G E B O G E N    ┌Fragebogen-Nr.: ┐
│                     =================      │            │ │
│                                                         │
│ (1) Welcher Branche gehört Ihr Unternehmen an?          │
│       Maschinenbau  = 1   Wissenschaft = 4   Bitte Branchen- │
│       Elektrotechnik = 2  Sonstige     = 5   kennung eingeben: │
│       Fahrzeugbau    = 3                                │
│                                                         │
│ (2) Wieviel Beschäftigte hat Ihr Unternehmen? --->  [   ] Personen │
│                                                         │
│ (3) Welche Funktion üben Sie in Ihrem Unternehmen aus?  │
│       1 = Mitarbeiter in der Konstruktionsabteilung     │
│       2 = Mitarbeiter in der EDV-Abteilung              │
│       3 = Angehöriger der Geschäftsleitung   Bitte Kennziffer │
│       4 = Sonstige                           eingeben: ----> │
│                                                         │
│ (4) Wann planen Sie die Beschaffung von CAD?            │
│       1 = dieses Jahr    3 = Ungewiß         Bitte Kennziffer │
│       2 = nächstes Jahr  4 = Beschafft       eingeben: ----> │
└─────────────────────────────────────────────────────────┘

┌────────────────────maskeabb.sys─────────────Page 2 of 3─┐
│ Backhaus/ Weiber              Entwicklung einer Marketing-Konzeption │
│ ─────────────────────────────────────────────────────── │
│                                                         │
│ (5) Wieviel CAD-Systeme werden bzw. wurden angeschafft? [  ] Stück │
│                                                         │
│ (6) Welches Investitionsvolumen haben bzw. hatten Sie   │
│     INSGESAMT vorgesehen?  [        ] DM                │
│                                                         │
│ - - - - - - - - - - - - - - - - - - - - - - - - - - - - │
│                                                         │
│ (7) In welcher Phase des Beschaffungsprozesses          │
│     befinden Sie sich zur Zeit?                         │
│       1 = Orientierungsphase   4 = Testphase   Bitte Kennziffer │
│       2 = Erste Infos          5 = Beschafft   eingeben: ----> │
│       3 = Angebote eingeholt                            │
│                                                         │
│ (8) Wie wichtig sind für Sie zum gegenwärtigen Zeitpunkt folgende Aspekte? │
│        (Bewertung: 1 = unwichtig bis 7 = sehr wichtig)  │
│       - Intensive Schulungen  ------->   - Infos über Entwicklungen ---> │
│       - Testinstallationen    ------->   - Anschaffungskosten --------> │
│       - Hilfen bei der Einführung --->   - Systemvergleiche ----------> │
│       - Anwendungsunterstützung -----    - Wartungsanfälligkeit ------> │
└─────────────────────────────────────────────────────────┘
                         Create/Edit Form
```

Abb. 98: *Eingabemasken für die vorliegende Fallstudie (wird fortgesetzt)*

```
                    ──maskeabb.sys──────────Page  3 of  3
Backhaus/ Weiber                Entwicklung einer Marketing-Konzeption
---------------------------------------------------------------------

( 9) Bitte nennen Sie einen CAD-Anbieter, dessen CAD-System Sie
     beurteilen können.
                 Anbieter: [        ]

(10) Bitte beurteilen Sie, wie gut der oben genannte Anbieter in der Lage
     ist, die nachfolgenden Probleme beim CAD-Kauf für Sie zu beseitigen:
     (Bewertung: 1 = sehr schlecht bis  5 = sehr gut)

           - Akzeptanzprobleme bei den Mitarbeitern --->[ ]
           - Mangelhafte Bedienerfreundlichkeit -------->[ ]
           - Unzureichende Anwendungsprogramme --------->[ ]
           - Technische Probleme ----------------------->[ ]
           - Hohe Reparaturanfälligkeit ---------------->[ ]
           - Zu große Entwicklungssprünge -------------->[ ]
           - Unbefriedigendes Antwortzeitverhalten ----->[ ]
           - CAD-Software veraltert zu schnell --------->[ ]
           - Kompatibilitätsprobleme ------------------->[ ]

                                                        Create/Edit Form
```

Abb. 98: Eingabemasken für die vorliegende Fallstudie

Wurde eine Variable aus Versehen an die falsche Stelle gebracht, so kann sie mittels der F4-Taste (Variable deplazieren) wieder aus der Eingabemaske herausgenommen werden. Sind alle Variablen plaziert, so kann mit Hilfe der F8-Taste (Variablenreihenfolge ändern) die Eingabefolge der Variablen festgelegt werden. Damit wird sichergestellt, daß bei der Dateneingabe der Cursor automatisch die Eingabefelder in der gewünschten Reihenfolge anspringt.

4. Schritt: Wertebereiche und Regeln festlegen

Im Prinzip kann mit Beendigung des dritten Schritts bereits mit der Dateneingabe begonnen werden. Zur Kontrolle der Dateneingabe empfiehlt es sich allerdings, zunächst noch entsprechende Wertebereiche und Regeln für die Variablen festzulegen. Das ist in Abschnitt 5: WERTEBEREICH/ REGELN AUFSTELLEN möglich, den wir mit der Taste Shift-F6 erreichen. Werden die hier festgelegten Wertebereiche bei der Dateneingabe verletzt, so wird die Dateneingabe von DE nicht akzeptiert. Gleiches gilt für die Bestimmung von logischen Verknüpfungsregeln für eine Variable oder eine Kombination von Variablen. Solche Regeln sind z.B. dann sinnvoll, wenn im Fragebogen Antworten enthalten sind, die zu bestimmten Fragen verzweigen. Die festgelegten Wertebereiche und Regeln lassen sich mit Hilfe der F8-Taste auf logische Richtigkeit überprüfen. Sprungregeln, wie sie in Abschnitt 6 von DE definiert werden

können, wurden für das vorliegende Beispiel nicht festgelegt.
Nach Beendigung der Dateneingabe (Schritt 5) kann im Rahmen des Abschnittes 5: WERTEBEREICH/ REGELN AUFSTELLEN mit Hilfe der F5-Taste ein Bericht gedruckt werden, der für alle Fälle ein Protokoll der fehlerhaften Variableneingaben enthält. Die Abbildung 99 zeigt beispielhaft einen solchen Bericht, in dem die Fälle 1,2 und 7 fehlerhafte Werte bei den aufgeführten Variablen enthalten.

```
Case 1:
    Invalid value for variable BEDIENER.
Case 2:
    The following variables had invalid values:
    ENTSCH1  PHASE  PROGRAMM  REPARATR
Case 7:
    Invalid value for variable ENTSCH1.
```

Abb. 99: Fehlerprotokoll von DATA ENTRY II

5. Schritt: Dateneingabe

Nach Ausführung der oben aufgezeigten Schritte, kann direkt mit der Dateneingabe begonnen werden. Zu diesem Zweck muß mit der Taste Shift-F5 der Abschnitt 4: DATEN EINGEBEN/ EDITIEREN aufgrufen werden. Nach dem Aufruf erscheint sofort die erstellte Dateneingabe-Maske. Damit eine Dateneingabe möglich ist, muß zunächst mit der Funktionstaste F6 die Datenaufnahme eingeschaltet werden. Bei der Datenerfassung springt der Cursor automatisch nach jeder Eingabe zum nächsten Eingabefeld. Ein Rücksprung zu vorhergehenden Variablen erfolgt durch gleichzeitiges Drücken von Shift- und Tabulator-Taste. Erfolgt eine Eingabe außerhalb der in Abschnitt 5 festgelegten Wertebereiche (Range) oder wird eine logische Verknüpfungsregel (Rule) verletzt, so erfolgt von DE ein entsprechender Hinweis. Falls gewünscht, so kann man sich während der Dateneingabe mit der F9-Taste die Definitionen der aktuellen Variablen ansehen. Durch das Drücken der Return-Taste werden weiterhin die Merkmalswertekennungen (VALUE LABELS) und die definierten Wertebereiche (RANGES) angezeigt. Benötigt der Anwender diese Informationen nicht nur für die aktuelle, sondern für beliebige Variablen, so bietet hierfür die Tastenkombination Ctrl-F9 Hilfe.

Nach Beendigung der Dateneingabe muß zunächst mit Shift-F2 in den Abschnitt 1: FILES EINLESEN/ SICHERN gewechselt werden. Dort kann mit der Funktionstaste F3 die erstellte Eingabemaske mit den Variablen-Definitionen und Daten als Systemfile gesichert werden. Das System wird mit der Taste Shift-F10 verlassen. Bei einem erneuten Systemstart von DATA ENTRY kann sofort mit der Shift-F5-Taste in den Abschnitt 4 gewechselt und mit der Dateneingabe fortgefahren werden.

Anhang

1. Fragebogen der Fallstudie

(1) Welcher Branche gehört Ihr Unternehmen an?
   - ( ) Maschinenbau
   - ( ) Elektrotechnik
   - ( ) Fahrzeugbau
   - ( ) Wissenschaft
   - ( ) Sonstige

(2) Wieviel Beschäftigte hat Ihr Unternehmen? _____ Personen

(3) Welche Funktion üben Sie in Ihrem Unternehmen aus?
   - ( ) Mitarbeiter Konstruktionsabteilung
   - ( ) Mitarbeiter EDV-Abteilung
   - ( ) Geschäftsleitung
   - ( ) Sonstige

(4) Wann planen Sie die Beschaffung von CAD?
   - ( ) dieses Jahr
   - ( ) nächstes Jahr
   - ( ) Ungewiß
   - ( ) Beschafft

(5) Wieviele CAD-Systeme werden bzw. wurden angeschafft? _____

(6) Welches Investitionsvolumen haben bzw. hatten Sie insgesamt vorgesehen? _____ DM

(7) In welcher Phase des Beschaffungsprozesses befinden Sie sich?
   - ( ) Orientierungsphase   ( ) Testphase
   - ( ) Erste Infos eingeholt   ( ) Beschafft
   - ( ) Angebote eingeholt

(8) Wie wichtig sind für Sie zum gegenwärtigen Zeitpunkt
folgende Aspekte?
Bitte bewurteilen Sie mit den Werten 1 bis 7:
(1 = unwichtig; 7 = sehr wichtig)

( ) Infos über Entwicklungen   ( ) Anschaffungskosten
( ) Testinstallationen   ( ) Systemvergleiche
( ) Hilfen bei der Einführung   ( ) Anwendungsunterstützung
( ) Intensive Schulungen   ( ) Wartungsanfälligkeit

(9) Bitte nennen Sie einen CAD-Anbieter, dessen CAD-System Sie
beurteilen können: _____

(10) Bitte beurteilen Sie, wie gut der oben genannte Anbieter in
der Lage ist, die nachfolgenden Probleme beim CAD-Kauf für
Sie zu beseitigen:
(Bitte verwenden Sie Schulnoten zur Bewertung.)
( ) Akzeptanzprobleme bei der Einführung
( ) Mangelhafte Bedienerfreundlichkeit
( ) Unzureichende Anwendungsprogramme
( ) Technische Probleme
( ) Hohe Reparaturanfälligkeit
( ) Zu große Entwicklungssprünge
( ) Unbefriedigendes Antwortzeitverhalten
( ) CAD-Software veraltert zu schnell
( ) Kompatibilitätsprobleme

2. Basisdatenfile (AUSGANG.DAT) für die Nachfrageranalysen und die Charakterisierung der Nachfrage

Nr		ID				Wert			Hersteller		
1	4	00009	0	4	4	550.04	4	4	HP	3	0
2	1	02244002	1	2	3	80000.00	3	2	HP	1	2
3	4	73574434	3	20	5	635000.00	5	3	HP	2	1
4	4	00034	3	5	4	1235.51	3	3	HP	1	3
5	4	42247722	3	999	2	0.0	4	2	HP	2	3
6	1	00534	3	2	5	12211.00	2	2	HP	3	1
7	1	64563333	5	4	5	170000.00	4	5	HP	1	2
8	1	01200	3	12	5	45514.00	4	5	HP	3	0
9	4	36576167	5	4	5	480000.00	5	5	HP	1	3
10	5	00130	0	12	5	22245.00	3	4	HP	3	0
11	4	31135511	3	12	5	350000.00	4	5	HP	4	5
12	5	01143511	5	12	5	800000.00	5	5	HP	2	2
13	5	00076	3	4	5	5234.10	4	3	HP	1	3
14	5	32145612	3	3	5	120000.00	5	4	HP	2	1
15	5	00650	0	5	5	545.40	5	5	HP	1	2
16	5	51333567	4	5	5	320000.00	3	4	HP	0	2
17	2	02567	3	5	4	3455.11	3	5	HP	2	1

Nr		ID				Wert			Hersteller		
46	2	00234	1	3	5	524.41	3	3	DEC	2	0
47	2	51123411	1	15	5	500000.00	4	5	DEC	0	4
48	1	00800	1	2	4	5455.55	5	5	DEC	0	0
49	1	51232721	3	14	5	400000.00	5	4	DEC	1	0
50	4	00077	3	999	4	5123.11	3	3	DEC	2	1
51	2	32236621	2	4	5	80000.00	4	4	DEC	3	4
52	3	00000	3	2	4	5130.01	3	4	CDC	0	0
53	5	47007277	0	4	4	150000.00	4	4	CDC	1	4
54	5	00005	1	4	4	423.41	3	4	CDC	1	2
55	4	32145722	3	4	4	0.0	5	5	CDC	2	1
56	3	35555155	0	999	3	20000.00	4	5	CDC	3	1
57	3	46007367	0	999	2	2044.05	5	4	CDC	3	2
58	1	00120	1	999	4	355.11	4	4	CDC	4	4
59	1	37545621	3	5	4	1253.31	5	3	CDC	4	5
60	3	00000	1	5	3	60000.00	4	4	CDC	0	0
61	1	36667266	3	5	5	53231.00	4	3	CDC	2	1
62	1	00023	3	8	4	500000.00	5	3	CDC	4	5

(Fortsetzung, IBM-Einträge)

18 4 00006	3 3 3 4 3 2 3 1 3 3	HP	1 2	63 5 00078	1 3 3 5 2 2 2 0 4 3	IBM	4 5
63573343	1 40000.00			46325675	15 1232000.00		
19 3 00034	3 5 5 4 4 5 5 5 5	HP	1 0	64 5 00000	0 4 2 4 4 5 4 1 4 4	IBM	2 2
37567156	5 180000.00			35555155	999 0.0		
20 1 00000	1 4 4 5 5 5 5 0 4 5	HP	3 1	65 5 00035	2 1 0 0 3 4 1 1 1 1	IBM	4 5
42300720	5 55.0			23542337	10 765600.00		
21 1 00120	2 3 5 5 1 1 4 0 3 2	NCR	3 1	66 5 00045	4 5 3 4 4 4 4 3 3 4	IBM	1 3
31135511	999 100000.00			46767266	4 200000.00		
22 5 03433	3 2 4 3 2 3 1 1 2 3	NCR	1 3	67 2 00800	1 4 2 2 3 4 4 1 3 4	IBM	4 5
63863452	25 1300000.00			71132177	8 387670.00		
23 3 00230	1 5 4 4 4 5 3 1 3 2	NCR	1 4	68 3 00120	3 3 3 0 2 3 4 5 3 3	RHV	3 2
51143512	10 800000.00			32456753	999 0.0		
24 2 00665	1 5 5 4 4 5 4 1 5 4	NCR	1 3	69 1 00345	0 5 5 2 3 4 1 4 4 4	RHV	3 0
36666277	5 250000.00			33336622	5 135000.00		
25 1 01200	1 5 2 2 3 4 2 1 4 5	NCR	4 5	70 5 00878	4 5 3 5 3 4 4 1 5 5	RHV	0 2
72242277	12 412250.00			42247722	5 150000.00		
26 4 00130	1 4 2 2 2 3 5 5 4 4	NCR	4 5	71 5 00000	5 3 3 4 5 4 1 6 5	RHV	0 0
51131156	1 72400.00			37677277	2 100000.00		
27 1 00230	2 4 0 4 4 5 5 5 3 1	NCR	3 1	72 3 01200	1 3 4 4 3 5 3 5 3 3	RHV	1 3
02030633	999 0.0			71241176	5 200000.00		
28 1 00200	2 4 5 4 4 5 5 0 5 5	NCR	2 3	73 3 00000	3 4 4 3 2 3 3 5 4 3	RHV	2 3
74774644	999 0.0			63673434	999 0.0		
29 3 00110	2 0 4 4 4 5 4 0 5 5	CAD-CORP	1 3	74 1 00100	4 5 5 5 4 4 0 4 5	APPLICON	1 4
53550043	5 250000.00			32542164	10 0.0		
30 3 00700	4 4 2 2 3 4 2 5 5	CAD-CORP	4 5	75 4 00023	3 4 4 4 3 4 4 3 4 5	APPLICON	1 4
62231266	10 450000.00			47077177	12 840000.00		
31 1 02300	0 4 5 5 3 5 5 5 3 4	CAD-CORP	1 4	76 1 00075	4 4 4 0 3 4 3 3 4 3	APPLICON	0 1
47777377	20 1200000.00			31265677	5 250000.00		
32 5 03500	1 4 2 2 2 5 5 5 4 4	CAD-CORP	4 5	77 2 00324	1 3 3 2 2 2 3 2 1 3	APPLICON	2 0
71131177	15 825000.00			03563033	8 450000.00		
33 5 01200	2 4 5 4 4 4 5 4 4 5	CAD-CORP	1 4	78 5 00010	3 4 3 3 4 5 4 1 3 4	APPLICON	1 4
46767267	12 500000.00			46566266	8 120000.00		
34 5 04567	1 4 5 5 3 5 5 5 4 5	CAD-CORP	0 3	79 1 01200	1 3 2 3 1 2 3 0 2 2	APPLICON	4 5
35666166	30 1200000.00			54234655	4 200000.00		

35	4	00000	1	3	5	5	3	4	5	4	2	4	CAD-CORP	0	4
		62130511	999				30000.00				5				
36	5	00675	1	5	5	5	1	2	2	0	5	5	CAD-CORP	2	1
		23154334	12				650000.00				3				
37	2	01200	4	3	3	4	1	2	2	2	5	3	CAD-CORP	2	3
		74773344	10				180000.00				4				
38	5	05000	4	4	3	2	1	2	4	1	3	4	COMPUTERVI	4	5
		71231177	19				1567000.00				5				
39	5	00236	1	5	3	3	4	5	1	3	3	5	COMPUTERVI	1	3
		47777277	9				360000.00				4				
40	5	00000	0	4	5	5	3	4	5	4	5	4	COMPUTERVI	1	4
		62244622	999				0.0				4				
41	1	01200	1	4	5	4	3	5	5	3	1	3	COMPUTERVI	1	3
		46757367	10				300000.00				4				
42	1	00023	4	5	4	4	2	3	4	1	1	4	COMPUTERVI	3	1
		41147722	1				60000.00				4				
43	2	00200	1	4	4	5	5	5	5	5	5	0	COMPUTERVI	2	1
		74003443	12				0.0				2				
44	1	02311	1	3	5	5	5	5	2	5	2	2	COMPUTERVI	1	4
		51133621	25				130000.00				3				
45	2	00120	2	4	3	3	5	5	5	5	4	4	COMPUTERVI	1	4
		36767256	8				250000.00								

80	1	00456	1	5	5	5	4	5	4	1	5	4	APPLICON	1	4
		57777377	10				200000.00								
81	1	00800	3	3	5	5	1	3	4	5	3	4	APPLICON	2	1
		31135511	999				100000.00								
82	1	03500	1	1	4	0	5	5	3	5	1	3	ROTRING	4	5
		53344667	20				150000.00								
83	1	00212	0	3	3	4	1	2	3	5	4	3	ROTRING	1	3
		70674034	999				0.0								
84	1	00500	1	3	4	3	5	5	5	3	3	5	ROTRING	1	2
		35665255	999				0.0								
85	1	00080	1	3	2	4	5	5	4	0	5	4	ROTRING	4	5
		56776705	2				150000.00								
86	5	00000	1	0	0	2	3	4	3	0	3	3	ROTRING	3	2
		21457421	999				80000.00								
87	1	00750	0	5	5	5	3	5	4	5	5	5	ROTRING	2	0
		71131177	999				0.0								
88	1	02000	3	2	2	2	2	1	1	2	2	2	ROTRING	1	3
		64653333	20				100000.00								
89	1	00576	3	4	5	5	4	2	5	5	4	5	ROTRING	2	1
		42146521	3				90000.00								
90	1	00234	3	4	5	4	2	3	4	5	4	5	ROTRING	2	1
		47777177	999				0.0								

3. Datenfile (MITTEL.DAT) für die Anbieteranalysen

Der Datenfile für die Anbieteranalysen wurde mit Hilfe der SPSS/PC+ Prozedur AGGREGATE aus dem Basisdatenfile erzeugt. Er enthält die Durchschnittsbeurteilungen der CAD-Anbieter (Frage 9) aller 90 befragten Personen für die Frage 10:

	AKZE PTAN	BEDI ENER	PROG RAMM	TECH NIK	REPA RATR	ENTW ICK	ANTW ZEIT	SOFT WARE	KOMPA TIB
APPLICON	3.875	3.875	3.857	2.750	3.750	3.500	2.333	3.500	3.750
CAD-CORP	3.875	4.000	4.000	2.556	4.000	4.000	3.571	4.111	4.444
CDC	4.111	3.400	3.400	2.333	3.111	4.200	1.222	3.900	4.400
COMP.VISION	4.125	4.000	3.750	3.375	4.125	4.375	3.125	3.750	3.857
DEC	3.500	4.667	4.667	1.833	3.167	3.800	1.800	4.000	3.833
HP	4.050	4.200	4.650	2.850	3.700	3.900	1.938	3.900	4.100
IBM	3.333	3.000	3.400	2.833	3.667	3.167	1.600	3.167	3.333
NCR	4.000	3.857	3.500	3.000	3.875	3.875	2.333	3.750	3.750
RHV	4.167	3.667	4.000	2.667	3.833	3.667	3.000	4.167	3.833
ROTRING	3.125	3.750	3.625	3.333	3.667	3.556	4.429	3.444	3.889

LITERATURVERZEICHNIS:

BACKHAUS, Klaus: Investitiongüter-Marketing, München 1982.

BACKHAUS, Klaus/ ERICHSON, Bernd/ PLINKE, Wulff/ SCHUCHARD-FICHER, Christiane/ WEIBER, Rolf: Multivariate Analysemethoden, 5. Aufl. Berlin-Heidelberg-New York-London-Paris-Tokyo 1989.

BACKHAUS, Klaus/ WEIBER, Rolf: Marktsegmentierungsprobleme in sich verändernden Märkten, in: VDI-Gesellschaft (Hrsg.): Wege zur Branchenspitze, Düsseldorf 1986, S. 139-155.

BACKHAUS, Klaus/ WEIBER, Rolf: Die Anwendung multivariater Analysemethoden in der Marktforschung, in: WISU, 13 (1984),Heft 10, S. 457-462.

BAUER, Fritz: Datenanalyse mit SPSS, 2. Aufl. Berlin-Heidelberg-New York-London-Paris-Tokyo 1986.

BECKER, Jochen: Marketing-Konzeption, 2. Aufl. München 1988.

BEREKOVEN, Ludwig/ ECKERT, Werner/ ELLENRIEDER, Peter: Marktforschung, 2. Aufl. Wiesbaden 1986.

BONOMA, Thomas V.: Wie man Marketingstrategien in die Praxis umsetzt, in: Harvard Manager, 1985, Heft 2, S. 72-79.

GREEN, Paul E./ TULL, Donald S.: Methoden und Techniken der Marketingforschung, 4. Aufl. Stuttgart 1982.

HAMMANN, Peter/ ERICHSON, Bernd: Marktforschung, Stuttgart-New York 1978.

HAMMANN, Peter/ ERICHSON, Bernd: Marktforschung - Arbeitsbuch, Stuttgart-New York 1981.

HÜTTNER, Manfred: Informationen für Marketing-Entscheidungen, München 1979.

HÜTTNER, Manfred: Grundzüge der Marktforschung, 4. Aufl. Berlin-New York 1989.

KÖHLER, Richard/ UEBELE, Heribert: Marktsegmentierung in der Industrieelektronik, Würzburg 1983.

MEFFERT, Heribert: Marktforschung, Wiesbaden 1986.

MEFFERT, Heribert: Marketing, 7.Aufl., Wiesbaden 1986.

MICROSOFT Corporation: Microsoft Chart V3.0, U.S and Canada 1987.

MÜLLER, Wolfgang: Planung von Marketing-Strategien, Frankfurt 1986.

NEW ENGLAND SOFTWARE Inc. (Hrsg.): Graph-in-the-Box, Release 2, Greenwich 1987.

SPSS Inc. (Hrsg.): SPSS/PC+ V2.0 Base Manual for the IBM PC/XT/AT and PS/2, Chicago 1988.

SPSS Inc. (Hrsg.): SPSS/PC+ Advanced Statistics V2.0, for the IBM PC/XT/AT and PS/2, Chicago 1988.

SPSS Inc. (Hrsg.): SPSS/PC+ Tables V2.0 for the IBM PC/XT/AT and PS/2, Chicago 1988.

SPSS Inc. (Hrsg.): SPSS Data Entry II for the IBM PC/XT/AT, Chicago 1987.

SPSS Inc. (Hrsg.): SPSS/PC+ Graph-in-the-Box V2.0 for the IBM PC/XT/AT and PS/2, Chicago 1987.

SPSS Inc. (Hrsg.): SPSS/PC+ Graphics V2.0 for the IBM PC/XT/AT and PS/2, Chicago 1986.

SPSS Inc. (Hrsg.): SPSS/PC+ Trends for the IBM PC/XT/AT, Chicago 1987.

STEINHAUSEN, Detlef/ LANGER, Klaus: Clusteranalyse, Berlin-New York 1977.

STEINHAUSEN, Detlef/ ZÖRKENDÖRFER, Siegfried: Statistische Datenanalyse mit dem Programmsystem SPSS^X und SPSS/PC+, München-Wien 1987.

ÜBERLA, Karl: Faktorenanalyse, 2. Aufl. Berlin-Heidelberg-New York 1977.

UEHLINGER, Hans-Martin: SPSS/PC+ Benutzerhandbuch, Band 1, Stuttgart-New York 1988.

WEIBER, Rolf: Faktorenanalyse, St. Gallen 1984.

WEIBER, Rolf: Marktsegmentierung für CAD - Eine empirische Studie, TV-Lehrbrief der Projektgruppe Technischer Vertrieb, hrsg. von Plinke, Wulff, Berlin 1987.

WIESELHUBER, Norbert/ TÖPFER, Armin (Hrsg.): Handbuch Strategisches Marketing, Landsberg am Lech 1984.

Stichwortverzeichnis

	Seite
ACTIVE-FILE	159
AGGREGATE	112, 127, 128, 129, 132, 192
- Aggregationsvorschrift	130
- BREAK	129
- OUTFILE	129
Aggregationsvorschriften	130
- MAX	130
- MEAN	130
- MIN	130
- SD	130
- SUM	130
Allianzen	
- strategische	5, 142
Analyseverfahren	
- multivariate	
s. Datenanalyse	
- mulivariate	
Anbieteranalyse	89, 117 ff., 127, 169, 171
Anteil-an-der-Gesamtvarianz-Regel	45
Ausgleich, kalkulatorischer	148
Ausschließlichkeitsvertrag	144
AUTHORIZE	154
BATCH-JOB	
s. STAPEL-JOB	
BEGIN DATA	163
Buying-Center	2, 19 ff., 61 ff., 81, 83, 87, 89, 138, 144, 147
CAD	11 ff., 14 ff., 26 ff., 41 ff., 75, 79, 81, 85 ff., 117, 123, 137, 139, 140 ff.
CAE	12
CAM	12, 16, 140
CAP	11 f.
CAQ	12, 140
CASES	97
Chi-Quadrat-Wert	78, 80
CIM	11 ff., 15, 19 ff., 139 ff., 148

CLUSTER	90, 98, 99 ff., 127, 132 f., 150, 160, 170, 171
- ID	99, 133
- MEASURE	99
- METHOD	100, 101
- MISSING	101
- PLOT	100
- PRINT	99, 100, 101, 133
- SAVE	101
Clusteranalyse	41, 54 ff., 61 f., 64, 71, 78, 83, 97, 103, 104, 109, 123 ff., 125, 132, 170
- hierarchische	56, 123
COMPUTE	109, 114, 164, 167
Controlling	6, 8 f.
CRITERIA (zu Factor)	94
- ECONVERGE	94
- FACTORS	94
- ITERATE	94
- MINEIGEN	94
CROSSTABS	78, 90, 108, 151
- TABLES	109
- OPTIONS	109
- STATISTIC	110
DATA ENTRY	176 ff.
- DATEN	180, 186
- EINGABEMASKEN	178, 183
- FILES	178, 182, 186
- KONTROLLMENÜ	181
- OPTIONEN	181, 182
- SPRUNGREGELN	180
- VARIABLENVERZEICHNIS	180, 182
- WERTEBEREICHE	180, 185
DATA LIST	93, 110, 132, 159, 163, 165
DATENFILES	110, 127, 159, 163, 168 f., 176 ff.
Datenanalyse	
- multivariate	25, 125
Datenmodifikationen	164
Dendrogram	123, 124
Dienstleistung	143
Diffusion	14, 20, f.
Diffusionsprozeß	19, 137
Direktvertrieb s. Vertrieb, direkter	

Diskriminanzanalyse	41, 59 f., 61 ff., 69, 71, 75 ff., 78 ff., 82, 84, 103, 104 ff. 108, 109, 170,
- stufenweise	66
Diskriminanz	
- funktion	62 ff., 71 ff., 105 f.
- potential	64
- variable	63
Diskriminanzkoeffizienten	
- gewichtete	68
- standardisiert	67 f., 74
- unstandardisiert	67, 69
Diskriminanzraum	72 f., 107
Diskriminanzwert	69
DSCRIMINANT	90, 103, 104, 150, 160 ff.
- GROUPS	105
- METHOD	105
- MISSING VALUES	106
- OPTIONS	106
- PRIORS	106
- SAVE	107
- STATISTICS	106
- VARIABLES	105
EDITIER-MODUS	157, 161, 173
Eigenwert	44 ff., 51, 76, 94 f., 117 ff.
- relativer	63, 68
Einfachstruktur	121
Eigenwert-Kriterium	44, 94
Einfachstruktur	50
Elbow-Kriterium	57
END DATA	163
Euklidische Distanz	100
- quadrierte	55 ff., 100, 123
Evoked Set	23, 41
- Analyse	41, 91, 132
- aggregierte	42 f., 48 ff., 54, 83 f.
EXPORT	155, 160
EXTRACTION (zu Factor)	44, 96
- ALPHA	96
- GLS	96
- IMAGE	96
- ML	96
- PAF	96
- PC	96
- ULS	96
Fabrik der Zukunft	11

Fachpromotoren	145, 147
FACTOR	90, 91, 93, 127, 131, 150, 160, 171
- CRITERIA	94
- EXTRACTION	96
- FORMAT	95
- MISSING	93
- PLOT	95
- PRINT	95
- ROTATION	96
- SAVE	96
- VARIABLES	93
- SAVE REG	132
Faktoren	
- anzahl	46
- , gemeinsame	43
- , unabhängige	43
- , extrahierte	44
Faktorenanalyse	41, 75, 91 ff., 110, 117, 125, 133 f., 170
- explorative	42 ff., 54, 61, 83, 131
Faktorenextraktion	119
Faktorenstruktur	50
Faktorladung	48 ff., 95, 117 ff.
- positive	49
- rotierte	49 f.
Faktorwerte	51 ff. 56, 59, 83, 93, 96, 97, 98, 110, 120, 122 f., 131, 134, 171
- positive	52
- negative	52
Fehlerquadratsumme	56 f., 59
FINISH	38, 40, 102, 110, 112, 116, 131, 136, 158,
FORMAT (zu Factor)	95
- BLANK	95
- SORT	95
FORMAT (zu Tables)	114
- BOLD	114
- BOX	114
- CWIDTH	114
- IDENT	114
- MISSING	114
- PT SPACE	114
- TF SPACE	114
- TT SPACE	114
FORMATS	97, 114, 130

FREQUENCIES	35, 36, 37, 170
- BARCHART	37
- HISTOGRAM	38
- STATISTICS	37
- VARIABLES	37
Frühindikatoren	9
Fusionierung	55 ff., 100 ff.
GET FILE	36, 91, 98, 103, 104, 109, 114, 128, 134, 159, 178
GRAPH	35, 38, 40, 90, 110, 112
- BAR	40
- HISTOGRAM	40
- LINE	40
- OUTFILE	40, 112
- PIE	40
- SCATTERPLOT	40, 112
GRAPH-IN-THE-BOX	150, 152, 153, 171
- CAPTURE	172
- DATA	172
- ERASE	173
- FILES	172
- LAYOUT	172
- PRINTOUT	172
- QUIT	173
- SHOW	172
GSET PACKAGE	40, 112
GSHOW	40, 112
Gütekriterien	59
- maß	63, 67
Häufigkeitsdiagramm	28, 31, 33
Häufigkeitstabellen	31, 35
Häufigkeitsverteilung	27
HISTOGRAM (zu Frequencies)	38
- NORMAL	38
- INCREMENT	38
HORIZONTAL (zu Plot)	
- MAX	136
- MIN	136
- REFERENCE	136
IMPORT	155, 160
INCLUDE	159
INDEX (zu Tables)	114
INTERAKTIVER-MODUS	157, 159, 161
Kaiser Kriterium	44, 121
Kaufhemmnisse	41 ff., 47 ff., 53 f., 83, 123

Kaufwiderstand	41, 148
Kaufwiderstandsdimension	41 ff., 48 ff., 54 ff., 61 f., 83, 84, 86, 137 f.
KERMIT	155
Klassifikationsmatrix	69, 71
Klassifizierungsergebnisse	70, 107
Klassifizierungsfunktion	74, 107
Klassifizierungswahrscheinlichkeit	69, 71, 74
KOMMENTARZEILEN	158, 165
Komparativer Konkurrenzvorteil (KKV)	3, 5 ff., 13, 137, 139 ff., 144, 147
Kompatibilität	5
Kommunikation	44, 46 f., 51, 95, 117 ff.
Kommunikationspolitik	148
Kompetenz	139, 144, 148
Konkurrenzposition	
- relative	19
Konzeption	
- globalisierte	5
Kooperationsstrategie	142
Korrelation	42 ff., 118 ff.
Korrelations-	
- koeffizient	42, 48
- kanonischer	63
- matrix	43, 47, 95
Kreuztabellen	62, 76, 78 ff., 108, 109, 170
Kundennutzen	2
Lead User	145, 147
Leitkunden	145
LIST	97, 132
- CASES	97
LISTING-FILES	160
LOG-FILES	160, 162
Machtpromotoren	145, 147
MARKETING-DREIECK	3, 41, 137, 168
Marketing-Instrumentarium	54, 87
Marketing-Konzeptionen	9, 61, 83, 89, 137, 139, 171
Marketing-Kultur	13
Marketing-Maßnahmen	61, 83
Marketing-Mix	8 f., 83, 87, 142
Marketing-Planung	6
Marketing-Strategie	4, 8 f., 21, 83, 138 ff.
- zielgruppenspezifische	54
Marketing-Ziele	8 f., 138 ff.
Märkte	
- globale	142

Marktarealstrategie	142
Markteinführung	33
Markteintritt	141
Markteintrittszeitpunkt	28 f., 140 f.
Marktfeld	
- psychologisches	74, 76
Markt-Follower	140 ff.
Markthemmnisse	22
Marktinvestitionen	9
Marktsegmente	
s. Segmente	
Marktsegmentierung	20 ff., 41, 123
Marktwiderstände	20 ff.
MEANS	114
MEASURE (zu Cluster)	99, 100
- BLOCK	100
- CHEBYCHEV	100
- COSINE	100
- EUCLID	100
- POWER	100
- SEUCLID	100
MENÜ-MODUS	155, 157
METHOD (zu Cluster)	100, 101
- BAVERAGE	100
- CENTROID	100
- COMPLETE	100
- MEDIAN	100
- SINGLE	100
- WARD	100
- WAVERAGE	100
METHOD (zu DSCRIMINANT)	105
- DIRECT	105
- MAHAL	105
- MAXMINF	105
- MINRESID	105
- RAO	105
- WILKS	105
Mindestvarianzregel	46
MISSING (zu Cluster)	101
- INCLUDE	101
- LISTWISE	101

MISSING (zu Factor)	93, 94
- INCLUDE	94
- LISTWISE	93
- MEANSUB	94
- PAIRWISE	94
missing values	27, 53, 71, 101, 106, 182
MISSING VALUE-Befehl	109, 110, 163, 167, 182
Nachfrageranalyse	8, 41, 83, 89, 90, 112, 117, 121, 132, 137, 142, 164
OPTIONS (zu CROSSTABS)	109
OPTIONS (zu DSCRIMINANT)	106
Personal	138, 142, 144 f.
Place	138, 142, 143 f.
PLOT	127, 134, 171
- CUTPOINTS	135
- FORMAT	136
- HORIZONTAL	136
- HSIZE	135
- PLOT	136
- SYMBOLS	135
- TITLE	135
- VERTICAL	135
- VSIZE	135
PLOT (zu Cluster)	100, 101
- DENDROGRAM	101, 133
- HICICLE	101
- NONE	101
- VICICLE	100
PLOT (zu Factor)	95
- EIGEN	95
- ROTATION	95
Positionierung	84, 86, 122, 125 f., 134, 139 f., 170
PORTABLE-FILES	160
PPS	12, 140
- Systeme	15
Präferenzstrategie	141 f.
Pre-Standardphase	137
Price	138, 142, 148
PRINT (zu Cluster)	99, 100, 101
- CLUSTER	99
- DISTANCE	99, 133
- NONE	99
- SCHEDULE	99, 100, 101, 133

PRINT (zu Factor)	95
- ALL	95
- CORRELATION	95
- DEFAULT	95
- EXTRACTION	95
- FSCORE	95
- INITIAL	95
- REPR	95
- ROTATION	95
- UNIVARIATE	95
PRINT TABLES	116
PRIORS (zu DSCRIMINANT)	106
- EQUAL	106
- SIZE	106
PROCESS IF	164
Product	138, 142 f.
Produktionsautomatisierung	11
PROGRAMMFILES	159, 163, 168 f.
Promotion	138, 142, 145
Proximitätsmaß	55, 99
QUICK CLUSTER	102
Rating-Skala	64
RECODE	109, 110, 164, 167
Referenzanlagen	148
Regression	51 f.
Regressionsanalyse	
- multiple	51, 63
RESULT-FILES	160
REVIEW BOTH	173
REVIEW-Editor	149, 154, 157, 158, 161, 170, 173 ff.
ROTATION (zu Factor)	96
- NOROTATE	96
- VARIMAX	96
SAVE (zu Cluster)	101
- CLUSTER	101
SAVE (zu DSCRIMINANT)	107
- CLASS	107
- PROBS	107
- SCORES	107
SAVE (zu Factor)	96
- AR	96
- BART	96
- REQ	96, 132
SAVE OUTFILE	97, 102, 107, 132, 159, 178
- DROP	97, 132

SCRATCH PAD	156, 157
- FILE	161
Scree-Test	45, 57, 121
Segment	21, 41, 53 ff., 57 ff., 61 f., 65, 68, 71 ff., 76, 78 ff., 82 f., 87 ff., 101, 108, 112, 125, 139
Segmentierung s. Marktsegmentierung	
Segmentierungsanalyse	53 ff.
SELECT IF	164
SET-BEFEHL	158, 162
SET ECHO	35, 91, 128, 162, 165
SET EJECT	114
SET LENGTH	114
SET LISTING	35, 91, 128, 160, 162, 165
SET LOG	35, 81, 128, 160, 162
SET MORE	35, 91, 128, 162, 165
SET RESULTS	93, 128, 130, 160
SET RUNREVIEW	158
SET WIDTH	114
Shake-out	137, 140, 142
SHOW-Befehl	167
Signifikanzniveau	80
Situationsanalyse	137 ff.
Skalenniveau	37
Situationsanalyse	8, 13, 23, 25
SPSS^x	155
SPSS/DE	177, 182
SPSS MANAGER	152
SPSSP	116
- DEVICE	116
- INPUT	116
- OUTPUT	116
SPSSPC	154, 158
SPSS/PC$^+$	25, 35, 57, 75, 90, 127, 149 ff.
- ADVANCED STATISTICS	150
- BASISPAKET	149
- DATA ENTRY	23, 151, 176
- GRAPHICS	151
- MAPPING	151
- TABLES	151
- TRENDS	150
SPSSPROF.INI	158, 181
SPSS/DE	177, 182

SPSS/RE	174
Stärken- und Schwächenanalyse	8
Standards	20, 142
STAPEL-JOB	157, 158, 161, 170
STATISTICS (zu Tables)	115
- COUNT	115
- MEAN	115
- STDDEV	115
- SUM	115
STATISTICS (zu CROSSTABS)	110
STATISTICS (zu DSCRIMINANT)	106
STATISTICS (zu Frequencies)	37, 38
- DEFAULT	38
- KURTOSIS	37
- MAXIMUM	37, 38
- MEAN	37, 38
- MEDIAN	37
- MINIMUM	37, 38
- MODE	37
- NONE	38
- SEKURT	37
- SEMEAN	37
- SESKEW	37
- SKEWNESS	37
- STDDEV	37, 38
- SUM	37
- VARIANCE	37
STATISTICS (zu TABLES)	
- MEAN	115
- STDDEV	115
- SUM	115
- COUNT	115
Stichprobe	25, 28, 34
SUBTITLE	37, 40, 93, 98, 105, 109, 112, 114, 129, 134
SYMBOLS (zu Plot)	
- ALPHA NUMERIC	135
- NUMERIC	135
SYSTEMFILES	35, 90, 127, 129, 159, 165, 168, 176 ff.
Systemgeschäft	139

TABLES	90, 112, 114 ff., 151, 163
- CONTINUED	115
- CORNER	115
- FORMAT	114
- FTOTAL	115
- INDEX	114
- OBSERVATION	115
- PFOOTNOTE	115
- PTITLE	115
- STATISTICS	115
- TABLE	115
- TFOOTNOTE	115
- TTITLE	115
TABLES (zu CROSSTABS)	109
Telefonbefragung	23
Timing	140
TITLE-Befehl	36, 91, 128, 162, 165
Triade	14
VALUE LABLES	105, 109, 110, 132, 163, 167, 182
Variable	
- nominale	37
- metrisch skalierte	37, 38
- numerisch	163, 167
- alphanumerisch	163, 167
- fehlende s. missing values	
VARIABLE LABLES	39, 110, 132, 163, 167, 182
Varianz	55, 123
- erklärungsbeitrag	44, 63, 117
- Gesamt-	44 ff.
- Kriterium	55 ff.
VERTICAL (zu Plot)	
- MAX	136
- MIN	136
- REFERENCE	136
Verfahren, multivariate	62
Vertrieb	
- direkter	143 f., 145
- indirekter	143, 145
- mehrgleisiger	143, 145
Vertriebsorganisation	7
Vertriebssysteme	142 f.

Vertriebsweg	144
WARD-Verfahren	55, 123 f.
Wahrnehmungsraum	123, 125, 127
Wertschöpfungskette	5
Wettbewerbsposition	
- relative	3
Wettbewerbssituation	13
Wilk's Lambda	63, 66 f., 105 f.
- multivariates	67
WRITE	97, 130, 160
Zielsegmente	87

G. Franke, H. Hax

Finanzwirtschaft des Unternehmens und Kapitalmarkt

Heidelberger Lehrtexte Wirtschaftswissenschaften
1988. 66 Abbildungen. XVI, 486 Seiten.
Broschiert DM 65,-. ISBN 3-540-19446-0

Gegenstand des Lehrbuchs ist die Investitions- und Finanzierungspolitik von Unternehmen, wobei dem Zusammenhang zwischen unternehmerischen Entscheidungen und dem Kapitalmarkt besondere Aufmerksamkeit gwidmet wird. In der Darstellung wird die moderne Kapitalmarkttheorie in ihrem aktuellen Stand berücksichtigt; die Darstellung ist aber so abgefaßt, daß es zum Verständnis nur geringer mathematischer Vorkenntnisse bedarf.

H. Laux

Entscheidungstheorie

Grundlagen

1982. 81 Abbildungen. XXI, 349 Seiten.
(Heidelberger Lehrtexte Wirtschaftswissenschaften). Broschiert DM 48,-.
ISBN 3-540-11301-0

H. Laux

Entscheidungstheorie II

Erweiterung und Vertiefung

2., Auflage 1988. 26 Abbildungen. XIX, 280 Seiten. (Heidelberger Lehrtexte Wirtschaftswissenschaften). Broschiert DM 49,-.
ISBN 3-540-19184-4

Dieses Lehrbuch gibt eine gründliche Einführung in die Entscheidungstheorie. Der Band „Grundlagen" behandelt die elementaren Aussagen der Theorie zur Konstruktion und Beurteilung von Entscheidungsmodellen. Im vorliegenden Band „Erweiterung und Vertiefung" werden zunächst speziellere Problemstellungen der Theorie der Individualentscheidung behandelt: Bernoulli-Prinzip und zustandsabhängige Nutzenfunktionen, die Messung subjektiver Wahrscheinlichkeiten bei zustandsabhängigen Nutzenfunktionen, Versicherungen und Glücksspiele im Licht des Bernoulli-Prinzips, Bewertung von Informationen bei Nichtrisikoneutralität.
Im Anschluß daran wird das Problem der Entscheidungsfindung in Gruppen analysiert.

H. Laux, F. Liermann

Grundlagen der Organisation

Die Steuerung von Entscheidungen als Grundproblem der Betriebswirtschaftslehre

1987. 127 Abbildungen. XXIII, 597 Seiten.
(Heidelberger Lehrtexte Wirtschaftswissenschaften). Broschiert DM 75,-.
ISBN 3-540-17891-0

„Es dürfte kein vergleichbares Grundlagenwerk der entscheidungsorientierten Organisationstheorie geben, das die organisatorischen Gestaltungsprobleme der Praxis ähnlich umfassend, tiefgründig, differenziert und variantenreich diskutiert wie die vorliegende Arbeit. Die ‚Grundlagen der Organisation' könnten zu einem Klassiker der entscheidungsorientierten Organisationsliteratur werden."
Professor Hartmut Kreikebaum
Frankfurter Allgemeine Zeitung

Springer-Verlag
Berlin Heidelberg New York London
Paris Tokyo Hong Kong

Ch. Schneeweiß
Einführung in die Produktionswirtschaft
3., revidierte Auflage 1989. 69 Abbildungen. XV, 272 Seiten. (Heidelberger Taschenbücher, Band 244). Broschiert DM 25,-.
ISBN 3-540-50538-5

Inhaltsübersicht: Produktionssysteme und ihre Planung. - Produktions- und kostentheoretische Grundlagen. - Modellbildung in der Produktionsplanung. - Rahmenbedingungen der Produktion. - Mittelfristige Produktionsplanung. - Materialbedarfsplanung. - Kapazitätsabgleich und Ablaufplanung. - Integrierte Produktionsplanung und deren DV-Unterstützung. - Literaturverzeichnis. - Stichwortverzeichnis.

K. Backhaus, B. Erichson, W. Plinke, Ch. Schuchard-Ficher, R. Weiber
Multivariate Analysemethoden
Eine anwendungsorientierte Einführung
5., revidierte Auflage 1989. 126 Abbildungen. Etwa 400 Seiten. Broschiert DM 49,80.
ISBN 3-540-50902-X

Inhaltsübersicht: Regressionsanalyse. - Varianzanalyse. - Faktorenanalyse. - Clusteranalyse. - Diskriminanzanalyse (LISREL). - Multidimensionale Skalierung. - Conjoint-Analyse. - Anhang. - Stichwortregister.

W. Busse von Colbe, G. Laßmann
Betriebswirtschaftstheorie
Band 1
Grundlagen, Produktions- und Kostentheorie
4., überarbeitete und ergänzte Auflage 1988. 112 Abbildungen. XVI, 356 Seiten. (Heidelberger Taschenbücher, Band 156). Broschiert DM 34,80. ISBN 3-540-50235-1

Die Themengebiete werden systematisch und umfassend dargestellt, besonderer Wert wird auf die Darstellung der praktischen Bedeutung modelltheoretisch abgeleiteter Aussagen gelegt. Zahlreiche Beispiele aus der Praxis veranschaulichen die Modellaussagen.

W. Busse von Colbe, P. Hammann, G. Laßmann
Betriebswirtschaftstheorie
Band 2
Absatztheorie
2., revidierte und erweiterte Auflage 1985. 62 Abbildungen. XV, 357 Seiten. (Heidelberger Taschenbücher, Band 186). Broschiert DM 36,-. ISBN 3-540-13856-0

Gegenstand des Buches sind Grundbegriffe, Ansätze zur Erklärung des Käuferverhaltens, absatzstrategische Grundentscheidungen sowie das absatzpolitische Instrumentarium. Danach werden integrierte Produktions- und Absatzplanungsmodelle für verschiedene Marktformen und praxisorientierte Methoden der Absatzplanung erörtert.

W. Busse von Colbe, G. Laßmann
Betriebswirtschaftstheorie
Band 3
Investitionstheorie
2., revidierte und erweiterte Auflage 1986. 52 Abbildungen. XV, 311 Seiten. (Heidelberger Taschenbücher, Band 242). Broschiert DM 34,80. ISBN 3-540-16407-3

Behandelt die wichtigsten Teile der betrieblichen Investitionstheorie. Außerdem werden die Grundlagen der modernen Kapitalmarkttheorie und der Portfoliotheorie dargestellt und für die betrieblichen Investitionsentscheidungen nutzbar gemacht. Akzent liegt auf praktischer Relevanz.

Springer-Verlag
Berlin Heidelberg New York London
Paris Tokyo Hong Kong

If you have any concerns about our products,
you can contact us on
ProductSafety@springernature.com

In case Publisher is established outside the EU,
the EU authorized representative is:
**Springer Nature Customer Service Center GmbH
Europaplatz 3, 69115 Heidelberg, Germany**

Printed by Libri Plureos GmbH
in Hamburg, Germany